Ulf Abraham

Lesarten – Schreibarten

Formen der Wiedergabe und Besprechung
literarischer Texte

Ernst Klett Schulbuchverlag
Stuttgart Düsseldorf Berlin Leipzig

Deutsch im Gespräch

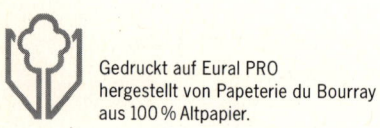
Gedruckt auf Eural PRO
hergestellt von Papeterie du Bourray
aus 100 % Altpapier.

1. Auflage 1 ⁵ ⁴ ³ ² ¹ | 1998 97 96 95 94
Die letzte Zahl bezeichnet das Jahr dieses Druckes
© Ernst Klett Schulbuchverlag GmbH, Stuttgart 1994.
Alle Rechte vorbehalten.

Redaktion: Dr. Elisabeth Vollers-Sauer
Umschlag: Neil McBeath
Satz: DTP, J. Häberle, Berater für DTP und Neue Medien, Konstanz
Druck: Gutmann +
ISBN 3-12-311280

Inhalt

Einleitung

1 Zum Anliegen dieses Buches ... 7
2 Lesarten, Schreibarten: Textunterricht zwischen Literatur- und Schreibdidaktik
2.1 Lesarten, kognitiv und affektiv, oder: Erkenntnis und Anmutung ... 11
2.2 Schreibarten, kognitiv und affektiv, oder: Abstandhalten von und durch Sprache ... 18

Anmerkungen zur Einleitung ... 24

Kapitel I
Sogenannte Inhaltsangaben: Texte, die es keinem recht machen?

1 Wie und zu welchem Ende kann man Inhalte angeben? Die Grundform der Textwiedergabe als deutschdidaktisches Problem ... 26

1.1 Zur Diskussion über konstitutive Lehrziele der Schreibform 'Inhaltsangabe' ... 27
1.2 Zur Trennschärfe in einem Kanon textwiedergebender Schreibformen ... 22
1.3 Zu Fragen der Stildidaktik ... 35

2 Doppelbindungen. Die sogenannte Inhaltsangabe als exemplarisches Kampfgebiet einer Stilbildung per Aufsatzkorrektur ... 38

2.1 Gegenstände und Methode der Beispielanalysen ... 38
2.2 'Handlung' und 'Höhepunkt' ... 40
2.3 Tempusmetaphern ... 46
2.4 Ironiesignale ... 49
2.5 Verschränkung der drei Wiedergabeprobleme ... 51

3 Zusammenfassung: Zum Umgang mit einfachen Formen der Textwiedergabe ... 55

Anmerkungen zu Kapitel I ... 59

Kapitel II
Analysierende und erschließende Formen des Schreibens über Lyrik und kurze Prosa

1	Wie und warum sollen Jugendliche Texte analysieren? Der Stand der fachdidaktischen Diskussion	61
1.1	Was ist eigentlich „Textanalyse"? Schwierige Antwort auf eine einfache Frage	62
1.2	Zur Trennschärfe im Kanon der texterschließenden Schreibarten – besonders zum Status der 'Interpretation'	70
2	Textverhöre. Die sogenannte Textanalyse als Ritual der Wahrheitsfindung	76
2.1	Texte verhören?	76
2.2	Eichendorffs Sehnsucht, Bichsels Trostlosigkeit? Zwei ganz gewöhnliche Verhörsgegenstände	80
2.3	Zusammenhanglosigkeit des Besprechens: ein „Textanalyseaufsatz" zum Beispiel (Kl. 9)	86
2.4	Zusammenhanglosigkeit der Beobachtungen am Text: Schülerarbeiten über Eichendorffs „Sehnsucht" (Kl. 13)	88
2.5	Die Leser sind immer die anderen: Schülerarbeiten über „Die Tochter" (Kl. 12)	93
3	Gestaltlosigkeit und Perspektivlosigkeit diskursiven Schreibens über Texte	98
3.1	Gestaltlosigkeit	98
3.2	Perspektivlosigkeit	101
3.3	Sprachliche Einzelleistungen: beschreiben, erklären, bewerten	104
3.4	Unerfüllte Voraussetzungen für solche Leistungen: Adressaten, Standpunkte, Maßstäbe	107
3.5	Zusammenfassung: „Interpretationsaufsätze" als Schauplätze falscher Reduktion ästhetischer Erfahrung und literarischer Urteilsbildung	110
	Anmerkungen zu Kapitel II	114

Kapitel III
Gestalten des Schreibens zu und nach literarischen Texten ... 117

1 Identifikation und Kritik: gerichtete und richtende Affekte ... 117
2 Methodische Vorschläge: Etüden ... 124
2.1 Umschriebene Textwelt: Etüden der Wiedergabe ... 124
2.1.1 Paraphrasieren ... 124
2.1.2 'Interessegeleitet' wiedergeben ... 127
2.2 Besprochene Textwelt: Etüden der Kritik ... 129
2.2.1 Thematisch gesteuert besprechen (Lebensromane I) ... 129
2.2.2 Abwerten, aufwerten: Unsachlichkeit als Schreibaufgabe betrachten ... 136
2.3 Erzählte Textwelt: Etüden des Gestaltens ... 146
2.3.1 „Stilangaben" statt Inhaltsangaben verfassen: der Précis ... 147
2.3.2 Thematisch gesteuert gestalten (Lebensromane II) ... 154
2.3.3 Texte versetzen und montieren: stilistische Varietés erstellen ... 159

3 Besprechendes und erzählendes Ich im Spiel des Textes.
Ein Resümee ... 163

Anmerkungen zu Kapitel III ... 166

Literaturverzeichnis ... 168

Motto

Das Wasserzeichen verschwindet nicht so leicht. Wer Lust hat – und ohne Lust geht es nicht –, der braucht die Wörter nur gegen das Licht zu halten. Unter jedem Text findet sich ein anderer, finden sich viele andere, mehr als die Weisheit des Lesers und des Schreibers sich träumen lassen."

Andreas Thalmayr (1985, VIII)

Einleitung

„Jede Rede von einem Text schafft einen andern."
Tzvetan Todorov[1]

1 Zum Anliegen dieses Buches

Die Deutschdidaktik hat sich zu behaupten und zu bewähren im Spagat zwischen ihren 'Bezugswissenschaften' Germanistik, Pädagogik, Psychologie – um hier nur die wichtigsten zu nennen. Die kritische Vermittlung zwischen der sprach- oder literaturwissenschaftlichen 'Natur' eines Lerngegenstandes und seinen Lernwiderständen oder -anreizen gilt zu Recht als das spezifische Arbeitsgebiet des Fachdidaktikers. Wenn dieser aber im Einzelfall versucht, eine solche Vermittlung zu leisten, könnte er gelegentlich verzweifeln: zum Beispiel an den Formen textwiedergebenden und textbesprechenden Schreibens, denen unser Deutschunterricht eine zentrale Stellung einräumt – bis hin zur „explizit interpretierenden und analytischen Art der Textauseinandersetzung" als der „hohen Schule des Umgangs mit Texten" (Menzel 1984, 19). Diese Formen – von der „einfachen" Inhaltsangabe über die „Textanalyse" zum Interpretationsaufsatz – gelten zwar als weniger subjektiv und besser bewertbar als etwa Erörterungsaufsätze, und tatsächlich sind sie relativ gut zu 'methodisieren'. In der Praxis häufen sich gleichwohl die Klagen über die unvermuteten Schwierigkeiten der scheinbar leichten Inhaltsangabe und über die Formlosigkeit vieler Äußerungen beim Interpretieren.

Theoretisch wäre vieles zu bedenken, was hier eine Rolle spielt – so vieles, daß die erwähnte Verzweiflung zunächst eher zunimmt:
- Gerade die 'Inhaltsangabe' ist wie kaum eine zweite 'Schreibart', die an unseren Schulen gepflegt wird, in der jüngeren Geschichte unseres Faches fundamental kritisiert (vgl. Bark 1979), aber dann auch wieder umsichtig und differenziert legitimiert worden (vgl. Frommer 1984). Bis hin zu sprachwissenschaftlichen Grundsatzfragen wie derjenigen nach den Bedingungen von Textkohärenz[2] oder fachdidaktischen wie der nach der „Wissenschaftlichkeit des Deutschunterrichts" (Schildberg-Schroth/Viebrock 1981) gibt es kaum eine Problemzone unseres Faches, die nicht am Exempel der sogenannten Inhaltsangabe schon diskutiert worden ist: Kann man also *Inhalte angeben*?
- Auf dem Gebiet der Erforschung des *Schreibprozesses* ist ein Stand erreicht, auf dem jahrhundertealte naive Annahmen über ein 'In-Worte-Kleiden' sozusagen vorsprachlicher 'Inhalte' ins Wanken geraten (vgl. Beisbart 1989). Gleichzeitig hat die linguistische Stilistik deutlich gemacht, daß ein Sich-Beugen über den *Text* als Gegenstand eines Herauspräparierens von 'Stilmitteln' aufzugeben ist zugunsten einer pragma-

tischen Analyse von „Stilsinn" und „Stilwirkung" (vgl. Sandig 1986): Kann man also *'Inhalt'* und *'Form'* unterscheiden?

• Zwar sind Aussagen der literaturwissenschaftlichen Rezeptionsforschung (Rezeptionsästhetik und -pragmatik) inzwischen fachdidaktisch durchdacht mit dem Ergebnis, daß Sprechen über Texte offener geworden ist, verschiedene „Lesarten" zuläßt und gegeneinander abwägt. Aber die *textbeschreibenden und -besprechenden 'Schreibarten'* im Deutschunterricht sind nach wie vor arg begrenzt: *Inhaltsangabe/Textzusammenfassung – Textanalyse/Texterschließung – Interpretationsaufsatz:* Werden sie der Textrezeption gerecht, die sie voraussetzen oder begleiten?

Ganz ohne 'Theorie' wird es in diesem Buch nicht gehen. Ich will jedoch *nicht* die verschiedenen theoretisch, gelegentlich auch methodisch-praktisch ausgeführten Standpunkte nur wertend referieren und gegeneinander abwägen, gar ausspielen. Ich will zunächst einen Überblick geben, wie sich das Thema dieses Buches – Schreiben über Literatur zwischen Sprach- und Literaturdidaktik – in den gegenwärtigen Stand der Diskussion um einen 'ganzheitlichen Deutschunterricht' einordnen läßt. Dann werde ich im ersten Kapitel die sogenannte Inhaltsangabe und im zweiten Kapitel komplexere Formen des Schreibens über Texte an praktischen Beispielen untersuchen als vom Lehrer eingeforderte 'korrigierte' und bewertete Schreibleistungen von zunächst unklarer Beschaffenheit. Wenigstens ansatzweise ist rezeptionspragmatisches Denken ja mittlerweile auch auf den *Deutschlehrer als Leser* angewandt worden mit dem Ergebnis, daß „Aufsatzbeurteilung" als „eine spezifische Form der Textrezeption" und damit als „hermeneutischer Prozeß" (Eisenbeiß 1990, 254) gesehen werden kann. Auch Texte über Texte sind allererst Schreibleistungen von Schülern (traditionell sagt man: sie sind *Aufsätze),* die vom lesenden Lehrer[3] als solche verstehend gewürdigt werden sollten, und zwar nicht nur inhaltlich, sondern auch stilistisch. Hier, auf der schreib(stil)didaktischen Seite also, möchte ich ansetzen.

An theoretischen Problematisierungen mangelt es in der Forschung nicht. Diese will ich zusammenfassend referieren: Wie haben sich Fachdidaktiker das Schreiben über Texte bisher vorgestellt, welche Lernziele geben sie als erreichbar an? Wer darüber hinaus wissen will, inwieweit und um welchen Preis sie faktisch erreicht werden, muß seiner 'theoretischen Verzweiflung' zum Trotz *in der Praxis nachsehen,* unter welchen Bedingungen 'Texte über Texte' tatsächlich entstehen und wie Schüler und Lehrer mit diesen Bedingungen zurechtkommen.

Es geht dabei aber nicht um statistisch-empirische Analysen, für die es weit mehr Daten bräuchte, als ich habe; es geht vielmehr um ein Verstehen individueller Schreib- und Korrekturhandlungen. Ich interpretiere sie vor dem Hintergrund der jeweiligen Textvorlage (als Lesarten, als Schreibarten) und frage dann, welche Lehrziele man mit unserer Praxis des Schreibenlassens, Korrigierens und Bewertens solcher Aufsätze erreichen kann. Was trauen Deutschlehrer den Formen der Textwiedergabe und Textbesprechung zu, was nicht? Welche ihrer Erwartungen werden regelmäßig erfüllt, welche enttäuscht? Und was bedeuten die oben angedeuteten theoretischen Überlegungen, wenn man sie an ausgewählten Beispielen in der Schule geschriebener und vom jeweiligen Lehrer korrigierter *Schüler-Texte über Texte* konkretisiert?

Meine *Beispiele* stammen aus einem Korpus korrigierter und benoteter Klassensätze deutscher Aufsätze aus den Jahrgangsstufen 5–13, entstanden an einem bayerischen Gymnasium in den späten 80er Jahren. Das Korpus – insgesamt knapp 700 Aufsätze – enthält unter anderem aus vier 7. Klassen je (mindestens) einen Satz „Inhaltsangaben" fiktionaler Texte sowie aus der 9.–13. Jahrgangsstufe ingesamt 26 Klassensätze sogenannter „Textanalysen" bzw. „Erschließungen" literarischer Texte. Daß die jeweils korrigierenden Lehrer in vieler Hinsicht typische und keine extremen Fälle darstellen, ließe sich im Vergleich zwischen allen im Korpus vertretenen 34 Deutschlehrern, die ja auch ganz andere 'Aufsatzarten' in ihren Klassen korrigiert haben, jeweils besser belegen, als dies hier von Fall zu Fall geschehen kann. Ich muß mich auf gelegentliche Hinweise beschränken. Ausdrücklich sei aber betont, daß die Absicherung meiner theoretischen und methodischen Überlegungen durch Zitate aus Schüleraufsätzen und ihren Korrekturen durch Deutschlehrer gerade nicht den Zweck haben, Probleme zu personalisieren und sozusagen menschliches Versagen aufzufinden. Das wäre genau falsch; aber konkrete und reale Schreiber sind immer im Spiel, wenn man denn überhaupt Beispiele heranziehen und sie sich nicht selbst erfinden will. Ich bitte die Verfasser(innen) und Korrektor(inn)en der hier herangezogenen Texte unbekannterweise um Verständnis.

Im Unterschied zu anderen, nicht-textbesprechenden Aufsätzen (etwa Erzählungen oder Erörterungen) gewährleisten Formen der Textwiedergabe eine intersubjektive Vergleichsbasis für jeweils alle Einzeltexte des Klassensatzes, nämlich in Gestalt der Textvorlage. Jede Schülerformulierung ist bei der sogenannten Inhaltsangabe ihrem Anspruch nach *Reformulierung* einer gegebenen Textstelle und als solche mit anderen Reformulierungsversuchen zu vergleichen. Analoges gilt für den Anspruch der *Deutung* bei Textanalyse- und Interpretationsaufsätzen. Insgesamt stellen sich 'Texte über Texte' als deutschdidaktische Probe aufs Exempel heraus:
- schreibdidaktisch in dem Sinn, daß die oft propagierte Überwindung der 'normativen Aufsatzlehre' sich hier zu beweisen hat (oder hätte);
- literaturdidaktisch in dem Sinn, daß hier eine offensichtlich weithin erstrebte Haltung des Sich-Distanzierens und Pseudo-Objektivierens zutage tritt, die sich für wissenschaftliche Propädeutik hält, aber von der zuständigen Fachwissenschaft längst nicht mehr gedeckt ist.

Die Beispiele aus Schülertexten bzw. Lehrerkommentaren dienen dazu, dies in der gebotenen Kürze jeweils zu konkretisieren. Wo notwendig, wird der einzelne Befund aus dem Kontext des gesamten Textkorpus' heraus erläutert.

Daß so mehr erreicht ist als punktuelle 'Anschaulichkeit' – nämlich Erfassung *typischer* Züge und Merkmale textbesprechenden Schreibens jenseits schularten- und bundeslandspezifischer Besonderheiten –, das ist meine 'vorwissenschaftliche', auf eigene praktische Erfahrung gegründete Überzeugung. Ob sie der Leser teilen wird, hängt von der seinigen wesentlich ab.

Teilen wird er das Frageinteresse, das ein praktisches ist: Wie kann mit 'Texten über Texte' anders umgegangen werden? Wie ist der literaturdidaktisch wünschenswerten Spannweite von Lesarten lyrischer und kurzer epischer Texte – um die es hier geht – eine vergleichbare Spannweite von *Schreibarten* gegenüberzustellen? In Kapitel III versuche ich, praktisch-methodischen Konsequenzen zu ziehen, und bediene mich dabei selbstverständlich auch der deutschdidaktischen Ansätze, die bereits vorliegen. In einigen Punkten freilich wird das Kapitel darüber hinausgehen.

Für Anregungen und Kritik danke ich Elisabeth Vollers-Sauer und Ortwin Beisbart, für die Erstellung der Statistik Sylvia Oechsler und Petra Ringelmann. Die in Kapitel III zitierten Précis-Texte hat Sabine Geiger in einer 10. Klasse erhoben und ausgewertet. Eigene Texte haben beigesteuert: Silvia Kuhn, Astrid Meißner, Dieter Oberste-Berghaus, Karin Trunk und Rüdiger Singer. Auch ihnen sei herzlich gedankt – und natürlich den Teilnehmern meines Hauptseminars „Sprechen und Schreiben über literarische Texte" im Wintersemester 1992/93 an der Universität Bamberg.

Ulf Abraham

2 Lesarten, Schreibarten: Textunterricht zwischen Literatur- und Schreibdidaktik

Das Thema dieses Buches ist genau auf einer alten, von der akademischen Deutschdidaktik bis vor kurzem und von der Praxis teils noch heute respektierten Demarkationslinie zwischen Literatur- und Sprachdidaktik angesiedelt: Schreiben über literarische Texte – gleich nach welchen Regeln – ist sowohl praktischer Umgang mit dem Text als auch praktischer Schreibunterricht. Von anderen Formen des Literaturunterrichts unterscheidet es sich durch seine 'Handlungs-' oder Produktionsorientierung (vgl. gut und kritisch zusammenfassend Haas 1993); von anderen Formen des Schreibunterrichts durch die Entscheidung für ein schriftliches „Handeln mit Texten" (Rupp 1987) und im Rahmen dieser Entscheidung wiederum durch seine Wahl poetischer oder jedenfalls fiktionaler Schreibvorlagen.

Daß Schreiben über literarische Texte also gewissermaßen jeden Augenblick aus dem Aufsatzunterricht in den Literaturunterricht hinüber- und wieder zurückkippt, ist schon immer seine Schwäche und seine Stärke zugleich gewesen. Dem lernbereichsübergreifenden, altes Schubladendenken überwindenden Anspruch neuerer deutschdidaktischer Reflexion[4] kommt nun gerade diese Grenzgängerschaft solchen (Schreib-)Handelns mit Texten sehr entgegen, so daß wir augenblicklich gute Aussichten haben, die *Schwächen* zu erkennen (Kap. I und II) und die Stärken (Kap. III) für das zu nutzen, was neuerdings mit dem Schlagwort 'ganzheitlicher Deutschunterricht' gemeint ist.

2.1 Lesarten, kognitiv und affektiv, oder: Erkenntnis und Anmutung

„denn da ist keine Stelle, / die dich nicht sieht. Du mußt dein Leben ändern."

Rilke
(Archäischer Torso Appollos, 1908)

„Die Hypertrophie des [...] auf Kognitionen eingeschränkten Umgangs mit Literatur kann auch als das Versäumnis der kritischen Literaturdidaktik beschrieben werden, die Dimension des Ästhetischen in seiner Bedeutung für den Literaturunterricht angemessen erfaßt zu haben."

Peter Stein[5]

Lernziele – richtiger und ehrlicher *Lehrziele* genannt – „beschreiben die Bildungsabsichten des Lehrers im Unterricht".[6] Daß sie deshalb einer diesem Unterricht vorausliegenden Klärung bedürfen, die dessen Planung weitgehend steuert, ist seit den frühen 70er Jahren nicht mehr strittig. Die Verbindlichkeit von Bildungsinhalten wich seinerzeit bekanntlich derjenigen von *Bildungsabsichten*. Was aber soll in unserem Fall eigentlich gebildet werden? Nach ei-

11

nem bis heute tragfähigen Konsens unter Didaktikern lassen sich Lehrziele in Kategorien einteilen: kognitive, affektive, pragmatische und soziale Ziele (für den Bereich des Textunterrichts: vgl. Krüger 1979, 11). Betreffen die pragmatischen und sozialen Ziele eher den (gemeinsam) handelnden Umgang mit Texten (vgl. das dritte Kapitel), so sind dort, wo ein *einzelner* Schüler denkend, sprechend und vor allem schreibend dem Text gegenübertritt, zunächst eher kognitive und affektive Ziele zu bedenken.

Um das Verhältnis beider geht es hier. Auf komplexe Definitionen allerdings lasse ich mich aus Raumgründen nicht ein. Nur so viel: Sprechen kognitive Ziele den Menschen vornehmlich als denkendes, erkennendes, Zusammenhänge durchschauendes Wesen an, so wollen die affektiven Ziele eher seine Empfindungsfähigkeit stärken und seine Bereitschaft fördern, Gefühle zuzulassen und auszudrücken. Mustern wir die Vokabeln, die von der „Berliner Schule" um Heimann, Otto und Schulz zur Abgrenzung beider Bereiche benutzt wurden:

kognitive Ziele	**affektive Ziele**
„Kenntnis"	„Anmutung"
„Erkenntnis"	„Erlebnis"
„Überzeugung"	„Gesinnung"[7]

Daran fällt auf, daß die „kognitiven" Begriffe im Alltagsdeutsch und in wissenschaftlicher Rede häufig gebrauchte Wörter sind, wogegen die „affektiven" Begriffe obsolet anmuten, seltener benutzt werden, schwerer zu definieren sind. Ich halte das nicht für Zufall: Auch andere, ersatzweise benutzte Wörter für das Affektive wirken im Kontext von Unterrichtsplanung unpassend: „Neigung", „Offenheit", „Achtung", „Bereitschaft", so formulierten noch bis vor kurzem die bayerischen Lehrpläne.[8]

Befragen wir uns selbst: Wo wir *Kenntnisse* erworben, *Erkenntnisse* gesammelt, *Überzeugungen* gewonnen haben, können wir allenfalls mit hinreichender Klarheit angeben, auch wenn uns vielleicht nicht in erster Linie unsere eigene Schulzeit dazu einfällt; aber woher haben wir unsere *Neigungen,* unsere *Achtung* und *Offenheit* für das Fremde, das Andere, unsere *Bereitschaft,* uns mit Neuem auseinanderzusetzen? Warum *berühren* uns manche Kunstwerke, gar Gebrauchsgegenstände in eigentümlicher, *„anmutender"* Weise und andere nicht? Wir können es kaum sagen und sollen doch Strategien entwerfen und Methoden vorschlagen, wie der Schüler derlei bei sich ausbilden kann?

Es nimmt deshalb nicht wunder, daß zwar der kognitive Lehrzielbereich recht differenziert beschrieben worden ist *(Kenntnis, Verständnis, Anwendung, Analyse, Synthese, Beurteilung*[9]*),* für den affektiven Bereich jedoch solche Taxonomien bis heute nicht vorliegen.[10] Sie scheinen auf den ersten Blick auch entbehrlich, denn noch ein zweites fällt ja an dieser Gegenüberstellung der Vokabeln auf. Während kognitive Lehrziele dem Schüler etwas vermitteln wollen, was er vorher nicht hatte, was aber eine jeweils zuständige Fachwissenschaft bereitstellt – Kenntnisse, Einsichten, Begriffe -, finden affektive Bildungsabsichten, gleich welcher Natur sie sind, allemal schon etwas vor. Der Schüler mag geringe Kenntnisse haben, wenn er die Klasse für eine bestimmte Unterrichtsstunde betritt, aber er hat Gefühle, die aus *Erlebnissen* herrühren; er fühlt sich zu Menschen, zu Dingen, zu Themen hingezogen oder von ihnen abgestoßen, hat Freude an manchem und an anderem nicht, kurz: Er ist ein affektives Wesen mit einer emotionalen Biografie.[11] Ich will hier keine Typologie der Affekte vorlegen, aber doch festhalten, daß im Unterschied zu jenen komplexen Operationen des Klassifizierens, Kategorisierens, Abstrahierens, Schematisierens und Typisierens, die unter anderem durch Schreiben über Texte bis zu einem gewissen Grad übbar sind, affektive Arbeit mit bemerkenswert einfachen Befindlichkeiten zu tun und zu rechnen hat: Zuneigung, Ablehnung, Sehnsucht, Angst, Neugier, Freude, Trauer, Wut.

Aber soll eher die Beherrschung oder eher die Expression solcher – auch in gemischten Zuständen auftretenden – Affekte gelernt werden? Und – wenn und weil wir ja von literarischen Texten als 'Katalysatoren' solcher Lernarbeit sprechen – wie kann das Schreiben über sie nicht nur kognitiv die Begriffsbildung, die Logik usw. fördern, sondern auch den Umgang mit eigenen und fremden Affekten?

Eine Theorie der ästhetischen Wirkung literarischer Texte kann und will ich hier nicht entwerfen. Es geht mir lediglich darum, daß poetische Texte einen *Anmutungscharakter* haben, der durch kognitive Lehrziele kaum zu fassen ist. Unserem rational-kritischen Literaturunterricht seit den siebziger Jahren, der durchaus seine Verdienste hat, war nicht dieser Anmutungscharakter wichtig, sondern eher der Umstand, daß Texte, verkürzt gesagt, Ideologieträger sind. Sich von einem Gedicht „anmuten" zu lassen, wäre einer ganzen Generation kritischer Deutschlehrer als betrüblicher Rückfall in die Vorkriegsdidaktik erschienen. Aus heutiger Sicht jedoch ist die sehr weitgehende Beschränkung auf rationale Durchdringung und kognitive Lehrziele in der Arbeit mit Texten zu bedauern, und es ist zu überlegen, inwiefern das affektive Potential, das durch „Anmutungen" im Umgang mit Texten freigesetzt wird, *auch* wieder in den Literaturunterricht eingebunden werden kann. Schon diesseits jeder „Erkenntnis" in Bezug auf Strukturen und Sinnsetzungen beginnt ein Text als ästhetisches Gebilde zu wirken. Diese Wirkung muß sich keineswegs als Wohlgefallen oder Goutieren der formalen Qualitäten eines Sonetts niederschlagen. Es kann und wird sich ebenso oft als Reiz äußern, der Widerspruch auslöst, so daß Schüler und Schülerinnen *gereizt* reagieren. Wenn ich „*Anmutung*" sage, meine ich jede Art von Reiz, die von einem poetischen Text ausgeht. Über solche Reize muß dann gesprochen, nachgedacht und geschrieben werden: Was gefällt mir eigentlich daran? Was stört mich? „Erkenntnis" ist damit weder umgangen noch ersetzt, vielmehr vorbereitet.

Diese Vorbereitung kann vor allem an drei Punkten ansetzen:
- Poetische Texte treten seit der Goethezeit mit dem Anspruch auf, in bezug auf den Verfasser *expressiv* zu sein: Sie künden von einer „Entdeckung des Ich",[12] die für den Leser als Appell wirken kann, sein eigenes Ich identfikatorisch ins Spiel zu bringen.
- Poetische Texte *konkretisieren* Konzepte und Ideen, d.h. fassen sie in Bilder und Metaphern, lösen sie in Figuren und Handlung auf. Gleichzeitig sind sie – besonders deutlich ist das in der Lyrik[13] – Bearbeitung und Verallgemeinerung individuellen „Erlebens".
- Poetische Texte haben Gestaltcharakter, d.h. mehr als einerseits einen Inhalt und andererseits eine Form. Was sie zu 'sagen' haben, sagen sie durch diese Gestalt – die werkimmanente Schule hätte gesagt: durch ihren *Stil.*

Aus diesen drei Gründen vor allem fühlen sich Leser immer wieder von Texten *angesprochen,* genauer: „Der Leser wird vom Text in Anspruch genommen" (Stephan 1985, 45). In Anspruch nimmt ihn ein 'fremdes' Ich und seine mögliche Nähe zum eigenen, eine Idee und ihre literarische Konkretisierung, eine sprachliche Gestalt und ihre ästhetische Wirkung. Und es ist, wie Stephan (ebd.) zu bedenken gibt, gerade der affektive Bezug, der überhaupt sicherstellt, daß ein Text bis zu Ende gelesen wird und darüber hinaus den Leser beschäftigt. Anders gesagt: Ohne solche „Anmutungen" findet auch eine „Erkenntnis" nicht statt.

Ein mögliches Mißverständnis bleibt abzuwehren. Wenn ich von *affektivem* Bezug spreche, so habe ich dabei nicht nur solche poetischen Texte im Auge, die sich – wie für Eichendorffs Lyrik gesagt worden ist – als „Gemütserregungskunst" verstehen.[14] Ich spreche vielmehr von poetischen Texten generell, auch wenn sie nicht an die Gefühle appellieren oder stark gefühlsbesetzte Inhalte thematisieren:

„[...] auch eine Lyrik, deren Sprachformen weder stilistisch noch semantisch durch emotionale Merkmale ausgezeichnet sind, ja deren Emotionalität unter Umständen vom Autor selbst heftig in Abrede gestellt werden kann, aktualisiert Emotionalität und Gefühlszugewandtheit als erkenntnissteuerende Komponenten der Kommunikation." (Lerchner 1984, 40)

Nun ist aber Textrezeption kein passives Aufnehmen, sondern ein aktiver Vorgang „produktiver Sinnkonstituierung" (ebd., 100), und das heißt: Während die Subjektivität und Expressivität *dem Autor* als sein gutes (hier: „romantisches") Vorrecht allemal zugestanden wird – sie ist ja letztlich das uneinholbare Ziel der Analyse –, ist die des Schülers anscheinend nebensächlich. Welche *Erlebnisse, Anmutungen, Gesinnungen* (um die obsolet klingendenen Vokabeln nochmals zu bemühen) beim Hören oder Lesen eines Gedichts in ihm aufgerufen oder verstärkt werden, scheint weniger wichtig; man ist zufrieden, wenn er den Text *verstanden* hat; sich selbst in seiner Subjektivität, Emotionalität und Sinnlichkeit mit ihm zu vermitteln oder auseinanderzusetzen, das wäre ein anderes Ziel, als durch Textanalyse allein erreichbar ist.

Mancher Deutschlehrer mag nun einwenden, bei einem literarhistorischen Kanongedicht wie Eichendorffs „Sehnsucht" reiche Kenntnis, Erkenntnis, allenfalls Überzeugung einer Wertung aus. Wolle man Gefühlsbildung betreiben, so seien doch wohl Texte des 20. Jahrhunderts, die dem Schüler in jeder Hinsicht näher lägen, allemal vorzuziehen. Gerade wenn die „Gemütserregungskunst" Eichendorffs heute sozusagen selbsttätig kein Schülergemüt mehr erregt, ist doch zu fragen, was kognitive Lehrziele wie etwa „Kenntnis romantischer Stilmittel" denn wirklich eintragen; ob der Schüler sie nicht spätestens, wenn die nächste Epoche zur „Behandlung" ansteht, wieder vergessen haben wird und mit ihnen den Text, der ihm ja bloß als einer von vielen möglichen Belegen präsentiert worden ist. Und wenn, andererseits, auch didaktische Bemühungen um eine affektive „Interpretationsstrategie"[15] hier nichts bewirken (würden), dann ist der falsche Beleg gewählt worden. Ein Text sei bedeutend, wenn er etwas bedeute, lautet Brechts berühmtes lakonisches Diktum,[16] und in Hinblick auf die verschärften Rezeptionsbedingungen für Literatur an unseren Schulen variiere ich: Der Text ist bedeutend, wenn er *den Schülern etwas bedeutet*.

Ich fasse zusammen. Gerade literarische Texte wären – vor allem anderen, was in der Schule vorzukommen pflegt – auf sorgsame Berücksichtigung affektiver Zielperspektiven und ästhetischer „Anmutungen" angewiesen. Sie liefern ja nicht eine dekodierbare *message* ab, sondern rufen idealerweise im Leser etwas auf, machen Stimmungen, Gefühle, Formerfahrungen erlebbar oder nachvollziehbar. Wenn wir uns selber fragen, welche Gedichte uns über Jahrzehnte hinweg innerlich begleitet haben, so werden wir feststellen, daß es meist nicht die sind, die wir damals, in der Schule, auf Anhieb verstanden haben; daß vielmehr gerade das (noch) Unbegriffene uns anmutet wie ein Déjà-vu – wie etwas, was wir schon einmal gesehen, gehört, gefühlt haben, aber nicht sagen können, wo und wie genau das war. Analysen literarischer Texte in ihrer derzeit praktizierten Form scheinen mir ungeeignet, auf diese einzelheitlich nicht faßbaren, methodisch schwer einplanbaren und schon gar nicht beim Schüler einklagbaren affektiven Beziehungen zum Text einzugehen. Und sie sind gerade kein Beitrag zu dem, was Elisabeth K. Paefgen (1993) als „ästhetische Arbeit" im Deutschunterricht im Rahmen einer Didaktik des Lesens *und* Schreibens skizziert hat.

Im übrigen erziehen wir unsere Schüler, wenn wir sie diesen objektiven, emotionsarmen, abstrahierenden Umgang mit Texten lehren, doch zu nichts, was außerhalb der Schule irgendwo vorkäme. Journalistische Kritiken und Rezensionen, aber auch Gespräche im Alltag sind eben nicht abwägend-objektiv, sondern loben oder verreißen genüßlich, artikulieren starke, fast sinnliche Zu- oder Abneigung.

Der Mißbrauch eines Textes (von Peter Weiss) als *Materiallieferanten für Wortfeldanalysen* ist leicht zu kritisieren (vgl. Rumpf 1981, 167 f.). Aber das ist ja erst der Anfang dessen, was dann in den höheren Klassen unserer „höheren Schulen" sich zu veritablen (pseudo-)philologischen Analysen auswächst: Da werden immer noch Satzarten bestimmt, Stilfiguren benannt, Strukturen erschlossen, Symbole interpretiert. Der dabei von Schulbuchautoren und Deutschlehrern entwickelte Scharfsinn ist oft beträchtlich und mag auch den Sinn der Schüler schärfen; aber was solche Textanalysen ihnen gleichzeitig austreiben, das ist – im Anschluß an Horst Rumpf gesagt – die Sinnlichkeit der Textwahrnehmung. Wahrnehmung aber geschieht „stets von einem jeweils bestimmten raumzeitlichen Standort des Subjekts der Welt gegenüber; die Welt ist somit dem Subjekt in einer bestimmten anschaulichen Perspektive gegeben." (Holzkamp [5]1986, 27)

In welchem Ausmaß wir immer schon unseren eigenen Text entwerfen, indem wir vorgeben, über einen fremden Text uns zu äußern, haben Literaturwissenschaftler und Rezeptionspragmatiker mittlerweile lang genug betont; den Stand der Diskussion kann ich hier nicht entfalten, doch darauf verweisen, daß eine neuere *Einführung in die Literaturinterpretation*, die von Jürgen Schutte (1985, 10), Interpretation ausdrücklich als „Inszenierung der eigenen Leseerfahrung" bezeichnet – eine Inszenierung, die nicht mit analytischem Herauspräparieren scheinbar objektiver Textbefunde zu beginnen habe, sondern mit der *Verständigung über Lesarten* (ebd., 18 f.): „Eine Lesart ist eine entfaltete und damit im Ansatz auch schon gedeutete schriftlich fixierte Lese-Erfahrung" (ebd., 31). In diesem Sinn habe ich im Titel dieses Buches den Begriff benutzt.[17] „Rezipienten erzeugen Lesarten [...] ohne Original." (Schmidt 1988, 151)

Solche „Lesarten" hätten nach meiner Überzeugung die vom Inhalt oder vom Ton eines literarischen Textes sozusagen aufgerufenen Erinnerungsspuren und die aus ihnen herandrängenden, den Textwortlaut besetzenden Affekte zu bearbeiten, ja: allererst wahrzunehmen. In der Regel aber werden sie eher gemieden – als würde solche Geister nicht mehr los, wer sie riefe.

Ein Unterricht, der mit Affekten arbeitet, statt sie als Begleiterscheinung eines „Privattextes" (Bublatzky 1986, 103) nach einer kurzen Phase der Erstrezeption aus den Lehrer- und Schüleräußerungen hinauszudrängen, könnte sich ja auch nicht auf fachwissenschaftlich verbürgte Kenntnisse, Erkenntnisse, Überzeugungen berufen, er wäre schlecht planbar und könnte außer (Affekt-)Kontrolle geraten. Da wird lieber dem Schüler „Wissen vermittelt". Aber das stiftet noch keine Beziehung zum Text. Die nämlich kann nicht bloß kognitiv-abstrakt, sie müßte sinnlich, emotional, konkret hergestellt werden – als ästhetisch „wertende Kognition, die rationale und affektive Momente enthält" (ebd., 130). Die „Ausblendung der Schülersubjektivität", die Bublatzky dem Literaturunterricht seit den siebziger Jahren vorwirft (ebd., 170 f.), wäre aber zurückzunehmen nicht erst im Akt der „ästhetischen Wertung", sondern schon im Akt scheinbar 'objektiver' Textwiedergabe – dazu mehr im ersten Kapitel.

Leider jedoch hat lange Zeit weder die Deutschdidaktik noch die Germanistik affektive Prozesse im Text-Leser-Verhältnis wichtig genug genommen.[18] Das Verhältnis affektiver zu kognitiven Zielen im weithin üblichen Textunterricht ist also eigentlich ein Mißverhältnis; sind die kognitiven Ziele allgegenwärtig, so fristen die affektiven ein Schattendasein; Licht und Schatten aber kommen ohne einander weder vor noch aus.

Der Leser mag sich fragen, warum ich zunächst die *Schwierigkeiten* eines Umgangs mit affektiven Lehrzielen beim Schreiben über literarische Texte und ihren Anmutungscharakter erkläre und dann recht halsstarrig auf ihrer verkannten Bedeutung für den Literaturunterricht bestehe. Ist das realistisch? Es scheint mir nicht nur das; es scheint mir unausweichlich. Denn die Schüler, mit denen wir es seit einiger Zeit zu tun haben, zeichnen sich ja – wenn auch nicht überall im selben Ausmaß – durch einen Grad an *Bescheidwissen und Gleichgültigkeit* (vgl. Abraham 1991) aus, der sich nicht auf einzelne Unterrichtsfächer und nicht auf die Schule beschränkt, auch nicht allein durch sie verursacht ist, sondern wesentlich durch unsere gesellschaftlichen Rahmenbedingungen, vor allem
* massenmediale Reizüberflutung,
* fast unbegrenzte Verfügbarkeit von Wissen und Information gerade auch außerhalb von Bildungseinrichtungen,
* einseitig kognitive, tendenziell körperfeindliche Ausrichtung unserer Kultur und folglich auch der Institution 'Schule',
* Zeitmangel und damit affektive Verarmung in vielen Familien.

Was wir bräuchten, wäre ein „synergetischer Textunterricht" (Krüger 1979), der auf solche Herausforderung durch Einbeziehung auch affektiver und praktisch-handelnder Lehrziele reagiert; was wir aber die letzten zwei Jahrzehnte lang hatten, das war ein einseitig-begriffsbildender, ja: begriffsabfragender Textunterricht. „Kenntnis" kam darin sattsam, „Anmutung" selten oder gar nicht vor. Aber literarische Texte, nur als *kognitive* Herausforderungen betrachtet und behandelt, konkurrieren mit stärkeren derartigen Herausforderungen naturwissenschaftlicher Fächer. Ihre Chance bestünde gerade darin, eine Dimension im Lernenden anzusprechen, die sonst brachliegt, und zwar nicht nur in vielen anderen Schulfächern, sondern auch außerhalb der Schule, in der sogenannten Freizeit: sinnlich-ganzheitliche ästhetische Wahrnehmung, Affektivität und Spielraum für Fantasie. Literatur in der Schule ermögliche, schrieb Hartmut v. Hentig, was der Schüler von heute mehr brauche als irgendetwas sonst: „zusammenhängende, übersichtliche, verständliche Vorstellungen von möglichen Realitäten".[19]

Vorstellungen hat man nicht einfach; man muß sie sich *machen*. Dabei helfen können 'Schreibarten', die ja nicht Schreibarten über 'den Text' schlechthin sind, sondern *Schreibarten* über Lesarten.

2.2 Schreibarten, kognitiv und affektiv, oder: Abstandhalten von und durch Sprache?

Der französische Anthropologe Lévi-Strauss hält für ein grundlegendes Merkmal unserer modernen Gesellschaften, daß der Mensch die „Erfahrung des Verständnisses für ein anderes Subjekt" nicht mehr direkt mache, sondern größtenteils indirekt, durch Rekonstruktion vermittels „geschriebener Dokumente."[20] Auch die „Bindung an die Vergangenheit" sei statt durch mündliches Tradieren kulturtragender Mythen nur noch durch Bücher gewährleistet. Damit, so schließt Lévi-Strauss aus dieser Beobachtung, seien zwar die Kontaktmöglichkeiten (mit anderen, mit der Vergangenheit) für uns Zeitgenossen unendlich erweitert, aber sie haben gleichzeitig einen „inauthentischen Charakter" angenommen.

Ohne den Begriff der Authentizität hier problematisieren zu können, frage ich, was diese immense Erweiterung und Bereicherung unseres Erfahrungsraums und Wissenshorizonts für „uns Zeitgenossen" bedeutet: Durch *Rezeption von Texten* können wir jederzeit erfahren, was zum Beispiel im Jahre 1516 – also kurz nach Beginn jener Moderne, die der Anthropologe meint – Thomas Morus unter „Utopie" verstand; aber daß wir das können, ist erkauft um einen hohen Preis: Nämlich den, daß wir Zugang selbst zu den gegenwärtigen und dringlichsten Problemen unserer eigenen Zeitgenossen oft nur noch auf demselben Weg haben: über Lesen und Schreiben als die „inauthentische Rekonstruktion", die wir gelernt haben und wegen jener unendlichen Erweiterung unseres Erfahrungsraums auch *brauchen* – damit wir uns nicht allmählich „zu Tode informieren"[21] beziehungsweise – je nach Textsorte – vielleicht auch zu Tode interpretieren.

Mit anderen Worten: Viel hängt davon ab, ob und wie wir gelernt haben, durch Lesen und Schreiben teilzuhaben am Prozeß der Rekonstruktion „anderer Subjekte" und ihrer Geschichten. Das genaue Lesen von Texten und das Schreiben darüber in der Schule hat den hohen Stellenwert, den es in der muttersprachlichen Didaktik seit langem hat, zu Recht; ich betone das vorsorglich, weil spätestens nach dem Kapitel II manchem Leser scheinen möchte, als wollte ich das bezweifeln.

Bezweifeln will ich etwas ganz anderes: Daß sich unsere Schüler in dem, was sie über die „geschriebenen Dokumente" unserer Literatur in der Regel zu Papier bringen, überhaupt noch selber finden – mit ihrem je eigenen Anspruch auf Rekonstruktion von „Authentizität" zu ihren eigenen Bedingungen. „Die im Text versteckten Schüler", so betitelten bereits Eggert/Berg/Rutschky

(1975) ihren Beitrag zur „Rezeptionsforschung in praktischer Absicht". Die Autoren werfen dem Deutschunterricht „Doppelsprachigkeit" vor: Es sei eines, wie Schüler von sich aus über ihre Lektüreerfahrungen reden würden, und ein anderes, welchen „Diskurs" sie in der Schule erlernen:
„Die über lange Zeit praktizierte und gleichsam im Alltagsbewußtsein von Lehrern und Schülern sedimentierte Form des schulischen literarischen Diskurs erlaubt es, in einer Weise über die Lektüreerfahrungen zu sprechen, in der die subjektiven Momente nur noch sehr vermittelt und häufig abgedrängt thematisch werden." (Ebd., 284)

Übertragen wir das auf das *Schreiben* über Literatur: Was heißt es dann, daß Formen des Schreibens „sedimentiert" sind, und um welche „Weisen" des Schreibens handelt es sich dabei? Der *Prozeß* dieser didaktisch-methodischen Sedimentierung ist historisch der einer Ausdifferenzierung von „Schreibarten": So jedenfalls sagte man noch zu Ende des 18. Jahrhunderts. Im 19. Jahrhundert hieß das dann „Stylarten", und unser eigenes hat unter dem Eindruck einer literarästhetischen Stiltheorie den Begriff „Stilformen" dafür gefunden. Das *Ergebnis* der Sedimentierung also kennen wir: Der übliche Lehrgang der Schreibformen im Deutschunterricht führt vom 'Subjektiven' zum 'Objektiven' – was immer man jeweils darunter versteht –, von der erzählend-schildernden Nähe zur beschreibend-besprechenden Distanz, vom fantasiebetonten Fabulieren zum erörternden Diskurs. Daß dies und nichts anderes entwicklungspsychologisch angemessen sei, ist erst in den letzten zwei Jahrzehnten wenigstens gelegentlich bezweifelt worden.

Hinzu kommt berechtigte Kritik aus einer anderen Richtung. Schulaufsätze, so lautete der Titel eines Buches von Boettcher u. a. 1973, sollten doch *Texte für Leser* sein, nicht zum Selbstzweck beachtete Stilformen. Aber in diesem Buch, das für viele andere Schreibformen erneuernd gewirkt hat, findet sich (ebd., 58) unter den vorgeschlagenen „schriftlichen Stellungnahmen" bezeichnenderweise keine einzige über einen literarischen Text. Am Schreiben über Literatur ist die sogenannte kommunikative Wende – der Einbezug pragmatischer Schreibarten in den Deutschunterricht – ebenso spurlos vorübergegangen wie die sogenannte Schreibbewegung, obgleich sie sich gern auch literarischer Schaffensimpulse bedient: So hat sich analog zur oben genannten Reihe der 'Stilformen' für das Schreiben über Literatur eine einseitig objektiv-abstrahierende, vom Schreiber-Ich ebenso wie vom Leserbezug *absehende* Reihe „sedimentiert": *Von der Vorstufe der Nacherzählung* (die es weithin nur noch „mündlich" gibt und von der ich daher absehe[22]) *über die Inhaltsangabe und die Texterschließung oder Textanalyse* (gesteuert durch Lehrerfragen zu Inhalt, Aufbau, „Sinn") *zum Interpretationsaufsatz,* der diese gestuften Anforderungen in sich aufnimmt und den Schreiber jedenfalls theoretisch in die Selbständigkeit seiner eigenen Textplanung entläßt.

An dieser Abfolge halten, aller erwähnten schreibdidaktischen Kritik zum Trotz, auch neuere und neueste Lehrpläne noch fest; sie ist in unseren Köpfen so fest verankert, daß anhaltende Klagen aus der Unterrichtspraxis uns bisher nicht im Glauben an ihre Berechtigung erschüttern konnten: Deutschlehrer, die (meist in der 7. Jahrgangsstufe) die sogenannte Inhaltsangabe einführen und erstmals üben, beobachten scheinbar unerwartete Schwierigkeiten bei einfach anmutenden Aufgaben der Textzusammenfassung; Kollegen, die im Anschluß daran schriftliche Erschließung und Analyse poetischer Texte vermitteln und bewerten sollen, klagen über immergleiche stereotype Antwortfloskeln, die sich eher gegenseitig im Weg sind, als daß sie sich zum Ganzen einer Textbesprechung runden wollen; und Lehrer der Oberstufen brüten bis hin zum Abitur über Interpretationsaufsätzen, die den hohen Anspruch wohlerwogener Textdeutung auf der Basis nachgewiesener Textbelege häufig nicht so recht einlösen, sondern eine renitente Subjektivität entfalten, die den Korrektor in anhaltende Gewissens- und Beweisnot beim Bewerten bringen.

Was ist hier eigentlich los? Liegt es nur an den falschen Methoden, mit denen wir Schüler nicht besser zum Schreiben über Literatur bringen, oder hat uns der Anthropologe Lévi-Strauss, über Authentizitätsverlust schreibend, die Sache grundsätzlicher erklärt? Dann stünde aber nicht diese oder jene Methode (etwa der Textgliederung, des Findens von Schlüsselbegriffen oder tragenden Metaphern, usw.), sondern die Reichweite der üblichen schulischen Schreibmuster selber zur Debatte.

Kehren wir noch einmal zur Frage nach den im Text versteckten Schülern zurück. Was man nicht bewältigt, sondern verdrängt hat, sagt uns die Psychoanalyse, ist man verurteilt zu wiederholen. Und nach der Auswertung jenes erwähnten Korpus korrigierter Schülerarbeiten, die diesem Buch als Beispielsammlung dienen wird, behaupte ich: Was in „ungenügenden", noch „ausreichenden" oder allenfalls knapp „befriedigenden" Textanalyse- und Interpretationsaufsätzen junger Schreiber oft bemängelt wird, das ist *die Wiederkehr der nicht bewältigten, sondern im Deutschunterricht verdrängten Lesarten,* die in diesem von Anfang an auf die 'Objektivität' philologischen Schreibens über Literatur abzielenden Lehrgang der Schreibarten nicht zu ihrem Recht kommen durften. Die schon von Eggert/Berg/Rutschky und seither öfter kritisierte Verdrängung subjektiver Leseweisen und Textzugänge ist für das Schreiben erst recht ein Problem.

Schreiben ist nun zwar nach neueren Erkenntnissen der Schreibprozeßforschung[23] wie auch einer Theorie der Schriftlichkeit[24] allererst Distanzierung des Produzenten aus der engen Adressatenbindung der 'Mündlichkeit', ist nicht zuletzt „heuristische" Hilfe bei der Auseinandersetzung mit dem Be-Schriebenen. Schreiben befreit mithin vom (Sprach-)Handlungsdruck des 'mündlichen' Dialogs auch und gerade in Form des gelenkten Unterrichtsgesprächs über den Text. Schreiben bedeutet in diesem Sinn, in die Selbständigkeit eigener Auseinandersetzung mit einem Gegenstand entlassen zu werden; Schreiben ist immer auch kognitive Freistellung.

Aber folgt man der didaktisch-methodischen Literatur zu den „Stilformen",
um die es hier geht, so könnte man glauben, Schreiben über Texte diene *nur*
dazu, kognitiv Abstand zu gewinnen: In seinen „Stundenblättern" zum Aufsatz im 7./8. Schuljahr spricht etwa Busse (^{6}1985, 17) vom „Zwang zur präzisen, abstrahierenden Sprachform" der Inhaltsangabe; und Kelle (1984, 4. Kap.) möchte gar den Schüler anleiten, Texte gewissermaßen kriminalistisch zu erschließen: „Wie durchschaut man einen Text?" Solche Fragen sind didaktisch durchaus nicht immer unfruchtbar. Zu bedenken aber wäre jedenfalls zweierlei:

- vom *Text* her der „Vermutungscharakter allen Verstehens" (Glinz 1978, 41 f.);
- vom Schüler als *Schreiber* her der 'ganzheitliche' Charakter schriftlicher Reaktionen auf eine Lektüreerfahrung – dem man nicht gerecht wird, wenn man Textanalyse als Hantieren mit Begriffswissen betreibt.

Die Schülertexte nämlich, die herauskommen, wenn man *erstens* 'Verstehen' als etwas endgültig Erreichbares und dann Dokumentierbares betrachtet und *zweitens* sein Augenmerk ausschließlich auf den *mentalen* Bereich richtet, sind nicht jene „Sprachwerke", die August/Jolles (1986) zu Recht als Zielperspektive der Schreibdidaktik fordern, sondern sie sind sozusagen Protokolle einer Textabfrage (mehr dazu in Kapitel II).

Trotzdem wird so getan, als ergebe sich die *sprachliche Gestalt* eines erstrebten Schülertextes von selber, wenn nur genügend kognitive Klarheit herrsche: Klarheit der durchschauten Textstruktur, Klarheit der entschlüsselten Metaphorik, Klarheit der benutzten Beschreibungsbegriffe – etwa, nach Bremerich-Vos (1989, 127) u. a., *Stil, Figuren* und ihre *Konstellationen, Handlungsmotive, Erzählerperspektive*. Auch dieses ansonsten sehr brauchbare Übungsbuch, das z. B. einen Abschnitt über „Etappen der schriftlichen Arbeit mit Texten" enthält (ebd., 121 f.), zeigt das Dilemma: Diese Etappen sind mehrheitlich kognitive Operationen (Sammeln, Gliedern, Finden von Oberbegriffen); die Angaben zur „eigentlichen Formulierungsarbeit" beschränken sich auf dürftige Hinweise – etwa die alte Gliederungsregel nach Einleitung, Hauptteil, Schluß. Daß unsere Didaktik der Arbeit mit Texten aber nicht mehr zu sagen weiß über „Formulierungsarbeiten", ist nicht die Schuld des Kollegen Bremerich-Vos: Unser aller Augenmerk richtete sich in der Vergangenheit zu stark auf kognitive Größen, nämlich das Sach- und Sprachwissen, die das Schreiben über Literatur voraussetzt, und kaum je auf die sprachliche Leistung, die es bedingt oder fördert und die ohne affektive 'Selbstbeteiligung' kaum zu erbringen ist.

Überhaupt ist die sprachliche Seite der vom Schüler erwarteten Leistung bemerkenswert unklar (vgl. August 1988, 54). So sagt der Praktiker Busse (^{6}1985, 17) zwar über die Inhaltsangabe, sie „gestaltet die rhetorische Form des Textes weitgehend um", aber er sagt nicht, *in oder zu was*. Offenbar ist ihm selbstverständlich, daß der Schüler sich sozusagen in einer stilistischen Nullage bewegt, und Ähnliches gilt auch für Textanalyse und Interpretationsaufsatz: Da wird zwar mit aufwärts zunehmender Beliebtheit *über Stil* geschrieben, aber der Stil des Geschriebenen zeichnet sich offenbar durch gar nichts Erwähnenswertes aus. Wertet man die Randkommentare und Korrekturen von Deutschlehrer aus, so ergeben sich als Zielvorstellungen: Nüchternheit, Klarheit, Verständlichkeit, insgesamt sprachliches Abstandhalten sowohl gegenüber der Textvorlage als auch gegenüber dem Leser. Insbesondere formale und stilistische Analysen, in der deutschdidaktischen Theorie inzwischen massiv kritisiert, erwecken in der Praxis noch immer den unguten Eindruck, hier solle sich der Schüler oder wolle ihn der Lehrer *heraushalten* aus affektiver, so etwas wie 'Betroffenheit' sprachlich zulassender Auseinandersetzung mit Texten, deren „Appellstruktur" doch geradezu, weil sie ja eine literarische ist, auf „Verstricktsein als Erfahrungsbedingung" ausgeht (Iser 1984, 210 ff.).

Weinrich (1964) hat grammatisch-stilistisch zwischen „erzählter Welt" und „besprochener Welt" unterschieden. Am Beispiel der sogenannten Inhaltsangabe ist zu zeigen, daß es oberstes Lehrziel der herkömmlichen Didaktik des Schreibens über Literatur ist, den Schüler aus der erzählten Welt heraus und in die besprochene hineinzuführen – mit allen Folgen, die das hat: Kognitiv sind es wünschenswerte Folgen, affektiv gerade nicht. Ordnet Weinrich der Tempusgruppe der „besprochenen Welt" beim Leser/Hörer eine *gespannte Haltung* zu im Gegensatz zur *entspannten Haltung* in der Tempusgruppe der „erzählten Welt" (vgl. 1964, 50), so hat beim Schreiben über literarische Texte die entspannte Haltung des Lesens (und Genießens) der gespannten Haltung des Sichtens, Ordnens und Zuordnens (von „Informationen", von „Bedeutungen") zu weichen.

Welchen Ort aber hat dann die „entspannte Sprech- und Schreibhaltung" des Erzählens und Erzähltbekommens – eine Haltung, die doch affektiv stark positiv besetzt ist? Während in den angelsächsischen Ländern auch eine Form aufsatzdidaktisch etabliert ist, die das Verbleiben in der erzählten Welt geradezu verlangt, aber dennoch kognitiv anspruchsvoller ist als die Nacherzählung (der Précis: vgl. hierzu das dritte Kapitel), werden hierzulande die Schüler bestraft für eine unerwünschte Leistung, die noch im 18. Jahrhundert in der Tradition der rhetorischen Schulung am Vorbild die erwünschte gewesen ist. (Wenn ich metaphorisch von Bestrafung" spreche, meine ich: Es erfolgen unweigerlich entsprechende Korrekturen am 'Stil'). Die ihnen abverlangte Leistung ist wesentlich eine kognitive. Das Einüben der Inhaltsangabe oder Textzusammenfassung ist der Einstieg in die Arbeit der schriftlichen Selbstdistanzierung vom literarischen Text (s. u.). Das Sich-Herausschreiben aus der Rolle des amüsierten, irritierten, verblüfften, bestürzten Lesers und Sich-Hineinschreiben in die Rolle des über solche Affekte erhabenen „Textwissenschaftlers" scheint immer noch ein Fernziel zumindest des gymnasialen

Literaturunterrichts zu sein.[25] Die schriftsprachlichen Gestalten[26] dieser Selbstdistanzierung, von den Beteiligten lange nicht besonders wichtig genommen, sind für mich das eigentliche Problem beim Schreiben über Literatur: Es ist ein sprach- und literaturdidaktisches Problem. Welche Lesarten erfordern welche Schreibarten?

Anmerkungen zur Einleitung

1. Tzvetan Todorov: „The Place of Style in the Structure of the Text", in: Seymour Chatman (Hrsg.): *Literary Style: A Symposion,* London/N. Y.: Oxford University Press 1971, S. 29–38, Zitat 30 (meine Übersetzung).
2. Vgl. hierzu Nussbaumer 1991, S. 151: Die *Zusammenfaßbarkeit* von Texten ist wesentliches Kriterium jeder Textualität und damit Kohärenz.
3. Solange – wie hier noch – allgemein-abstrakt von 'dem Schüler' und 'dem Lehrer' die Rede ist, ziehe ich die geschlechtsneutral gemeinte endungslose Redeweise vor – werde also, trotz prinzipieller Sympathie für Prinzipielles, *nicht* meine Druckseiten mit jenem gutgemeinten, aber unsäglichen Schüler-und-Schülerinnen/Lehrer-und-Lehrerinnen füllen. Von konkreten einzelnen Lehrerinnen und Schülerinnen, die dann auch so bezeichnet werden, wird unten noch ausführlich die Rede sein.
4. Vgl. hierzu Praxis Deutsch 93 (1989) sowie den immer noch grundlegenden Aufsatz von Bernhard Rank: „'Handlungsorientierung' als neues Paradigma? Ein literaturdidaktisches Konzept aus der Sicht der Sprachdidaktik", in: Diskussion Deutsch 98 (1987), S. 529–540.
5. Peter Stein, in: ders. (Hrsg.): *Wieviel Literatur brauchen Schüler? Kritische Bilanz und neue Perspektiven des Literaturunterrichts,* Stuttgart: Metzler 1980, S. 35.
6. Hilbert Meyer: *UnterrichtsMethoden,* Frankfurt/M. 1987, Bd. I, S. 90.
7. Nach W. H. Peterßen: *Handbuch Unterrichtsplanung. Grundfragen, Modelle, Stufen,* München ²1984, S. 284.
8. So die „Übersicht über die Lernzielbeschreibungen" der Lehrpläne für das Gymnasium in Bayern; vgl. KMBl So-Nr. 1/1982, S. 3 (vgl. aber Anm. 10).
9. Vgl. etwa B. S. Bloom (Hrsg.): *Taxonomy of Educational Objectives. Handbook 1: Cognitive Domain,* New York: McKay 1967 (dt. Weinheim: Beltz ²1973).
10. Aus den ab 1992/93 in Kraft gesetzten neuen bayerischen Lehrplänen ist denn auch die erwähnte Systematik der Lehrzieldimensionen insgesamt wieder verschwunden – was aber, besonders für die auch vorher schon weithin mißachteten affektiven Ziele, gegenüber früher (vgl. Anm. 8) keine Verbesserung darstellt.
11. Daß im „affektiven Untergrund von Sprachgebrauch und Begriffsbildung" eine ontogenetisch frühere Schicht der Sprachentwicklung liegt, ist schon lange erkannt: vgl. Günther Bittner: *Sprache und affektive Entwicklung,* Stuttgart 1969, S. 31.
12. Vgl. Karl S. Guthke: *Die Entdeckung des Ich. Studien zur Literatur,* Tübingen; Basel 1993.
13. Vgl. hierzu Wulf Segebrecht: *Das Gelegenheitsgedicht. Ein Beitrag zur Geschichte und Poetik der deutschen Lyrik,* Stuttgart: Metzler 1977, S. 31–51.
14. Vgl. Paul Mog: „Aspekte der 'Gemütserregungskunst' J. v. Eichendorffs. Zur Appellstruktur und Appellsubstanz affektiver Texte", in: G. Grimm (Hrsg.): *Literatur und Leser. Theorien und Modelle der Rezeption literarischer Werke,* Stuttgart 1975, S. 196–207.
15. So nennt Lerchner (1984, S. 166 f.) das 'leserseitige Pendant' zur „Kommunikationsstrategie" des Textes.
16. Vgl. Bertolt Brecht in „Lyrik und Logik", *Gesammelte Werke,* Frankfurt/M.: Suhrkamp 1967, Bd. 19, S. 385.
17. Nicht gemeint sind hier also verschiedene Leseweisen (vgl. dazu Härter 1991, S. 30 ff.).
18. Neben dem schon genannten P. Mog (oben, Anm. 14) vgl. hierzu vor allem Daniels/Mehn (1985, S. 192) und Schober 1990.
19. Harmut v. Hentig: *Schule als Erfahrungsraum? Eine Übung im Konkretisieren einer pädagogischen Idee,* Stuttgart 1973, S. 44.

20 Claude Lévi-Strauss: *Strukturale Anthropologie*. Frankfurt/M.: Suhrkamp 1967, S. 391 f.
21 So der Titel eines bekannten Buches von Neil Postman (Frankfurt/M. 1985).
22 Vgl. aber Harald Frommer: „Warum nicht Nacherzählen? Eine methodische Anregung für den Literaturunterricht, in: Der Deutschunterricht 36 (1984), H. 2, S. 21–32; Wolfgang Menzel: „Nacherzählen. Eine Fabel Luthers (5./6. Schuljahr) – eine Eulenspiegelgeschichte (8./9. Schuljahr), in: Praxis Deutsch 65 (1984), S. 13–22.
23 Vgl. z. B. Antos 1988, Beisbart 1989, Baurmann 1990, Jechle 1992.
24 Vgl. Helmut Glück: *Schrift und Schriftlichkeit: eine sprach- und kulturwissenschaftliche Studie,* Stuttgart: Metzler 1987.
25 Vgl. Jürgen Kreft: „Der Textwissenschaftler als der wahre Mensch und als das wahre Lernziel", in: J. Hein u. a. (Hrsg.): *Das Ich als Schrift. Über privates und öffentliches Schreiben heute.* Baltmannsweiler: Schneider 1984, S. 251–260.
26 Ich spreche von „Gestaltung" nur dort, wo ich tatsächlich den Vorgang einer Texterarbeitung oder-bearbeitung meine. Wo das Augenmerk auf dem Ergebnis dieser Arbeit liegt, benutze ich den Begriff „Gestalt".

Kapitel I
Sogenannte Inhaltsangaben:
Texte, die es keinem recht machen?

1 Wie und zu welchem Ende kann man Inhalte angeben? Die Grundform der Textwiedergabe als deutschdidaktisches Problem

Als ich die zwanzig Teilnehmer eines deutschdidaktischen „Theorie-Praxis-Seminars" nach der relativen Bedeutung verschiedener Textsorten für den Deutschunterricht fragte,[1] erlebte ich eine Überraschung: Die Inhaltsangabe behauptete, gleichauf mit Märchen und Fabel, eine Spitzenposition (18 Nennungen) – noch vor der Erzählung (15) und der Kurzgeschichte und Erörterung (je 13). Daß die Teilnehmer zu drei Vierteln ein Grundschullehramt studieren, verschärft den Befund insofern, als dort nicht wie in den weiterführenden Schulen (besonders deutlich am Gymnasium) die Inhaltsangabe als erste Stufe des Dreischritts Inhaltsangabe/Textanalyse (Texterschließung)/ Interpretation funktionalisiert ist. Die Mehrzahl dieser Studierenden hielt eine produktive Beherrschung der mündlichen und schriftlichen Inhaltsangabe *unabhängig von der Schulart* und ungeachtet ihrer eingestandenermaßen schlechten Schüler-Erfahrungen damit für eine ganz wichtige Zielkompetenz. Als ich nachfragte, erfuhr ich, daß dieselbe Mehrzahl diese Kompetenz für anspruchsvoll und nicht leicht erwerbbar hielt.

Aus dieser Beobachtung will ich nun meine drei untersuchungsleitenden Fragen entwickeln:
1. Worin genau wird die Lehrzielperspektive gesehen, die eine solche Forderung legitimiert? Und ist diese Perspektive auch noch in den Korrektur- und Bewertungshandlungen von Deutschlehrern wiederzuerkennen, oder sind die in der Regel angegebenen Lehrziele theoretische Lippenbekenntnisse einer Schreibdidaktik, die auf Praxisebene solche Ziele vielleicht verfolgt, aber nicht erreicht – wohingegen man andere („heimliche") Ziele erreicht, die niemand verfolgt hat?
2. Zu welchen anderen Textsorten steht die Inhaltsangabe in einem Konkurrenzverhältnis, und werden die (angeblich) konstitutiven Unterschiede zwischen diesen Formen auch praktisch-handelnd von den Lehrern gesehen bzw. eingeklagt? Noch grundsätzlicher: *Ist* die sogenannte Inhaltsangabe überhaupt eine Textsorte? Erfüllt sie das entscheidende Kriterium, ein typisch wiederkehrendes *Kommunikationsmuster* zu sein?[2] Nur weil man „Textsorten als Stilformen" auffassen kann,[3] gilt noch lange nicht umgekehrt, daß jede schulliterarische Stilform auch eine Textsorte ist.

3. Welche Formulierungskompetenzen werden in der sogenannten Inhaltsangabe eigentlich vorrangig entwickelt ('geübt' und dann 'verlangt')? Inwiefern also verbessert der Schüler seinen 'Stil', wenn er die „Stilnormen" dieser „Schreibform" (Frommer 1984, 45) beherrschen lernt? Mithin: Um welche Art von „Schreibübung" (Hoffmann 1986) handelt es sich hier eigentlich?

Ich suche zunächst in der fachdidaktischen Literatur nach Antworten auf diese drei Fragen.

1.1 Zur Diskussion über konstitutive Lehrziele der Schreibform 'Inhaltsangabe'

Wenn hier zunächst allgemein von „Lehrzielen" die Rede war, so im Sinn des in unserem Fachs trotz wohlbegründeter Einwände immer noch üblichen, gleichwohl nicht ganz korrekten Begriffs *„Lernziele"*. Ein Schreibunterricht, der nicht in bruchloser Fortsetzung der normativen Rede von den „Darstellungsarten" oder „Stilformen" auch eineinhalb Jahrhunderte nach deren Erfindung[4] noch davon ausgehen will, daß die Beherrschung einer *Form* als solche schon ein Lehrziel sein soll, muß angeben können, in Hinblick auf welche Richt- oder Grobziele von Deutschunterricht – oder von Schule überhaupt – es wünschenswert wäre, sogenannte Inhaltsangaben abfassen zu können. Die Antworten auf diese Frage, soweit sie sich dem Problem überhaupt stellen und nicht (wie etwa Hoffmann 1986) nur „methodische Hinweise" liefern, will ich probehalber nach dem von Herbert Krüger für *Synergetischen Textunterricht* (1979, 10 ff.) vorgelegten Schema einteilen: also nach einer kognitiven, einer affektiven und einer pragmatisch-sozialen Zieldimension.[5]

Kognitive Dimension
Kognitiv argumentiert die Mehrheit aller Deutschdidaktiker, die sich seit Ulshöfer (1952, 38) die sogenannte Inhaltsangabe als „Besinnungsaufsatz" zurechtgedacht haben. „Entfaltung des Abstraktionsvermögens" (ebd., 42; so noch Busse [6]1985, 18) ist dann das Ziel jeder Arbeit am „Wiedergeben" von Inhalten; mit Graf (1983, 197) „stellt das Herauslösen von Wesentlichem aus komplexen Zusammenhängen eine schwierige Abstraktion und damit eine komplizierte kognitive Operation dar."

Über diesen kognitiven Grundzug der Schreibform also gibt es einen Konsens: Die eben zitierte Bestimmung ist ja nichts anderes als eine sprachlich modernisierte Version der von Storz (1947/48, 44) geprägten und dann oft wiederholten[6] Formel „Übung im Denken", die so pauschal ist, daß sie schlechterdings kaum falsch sein kann. Differenzierter, aber auf derselben Ebene bezeichnen Schildberg-Schroth/Viebrock (1981, 10 u. 14) die „hierarchische Anordnung" der dem Text „entnommenen" Informationen als die eigentliche Herausforderung an die Adresse des Schreibers.

Diese Herausforderung nun erscheint in der didaktischen Literatur häufig kombiniert mit einer zweiten, nämlich einem „hohen Grad an Objektivität" (z.b. Eckhardt/Helmers 1980, 88). Und so wenig die *Abstraktionsforderung* in ihrem didaktischen Wert oder ihrer sachlichen Notwendigkeit zu bestreiten ist – sollen denn Texte überhaupt anders als nacherzählend wiederzugeben sein – so fragwürdig ist ein Dekret wie das folgende: „Der Inhalt eines Textes wird unabhängig von der Meinung und dem subjektiven Dafürhalten des Sprechers wiedergegeben." (Ebd.) Daß dies möglich sei, muß man *glauben*. Auf der Basis eines solchen Glaubens, den ich nicht teile, ist dann eine Behauptung wie diejenige Hoffmanns folgerichtig, daß eine Textstelle „meist nur eine bestimmte Formulierung genau trifft" (1986, 31) – eine (Re-)Formulierung nämlich, die im Sinn des Objektivitätsideals unabhängig von jedem einzelnen *gilt* und folglich von jedem akzeptiert werden muß. Wohlweislich klammert Hoffmann zwar fiktionale Texte, für die solche Behauptungen evident unsinnig sind, aus seinen Überlegungen von vornherein aus. Doch auch der von ihm gewählte Beispieltext von Konrad Lorenz weckt Zweifel, ob er zum Beweis dieser Behauptung taugt. (Dazu siehe unten, S. 35.)

Welche Nachteile es didaktisch und pädagogisch hat, wenn Deutschlehrer an dieser Fiktion festhalten, darauf komme ich nach Auswertung meines Materials zurück. Einstweilen halte ich fest:
Die zentrale Frage der Inhaltsangabe ist „die nach ihrer didaktischen Spezifikation im Hinblick auf ihren objektiven beziehungsweise subjektiven Status" (Schildberg-Schroth/Viebrock 1981, 13), und aus rezeptionsästhetischen Gründen kann eine Inhaltsangabe „niemals objektiv angefertigt sein" (ebd., 14). Der Deutschlehrer hat „inhaltlich mit Varianten zu rechnen, die im Prinzip als gleichwertig anzusehen sind" (ebd., 17), und das heißt, konsequent weitergedacht: Die Fiktion, die sogenannte Inhaltsangabe sei lediglich eine *Vorarbeit* für eine Texterschließung oder Interpretation, wird man aufgeben müssen zugunsten der einfachen Feststellung, daß sie „ein Resultat der Interpretation und das heißt *Interpretation* ist." (Ebd., 15)

Auch für Graf (1983, 196), der Bedenken gegen diese Konsequenz anmeldet, bleibt sie zwar „hermeneutisch gesehen" richtig, er will aber jenen ersten verstehenden Textzugang, für den er die sogenannte Inhaltsangabe hält, unterscheiden vom „dezidierten und detaillierten Interpretationsvorgehen", das über die „Textinternität" ja auch hinausgehe, also Informationen über Autor, Entstehungssituation usw. hereinnehme, die eine Inhaltswiedergabe nicht brauchen könne (vgl. ebd.). Mit anderen Worten: Die Feststellung Schildberg–Schroths/Viebrocks ist richtig, solange man „Interpretation" im Sinn der *textimmanenten* Hermeneutik begreift. Gerade wenn man – wie Graf (1983, 197) – „die Beibehaltung der traditionellen, primär heuristischen Form der Inhaltsangabe als 'interpretativer' Basisübung" gegen eine Vereinnahmung textwiedergebenden Schreibens durch die Forderung der Adressatenorientierung durchsetzen will, muß man sich auf die verständnisfördernde Funktion stützen; der Schreiber leistet allemal eine Deutung des wiederzugebenden Textes für sich selbst, und zwar nicht als dem Schreibakt vorausliegende Leistung, sondern als Verfertigen der Deutung beim Schreiben (Graf, ebd., sagt: „Selbstaufklärung", „Selbstvergewisserung"). In diesem Sinn ist die sogenannte Inhaltsangabe tatsächlich eine heuristische Schreibform, die entweder „kausal-orientiert" oder „ablauf-orientiert" an den gegebenen Text herangehen kann (Graf, ebd.).

Affektive Dimension

Nun zwingt aber gerade diese heuristischen Funktionsbegründung dazu, die kognitive Lehrzieldimension zu überschreiten und zu klären, welche Herausforderung auf affektiver Ebene in dem Ansinnen steckt, einen Text wiedergeben oder zusammenfassen zu sollen. Bei Ulshöfer (1952, 39) hieß es noch unbekümmert, der Schüler solle etwa eine Erzählung „aus eigenem Antrieb unter Besinnung auf das Wesentliche neu schaffen". Hier wird eine positiv-affektive Beziehung unterstellt, ohne daß ihre Bedingungen geklärt wären. In ähnlicher Weise, allerdings bezogen auf den Rezipienten, schreibt Busse (^{6}1985, 16) von „Befriedigung eines elementaren Informationsbedürfnisses". Und Eggerer/Rötzer (1982, 23) unterschlagen das *Objekt* in ihrem Satz: „Die Inhaltsangabe will [wen?] kurz über das Wesentliche des Inhalts von Texten jeglicher Art informieren."

Das alles klingt so beruhigend sachlich, daß man glauben könnte – und auch weithin glaubt –, eine affektive oder eine pragmatische Dimension gebe es hier nicht. Soweit ich sehe, hat einzig Frommer (1984) den hinter vorwissenschaftlichen Begriffen wie „Antrieb" und „Bedürfnis" steckenden Grundannahmen auf die Spur zu kommen versucht. Er hat Schülerarbeiten (über die „neunte masurische Geschichte" von Siegfried Lenz) genau gelesen und die Schreiber beim „Sichten" und „Ordnen" der Textsignale sowie beim „Zuordnen" (er meint: Zuschreiben) von *Bedeutung* beobachtet (vgl. ebd., 40 u. 42). Die Stilregeln der Inhaltsangabe, so stellt er fest, sind vom 'Einleitungssatz' bis zur Tempusregel (Präsens) darauf gerichtet, „den Überstieg auf eine Meta-Ebene" herbeizuführen und den Schreiber daran zu *hindern*, „sich in der Rolle des Lesers oder Nacherzählers dem Genuß der Erzählung hinzugeben." (Frommer 1984, 38)
Wie dies sprachlich erreicht wird, erklärt Frommer mit Hilfe von Weinrich (1964)[7]: Die *„erzählte Welt" des dem Schüler vorliegenden epischen Textes ist zu verwandeln in die „besprochene Welt" der sogenannten Inhaltsangabe*. Der durchgehende Gebrauch der 3. Person und die Tempusgruppe Präsens/Perfekt – traditionell die zwei wichtigsten „Stilnormen" (vgl. Frommer 1984, 42) – stellen sich damit, auf ihr immanentes Lehrziel hin befragt, als Garanten von „Objektivierung und Distanzierung" heraus. Sie erschweren identifikatorisches Lesen und fördern statt dessen die gegenteilige Lesehaltung des unbeteiligten Beobachtens und Referierens. Sie legen – mit Frommer gesagt – dem

Schreiber die „Fesseln des Odysseus" an und befreien „vom Bann des Textes" (ebd., 43).

Der Vergleich macht es deutlich: Es geht bei der sogenannten Inhaltsangabe keineswegs nur um eine kognitive Herausforderung, nenne man sie „Übung im Denken" oder Schulung des Abstraktionsvermögens. Es geht gleichermaßen um eine Herausforderung affektiver Natur. Im Vorgriff auf das von mir ausgewertete Textmaterial sei präzisiert: Es geht um eine Zumutung. Denn Frommer selbst stellt ja fest: „Die Schüler, die sich bei der Textwiedergabe in den Text hineinziehen lassen, fühlen sich offensichtlich wohl dabei." (Ebd., 41) Das aber heißt im Umkehrschluß: Vielen Schülern – und manchen Deutschlehrern – ist nicht wohl dabei, literarische Texte zu Objekten der Distanzierung zu machen, ihren „Bann" (Frommer) zu brechen durch Umsetzen des „Wesentlichen" in die trockene Sprache der Faktizität. Liest man bei Weinrich nach, der Frommer das Begriffssystem geliefert hat, so ergibt sich: Der Schüler, eben noch „entspannt" nachvollziehender Leser, sieht sich nun als Verfasser der sogenannten Inhaltsangabe plötzlich in „Alarmstufe I", muß umschalten auf „volle Konzentration" (Weinrich 1964, 51).

Es ist in diesem Sinn richtig, „daß die Schwierigkeiten der Schüler mit den Tempusregeln für die Inhaltsangabe in der illusionierenden Suggestion der Texte wurzeln" (Frommer 1984, 44), genauer: Diese Schwierigkeiten sind nicht etwa die einer systemgrammatischen Konfusion über Leistungen und Distributionsregeln der Tempora – als solche werden sie freilich vom Deutschlehrer häufig behandelt –, sondern sie „wurzeln" in den Affekten, die der literarische Text bei der (Erst-)Lektüre im Schüler vielleicht aufgebaut hat und die nun oft verhindern, daß der Haltungswechsel von der erzählten in die besprochene Welt tatsächlich erfolgt. Ich werde das an Beispielen belegen.

Nun heißt aber, daß etwas schwierig sei, noch nicht notwendig, man könne nicht gute Gründe dafür haben, es hartnäckig zu verfolgen. Frommer verteidigt ausdrücklich dieses Lehrziel der „Textwiedergabe" und präzisiert die landläufige Meinung, es gehe um „Einübung von Stilnormen" dahin, daß „mit Hilfe dieser Schreibform ein bestimmtes *Verhalten* gegenüber Texten erlernt werden soll." (1984, 45). Er möchte „auf der ungeliebten Schreibform beharren", den Unlustgefühlen der Schüler zum Trotz, damit diese „sich selbst den fremden Blick auf den Text aneignen" (ebd., 39).

Der große Vorzug dieser Überlegungen Frommers besteht darin, daß der Affekthaushalt des Schülers ernstgenommen und nicht als irrelevant beiseitegeschoben wird. Es bleibt aber eine offene Frage, inwiefern das hier lehrzielbildende „Verhalten gegenüber Texten", das nicht nur Abstraktionskompetenz, sondern eben auch Selbst-Distanzierung von textbezogenen Affekten verlangt, am Ende genauso „Bescheidwissen und Gleichgültigkeit" fördert, wie ich dies an anderer Stelle für die methodische Praxis der Stilanalyse behauptet und belegt habe.[8]

Soziale und pragmatische Dimension

Es bleibt schließlich die pragmatische sowie – in Zusammenhang damit – soziale Dimension: Auf sie hin befragt, erweist sich die Fachliteratur zur sogenannten Inhaltsangabe als eher reflexionsarm. Knappe Hinweise in Eckhardt/Helmers (1980, 88) betreffen die „Möglichkeit der Manipulation" der Inhaltsangabe sowie ihre „gesellschaftlich relevante" Funktion des „privaten Gedankenaustausches" und damit die soziale Lehrzieldimension. Darüber hinaus gehen nur Schuster (1982, 29) sowie didaktisch differenzierter Dahms (1967, 518) und Frommer (1984, 43), die beide von der Inhaltsangabe als der Voraussetzung dafür sprechen, *in ein Gespräch über den Text einzutreten*. Die gängige Formulierung „das Wesentliche" problematisierend, sagt Dahms (ebd), er kenne es am Anfang einer Textarbeit auch nicht unbedingt. Aber er könne mit jemandem in ein Gespräch darüber eintreten, und dabei könne eine Inhaltsangabe instrumentell werden, indem sie nämlich „probierende Argumentation" (ebd., 523) über den „Sinn" einer Geschichte nötig und möglich mache. Dies scheint mir sehr bedenkenswert, ich füge aber hinzu: Instrumentell kann – und soll – die 'Inhaltsangabe' *gerade nich*t deshalb werden, weil sie eine objektiv-distanzierte, sich aller Deutungsbemühungen enthaltende Textwiedergabe wäre, sondern im Gegenteil deshalb, weil sie implizite Deutungsangebote immer schon enthält. In diesem Sinn hat sie dann auch eine pragmatisch-soziale Lehrzieldimension.

Der heute noch lesenswerte Aufsatz von Dahms unternimmt es also von einer 'pragmatisch-instrumentellen' Seite aus, die soziale Funktion der Inhaltsangabe zu klären. Adressatenorientierung sei grundsätzlich denkbar als ein Sich-Einstellen auf den zu „unterrichtenden" oder den bereits „unterrichteten" Leser. Dahms selbst plädiert scheinbar paradoxerweise, aber mit guten Argumenten für den letzteren:

„Setzen wir jemandem eine Inhaltsangabe vor, ohne daß er den Text, über den gesprochen wird, kennt, konfrontieren wir ihn mit Behauptungen (Urteilen), deren Prüfbarkeit wir ihm im gleichen Augenblick entziehen [...]. Mir scheint, die Inhaltsangabe läßt nicht nur prüfende Erwägung zu, sondern sie fordert den vergleichenden Blick auf den Vorlagentext heraus. Sie [...] verlangt Gleichheit zwischen den Partnern, nicht aber das Verhältnis zwischen einem Wissenden und einem Unwissenden." (Dahms 1967, 527)

Jene äußerlich-formale Sicht der sogenannten Inhaltsangabe, die von *Umgestaltung der rhetorischen Form* spricht (vgl. Busse[6] 1985, 17) und den „Zwang zur Verknappung" (ebd.) mit einem Informationsbedürfnis des noch unwissenden Lesers begründet, scheint mir demgegenüber das Problem zu oberflächlich-technisch lösen zu wollen. Und schlimmer: Solche Rede von der *informativen* (kürzeren, strafferen, sachlicheren) Textversion, die bei der „Umformungsaufgabe" (Busse, ebd.) herauskommen soll, macht den Schüler zum Opfer einer Doppelbindung. Denn der Schüler weiß ja und erfährt es immer wieder, daß der wahre Adressat ein „Wissender" (Dahms) ist, der seine genauere Textkenntnis jederzeit im Korrektur- und Bewertungsakt gegen ihn verwenden kann. (Daß die „Gleichheit zwischen den Partnern" also selbst dann, wenn beide den Text gelesen haben, im Rahmen der Institution Schule schöne Utopie ist, sei hier nur angemerkt.)

Im Überblick über die hier kritisch referierten Positionen seien zunächst zwei Punkte festgehalten:
- Nur im kognitiven Bereich herrscht weithin Konsens über die durch die sogenannte Inhaltsangabe zu erreichenden Lehrziele, während textbezogene Affekte des Schülers entweder gar nicht bedacht oder durch die textgrammatisch-stilistische Verpflichtung auf die „besprochene Welt" gewissermaßen überlistet werden sollen. Wie sich aber dadurch das affektive Verhältnis des Schülers zum Ausgangstext ändert, ob es im Extremfall womöglich zerstört wird, das wird selten bedacht.
- Die soziale und instrumentell-pragmatische Seite des Verfassens von Inhaltsangaben ist nicht befriedigend durchdacht. Der Grund liegt in dem Versäumnis, die von Dahms schon 1967 angemahnte Differenzierung des Adressatenbezugs ernstzunehmen und sich dann zu fragen, welche Funktion eine Inhaltsangabe für den schon „wissenden" Leser denn haben könnte: nämlich eher die einer Gesprächsanbahnung und Konturierung gegensätzlicher Standpunkte über „das Wesentliche" als die (fiktive) der Information für einen imaginären „unwissenden Leser".

1.2 Zur Trennschärfe in einem Kanon textwiedergebender Schreibformen

Zu welchen anderen Schreibformen, so lautet zweitens die textsortensystematische Frage, steht die sogenannte Inhaltsangabe in einem Konkurrenzverhältnis?
- Zur *Nacherzählung,* sagen Dahms (1967, 514), Eggerer/Rötzer (1982, 19 ff.) und Busse ([6]1985, 17);
- zur *Paraphrase,* sagen Schildberg-Schroth/ Viebrock (1981, 21) und ich (unten, S. 124);
- zum *Interpretationsaufsatz,* sagen Frommer (1984, 45) und Graf (1983, 196). Schildberg-Schroth/ Viebrock (1981) allerdings bestreiten es;
- zum *Précis,* sagen Schildberg-Schroth/ Viebrock (1981, 21), Busse ([6]1985, 17) und ich (unten, S. 146); Eggerer/Rötzer dagegen (1982, 23) betrachten den Précis als eine der Formen der Inhaltsangabe;
- zu *Inhaltsvorschau, Schlagzeile, Protokoll* als den alternativen Formen der „Textwiedergabe", sagen Eckhardt/Helmers (1980, 76);
- zur *Textbeschreibung,* sagen Eggerer/Rötzer (1982, 58), die nämlich eine um eine Formbeschreibung ergänzte Inhaltsangabe sei;

- zur Textzusammenfassung, sagen etwa die neuen bayerischen Lehrpläne: Die „Inhaltsangabe" ist hier definiert als eine um „informierende Einleitung mit Kernaussage" ergänzte Textzusammenfassung.[10]

Auch wenn diese Oppositionsbildungen sich nicht als einander ausschließende verstehen, bleibt doch richtig, was Schildberg-Schroth/Viebrock über „Anschlußmöglichkeiten der Inhaltsangabe zu anderen Texttypen" sagen, nämlich „daß die vorgefundene Didaktik und Methodik dazu beiträgt, den Deutschunterricht zu konfundieren" (1981, 12 f.). Wie und wo aber läßt sich diese Konfusion im Korrekturhandeln von Deutschlehrern dingfest machen, und mit Hilfe welcher Modelle und Strategien ließe sie sich überwinden? Ich komme darauf zurück. Zunächst bleibt die oben aufgeworfene Frage zu beantworten, ob die gängige Rede von der Inhaltsangabe als einer „Textsorte", gar einer „gesellschaftlich relevanten" (Eckhardt/Helmers 1980, 75 ff.), pragmalinguistisch überhaupt zu halten ist.

Eine Textwiedergabe ist, wie Eggerer/Rötzer (1982, 58) ausführen, „möglich als" Nacherzählung, Klappentext, Rezension; aber sie ist meines Erachtens *nicht* „möglich als" Inhaltsangabe (ebd.), weil man diese nicht mit den vorher aufgezählten pragmalinguistischen Textsorten auf eine Stufe stellen kann. Und sie ist erst recht nicht möglich „als Textanalyse oder Textinterpretation" (ebd., 59), sondern sie ist gelegentlich sinnvoll *im Rahmen* dieser Aufgabentypen – denen ich, wie in Kapitel II ausgeführt wird, den Textsortencharakter ebenfalls abspreche.

Diese Verwirrung ist so groß wie unnötig. Eine offene Liste von Kommunikationsmustern, in deren Rahmen das Wiedergeben von Inhalten möglich oder notwendig ist, kann doch leicht erstellt und bedarfsweise ergänzt werden:
- *'mündlich'*: Beratungsgespräch in der Buchhandlung, formlose Unterhaltung über Lesestoffe;
- *'schriftlich'*: Rezension, Voranzeige in einer Fernsehzeitschrift, Katalog des Buchclubs, Klappentext der Neuerscheinung, Verlagsinformation für den Buchhändler, Lexikonbeitrag, Exposé für ein Drehbuch oder Hörspielskript.

Den 'items' einer solchen Liste – wie unvollständig auch immer – gegenüber ist die sogenannte Inhaltsangabe *an sich* keine Textsorte (vgl. auch Bark 1979, 144), sondern obligatorischer oder fakultativer *Teil* ganz verschiedener Textsorten, die man im weitesten Sinn als funktionale Varianten der Textwiedergabe begreifen könnte. Als selbständige schulliterarische Schreibform verdankt die sogenannte Inhaltsangabe ihre Existenz der normativen 'Aufsatzlehre', die jede Adressatenorientierung ausgeblendet hat und an deren Überwindung die Deutschdidaktik nun schon mindestens 20 Jahre laboriert.

Reale Kommunikationsmedien und -situationen wie die oben beispielhaft aufgeführten ermöglichen dagegen konkrete Angaben über Adressatenbezug und Schreibzweck. Das Ergebnis allerdings wird nicht mehr deckungsgleich sein mit dem, was die Schule traditionell als „Inhaltsangabe" übt: Auf die „Inhaltsvorschau" treffen eben *nicht unbedingt* „im wesentlichen dieselben Merkmale zu wie auf die Inhaltsangabe" (Eckhardt/Helmers 1980, 88), und ein Gleiches gilt für die werbende Information über Neuerscheinungen.

Im Rahmen gut definierter Textsorten kann also allenfalls von *verschiedenen Strategien und Methoden* der Textwiedergabe und Textzusammenfassung die Rede sein. Mindestens folgende Alternativen wären meines Erachtens zu bedenken:
(1) *verkürzend vs. nicht-verkürzend* (Textzusammenfassung vs. Inhaltsangabe, aber auch: Précis vs. Nacherzählung);
(2) *erzählend vs. besprechend* (Nacherzählung/Précis vs. Paraphrase);

Übersicht: Formen der einfachen Textwiedergabe

	verkürzend	nicht-verkürzend
erzählend	Précis (-> z.B. Inhaltsvorschau)	Nacherzählung (-> z.B. Nachdichtungen antiker Stoffe)
besprechend	Textzusammenfassung (-> z.B. Klappentext)	Paraphrase (-> Interpretation, Kritik)

(3) und schließlich (aber hiervon mehr in Kapitel III): *abwertend vs. aufwertend*.

Diese Oppositionspaare schließen einander nicht aus; wohl aber glaube ich, daß es innerhalb eines jeden von ihnen kein Ausweichen in irgendeine 'dritte Möglichkeit' gibt, d. h.:
(1) Bei jeder Textwiedergabe entscheidet sich der Schreibende zwischen Abstraktion (als Bedingung für Verkürzbarkeit) und Konkretion.
(2) Jede Textgestalt ist erreicht worden, weil der Verfasser sich prinzipiell entschieden hat für eine der Weinrichschen Tempusgruppen.
(3) Eine 'Inhaltsangabe' ist nie 'objektiv-neutral'. Sie wertet immer.
Insgesamt ist in Bezug auf die Trennschärfe des Begriffs „Inhaltsangabe" folgendes festzuhalten:
• Abgrenzungsversuche gegenüber der Nacherzählung machen deutlich, daß es um einen *Haltungswechsel* geht. Auch die allgemein als obligatorisch eingeschätzten Stilnormen der sogenannten Inhaltsangabe (Tempusgebrauch, Verzicht auf schildernde Elemente wie z. B. Adjektiva, Wechsel in die 3. Person, Umwandlung der direkten Rede) weisen darauf hin: Die sogenannte Inhaltsangabe *ist* eine „Umsetzübung" (Storz 1947/48, 44), und ihr Charakter bestimmt sich besonders im Fall epischer Textvorlagen, um den es hier hauptsächlich gehen wird, nicht notwendig durch „Verknappung", sondern in Abgrenzung von Nacherzählung und Précis aus ihrem scharfen Kontrast zum „Stil der Vorlage" (z.B. Busse [6]1985, 17).

- Versuche, wie der bereits zitierte des bayerischen Gymnasiallehrplans (1992), Textzusammenfassung und Inhaltswiedergabe zu unterscheiden und die eine als Teilleistung der andern zu betrachten, können helfen, die pauschale Rede vom Angeben der 'Inhalte' zu differenzieren. Angeben kann man sie eigentlich nicht; man kann sie nur entweder abstrahierend (zusammenfassend) oder konkretisierend (nach- oder ausgestaltend) behandeln. Aebli (1980, Bd. II, 170 ff.) hat an einer Fabel Lafontaines gezeigt, daß es mindestens vier Abstraktionsstufen beim Zusammenfassen gibt. (Zum *Konkretisieren* vgl. Kapitel III)
- In der Debatte um die Abgrenzbarkeit gegen den *Interpretationsaufsatz* steckt das von Aebli (ebd.) erläuterte Problem des Abstraktionsniveaus, auf das ein Textsubstrat gehoben werden soll: Von einer gewissen Höhe an nimmt es unweigerlich den Charakter der Wertung und Deutung an. (Ein gutes Beispiel – der Begriff „Naivität" in Schülerarbeiten über Lenz' Suleyken-Geschichte – findet sich bei Frommer 1984, 40.)
- Schließlich ist ein allgemeines Dilemma des Schreibens von „Texten über Texte" (Dahms 1967, 526) in der Schule die *Unklarheit seiner Funktionsbestimmung*. Graf (1983) hilft sich, indem er neuere „kommunikative" Formen der Inhaltsangabe unterscheidet von ihrer älteren heuristischen Grundform. Das stilistische Verhältnis schulischer 'Formen' zu lebensweltlich vorkommenden Varianten der Textwiedergabe (z. B. Inhaltsvorschau), die ja nur als integrale Bestandteile verschiedener Textsorten faßbar sind, bleibt weithin unklar.

1.3 Zu Fragen der Stildidaktik

Zur Auseinandersetzung mit der Frage nach dem angestrebten stilistischen 'Können' bietet sich die Arbeit von Hoffmann (1986) an, und zwar gerade deshalb, weil die stiltheoretische Reflexion der „Schreibübung" Inhaltsangabe dort ausgeblendet ist. Der 'Stil' ist für Hoffmann offenkundig nur 'schülerseitig' ein Problem, nicht in Bezug auf den Ausgangstext, dessen – als vorsprachliche Substrate gedachte – 'Inhalte' wiederzugeben sind: „Ist der Stil sachlich?" fragt streng der Bewertungsbogen „Zur Inhaltsangabe von Sachtexten" (1986, 37), und er meint damit selbstverständlich nur den Stil der *Schülerarbeit*, während der Lorenzsche Stil, der stellenweise durch das Glatteis kunstvoll-rhetorischer Ironie gekennzeichnet ist, überhaupt nicht in den Blick gerät. Daß eine Inhaltsangabe immer auch Stilrezeption verlangt, bevor sie zur Stil*produktion* werden kann, geht einer solchen normativen Schreibdidaktik nicht auf. Eine Thematisierung von Stilrezeption und -wertung durch den Schüler ist ausdrücklich untersagt: Unbedingt zu vermeiden seien „textbeschreibende Äußerungen" (vgl. ebd., 33). Die – meines Erachtens unlösbare – Aufgabe, vor die solche Anweisungen den Schüler stellen, besteht dann darin, den „Inhalt" etwa folgender Textpassage aus Lorenz' *Das sogenannte*

Böse (1963) „wiederzugeben", *ohne* auf Sinn und Wirkung des 'Stils' einzugehen:

„Nur durch Abschirmung unserer Gefühle gegen alle sinnfälligen Folgen unseres Tuns wird es möglich, daß ein Mensch, der es kaum fertig brächte, einem Kind eine verdiente Ohrfeige zu geben, es sehr wohl über sich bringen kann, den Auslöseknopf einer Raketenwaffe oder einer Bombenabwurf-Vorrichtung zu betätigen und damit Hunderte von liebenswerten Kindern einem gräßlichen Flammentod zu überantworten. Gute, brave Familienväter haben Bombenteppiche gelegt." (Zit. nach Hoffmann 1986, 39)

Die „braven Familienväter" werden hier nicht explizit entschuldigt für das „sogenannte Böse", das sie tun; wohl aber werden sie implizit – durch die stilistische „Gleichzeitig-" oder „Zusatzhandlung" (Sandig 1986, 59 f.) – in Schutz genommen: Sie sind ja *abgeschirmt* gegen die *liebenswerten* Kinder, denen sie ganz persönlich nicht einmal eine *verdiente* Ohrfeige würden verabreichen können.

Warum thematisiert der Verhaltensbiologe und Aggressionsforscher nicht seine eigenen Aggressionen gegen Kinder (die Ohrfeigen „verdienen")? Daß gerade dort, wo ein Autor seine eigene Meinung nicht direkt verbalisieren kann oder will, die stilistische Zusatzhandlung einspringt, um der Semantik mit ihrem „Stilsinn" beizuspringen (vgl. Sandig 1986, 136 f.), wäre hier sehr gut herauszuarbeiten – wenn nicht schriftlich, so wenigstens die Textwiedergabe vorbereitend.

Mit dem, was dann an Textbeschreibung nötig wäre (ich führe es hier nicht ins Detail fort) vergleiche man den 'Einleitungssatz', der nach Meinung Hoffmanns (1986, 36) den Lorenz-Textauszug am besten „trifft": „Es geht um den Versuch, der Frage nachzugehen, warum die Menschen – angeblich vernünftige Wesen – sich so unvernünftig verhalten und sich gegenseitig töten." Daß es – wie oben bereits zitiert – meist nur einen wirklich „treffenden" solchen Satz gebe, ist vor dem Hintergrund dieses Beispiels eine unbeweisbare Behauptung. Wie wäre es denn mit folgendem Alternativ-"Treffer": *Es geht um den gezielten, rhetorisch-polemisch vor keinem Stilmittel zurückschreckenden und überdies schon im Titel sich ankündigenden Versuch, ein bestimmtes Menschenbild beim Leser durchzusetzen, dessen Vorurteilscharakter sich als verhaltensbiologisches Urteil tarnt?*

Die oben referierte These von Schildberg-Schroth und Viebrock, die sogenannte Inhaltsangabe sei allemal schon Interpretation, wird hier sehr sinnfällig. Das von einer Inhaltsangebetechnik im Sinne Hoffmanns erteilte Wahrnehmungs- und Denkverbot in Bezug auf die Textgestalt, den 'Stil' des Ausgangstextes nämlich, verhindert wirkungsvoll, daß diese Tatsache dem Lehrer und/oder Schüler bewußt wird, und es hindert beide daran, einem solchen „Sach"-Text gerecht zu werden.

Dieselben Bedenken sind mit mindestens gleichem Recht nun auch bei fiktionalen Texte vorzubringen, deren Autoren in noch größerem Umfang mit stilistischen „Zusatzhandlungen" (Sandig 1986) operieren. Daß Hoffmann (1986, 29) satirische Texte „wegen der Eigenart ihrer Form" von seiner Inhaltsangebetechnik ausdrücklich ausschließt, ist beredt genug.

Auch Busse (^{6}1985, 17) gibt zu bedenken: „Texte, die ganz und gar Gestalt sind, sind ungeeignet, weil die Inhaltsangabe gerade das, was sie wesentlich konstituiert, zerstört." Die damit akzeptierte und entschuldigte 'Stilblindheit' in textrezeptiver Hinsicht, die übrigens auch dem Schüler *gegenüber seinem eigenen Text* ausdrücklich verordnet wird,[11] kontrastiert nun auffällig mit dem scharfen Auge des Korrektors und Zensors auf textproduktiver Seite: „Mit der sprachlichen Form der Inhaltsangabe ist *ein bestimmter Stil* verbunden, der sich auszeichnet durch Sachlichkeit, den Gebrauch eines bestimmten Tempus und Modus und die Anwendung einer *Ausdrucksweise*, die unmißverständlich das Geschriebene als etwas Wiedergegebenes kenntlich macht." (Ebd., 30; Hervorhebungen v. mir)

Das Wahrnehmungs- und Denkverbot in bezug auf 'Stil' gilt natürlich nicht für den Lehrer als Leser des Schülertextes: Nicht nur dieses Zitat, sondern auch der Beurteilungsraster des mitabgedruckten Kriterienbogens sagt es deutlich genug (Kategorien: *Form, Ausdruck, Darstellung, Inhalt*). Es wird an korrigierten Schülerarbeiten zu überprüfen sein, ob und inwiefern Hoffmann mit seinen didaktischen (normativen) und methodischen (stark steuernden) Vorstellungen von textwiedergebender Arbeit im Deutschunterricht repräsentativ ist oder nicht und ob er das auch für die sogenannte Inhaltsangabe epischer Texte ist.

Obwohl die bisher referierte Literatur noch kein didaktisches Konzept für Funktionen und Leistungen verschiedener Formen der Textwiedergabe im Deutschunterricht erkennen läßt, läßt sie doch eine Reihe von Schlüssen zu, die mir nun als Ausgangspunkte für die Auswertung ausgewählter Schüleraufsätze dienen sollen:
Kognitionspsychologischer Schluß: Vorsicht ist geboten mit der Behauptung, die sogenannte Inhaltsangabe, so wie der Schüler sie abzuliefern habe, dürfe keine Meinungen, Wertungen, oder Deutungen enthalten. Diese stecken allemal in der raffenden Wiedergabe von 'Handlung' und im abstrahierenden Auf-den-Begriff-Bringen von 'Höhepunkt' oder Pointe.
Methodenreflexiver Schluß: Viel Sorgfalt im Gespräch mit den Schülern ist auf eine Klärung des Abstraktionsniveaus zu verwenden, auf dem der Schülertext sich seiner Textvorlage inhaltlich und strukturell versichern soll. Quantitative Angaben über die intendierte Länge des Textprodukts oder das Längenverhältnis zum Ausgangstext genügen nicht.
Lerndidaktischer Schluß: Die Frage ist in jedem Einzelfall immer wieder neu zu bedenken, ob und ggf. wie lange der Text seine Leser in seinen „Bann" schlagen wird und an welchem Punkt des Rezeptionsprozesses es sinnvoll und legitim wäre, ihnen die „Fesseln des Odysseus" (Frommer) tatsächlich anzulegen.

2 Doppelbindungen.
Die sogenannte Inhaltsangabe als exemplarisches Kampfgebiet einer Stilbildung per Aufsatzkorrektur

2.1 Gegenstände und Methode der Beispielanalysen

Folgende Vermutungen werde ich in diesem Abschnitt prüfen:
- Die Schreibform der Inhaltsangabe ist bei an sich guter Eignung für die Thematisierung stiltheoretischer und stildidaktischer Fragen in der Praxis diesen gegenüber blind und taub.
- Die Technik des Angebens von Inhalten ist auf scheinobjektive „Distanzierung" vom Wiedergegebenen aus. Hoffmann (1986, 30) beruft sich hierbei auf Frommer 1984, rezipiert allerdings nicht dessen in den *affektiven* Bereich weiterführende Überlegungen.
- Die Textrezeption *selbst* ist kein Thema, sondern wird umstandslos als immer schon vollzogen vorausgesetzt.
- Die Schreibhaltung des Schülers wird normativ festgelegt; eine davon abweichende, nicht-stilblinde – also entweder stil*imitative* oder stil*kommentierende* – Haltung wird durch entsprechende 'Korrekturen' negativ sanktioniert.

Da das erwähnte Textkorpus Beispiele für die meisten der in unseren weiterführenden Schulen derzeit üblichen 'Aufsatzarten' enthält, will ich zunächst auf knappem Raum umreißen, inwiefern und wodurch die textwiedergebenden Formen hier auffallen. Die insgesamt vertretenen 34 Deutschlehrer (wohl nahezu das gesamte Fachkollegium der Schule) zeigen in ihrem Korrekturverhalten 'global' Gemeinsamkeiten: Tendenziell und besonders ausgeprägt ab der 10. Klasse zeigt sich, *daß die 'Aufsatzart' weit weniger relevant ist für die Häufigkeit von Texteingriffen als die Person des 'eingreifenden' Deutschlehrers.*

Allgemein formuliert: Über alle untersuchten 'Aufsatzarten' hinweg, also für argumentative Texte ebenso wie für epische und appellative, sind die Schwankungen zwischen den einzelnen Lehrern groß, zwischen den von einem unter ihnen neben- und nacheinander korrigierten verschiedenen Formen dagegen kleiner, obwohl doch diese Formen sehr verschiedene inhaltliche und stilistische Anforderungen stellen.

Eine Übersicht über alle Lehrer, die in 7. Klassen unterrichteten und also – dem Lehrplan gemäß – mit der Inhaltsangabe als *obligatorischer Schulaufgabe* zu tun hatten (es sind die Lehrer 9–13), zeigt nun, daß sich die angedeutete allgemeine Tendenz auch hier durchhält, also auch für die sogenannte Inhaltsangabe offenbar keine allgemeine Erwartungsnorm existiert, die die zum Teil erheblichen indivduellen Unterschiede in der Auffassung von (hier) schreibformgerechtem 'Stil' auffangen könnte: [12]

1	2	3	4	5	6	7	8
Aufs.-art	Klasse	Lehrer Nr.	Noten-Ø	Text-:eingriffe: Summe	Klassenstärke	Texteingriffe: Ø	Lehrer Ø
I	7y	9	3,00	134	23	5,8	(5,8)
I	7z	10	3,08	61	23	2,6	(2,6)
E	7w	11	3,31	172	22	7,8	
I	7w	11	3,26	175	24	7,3	
		11					7,6
E	7z	12	2,99	137	23	5,9	
I	7z	12	3,26	139	23	6,0	
EÖ	11y	12	2,95	133	23	5,8	
TA	11y	12	2,90	164	24	6,8	
		12					6,1
I	7x	13	2,94	76	23	3,3	(3,3)

Fragt man nun nach dem sowohl korrekturfreudigen wie auch zurückhaltenden Deutschlehrern gemeinsamen *Stilideal,* so ist eine vom Lehrer markierte/korrigierte Textstelle im Schüleraufsatz, gegen die entsprechende Stelle im Original gehalten, mehr als einer unter vielen Belegen für eine bestimmte Tendenz; *sie ist nicht mehr ein quantitatives, sondern ein qualitatives Argument.* An ihr bewährt sich oder versagt die Vorstellung von der 'Stilform', die eine bestimmte stilistische Transformation des Ausgangstextes erfordere. Wenn die Inhaltsangabe zumindest epischer Texte wesentlich eine „Umsetzübung" (Storz 1947/48, 44) ist und keine „Laß-weg-Übung" (Dahms 1967, 519), so ist ihr Konstituens nicht der knappere Umfang gegenüber dem Original, sondern die stilistische Umsetzung der Textgestalt von der erzählten Welt in die besprochene.

Die Klassensätze mit *literarischen Vorlagen* sind die folgenden:

Klasse	Lehrer-Nr./stilist. Eingriffe pro Aufsatz (Ø)	Autor, Textvorlage
7x	13/ 3,3	Boccaccio, „Die Kraniche"
7y	09/ 5,8	G. Britting, „Brudermord im Altwasser"
7z[13]	12/ 6,1	Stefan Andres, „Die Stelzen und der Tod"
7z[14]	10/ 2,6	J. P. Hebel, „Der kluge Richter"
7w	11/ 7,6	J. P. Hebel, „Die Besatzung von Oggersheim"

Novelle, Kalendergeschichte, Kurzgeschichte, vom *Decamerone* (1353) bis zu Andres' *Novellen und Erzählungen* (1962), und in der Mitte natürlich Hebel, der stets zuhandene: Diese fünf Klassensätze sind – vorsichtig gesagt – nicht untypisch für das, worauf wir als Deutschlehrer gerne zurückgreifen.

Genau wie etwa in der Didaktik der Lyrik gibt es hier immer wieder traktierte Stücke. Brittings „Brudermord" gehört mit Sicherheit ebenso dazu wie diverse Texte Hebels. So haben wir nicht nur für die sogenannte Inhaltsangabe eigene schulliterarische „Sedimente" geschaffen,[15] sondern auch für andere deutschdidaktische Problemzonen. Allerdings ist das Angeben von 'Inhalten', noch dazu unter Prüfungsbedingungen, die hier ausnahmslos vorlagen, offenbar in besonderer Weise problematisch.

- *Quantitativ:* Der Andres-Text war mit fünfeinhalb Druckseiten offensichtlich bereits zu lang für die Schüler, und weniger Kürzungsaufgaben dürften bei Übungen mit epischen Texten im Mittelpunkt gestanden haben als Aufgaben der stilistischen Umsetzung.
- Qualitativ: Gerade kürzere epische Texte, die überschaubar genug sind, sind häufig so dicht, daß kaum etwas an ihnen weglaßbar und wenig zusammenzufassen ist; es bleibt dann nur das Hinaufsteigen von der konkreten 'Handlung' in die Abstraktion übrig. (Moderne fiktionale Prosatexte, die keine 'Handlung' haben – man denke etwa an Stücke von Günter Kunert – sind bezeichenderweise als Gegenstände der Textwiedergabe kaum anzutreffen. Andres erzählt im Stil des 19. Jahrhunderts.) Überdies halten auch scheinbar einfache Geschichten inhaltliche Schwierigkeiten bereit.[16]

Für eine exemplarische Analyse, die erstens die stilistische *Umsetzungshandlung* des betreffenden Schülers und zweitens die *Lehrerreaktion* darauf zu bedenken haben wird, wähle ich einige Schlüsselstellen in verschiedenen Textvorlagen aus, an denen sich die üblichen Inhaltsangebetechniken, die Deutschlehrer ihren Schülern nahelegen, zu beweisen (gehabt) hätten. Mich interessieren daran – in dieser Reihenfolge – die Wiedergabe von *'Handlung'* und *'Höhepunkt',* von *wörtlicher Rede* und von *Ironie.* Diese drei Bereiche werden von Schülern, Studenten und Teilnehmern von Lehrerfortbildungen als Problemfelder genannt.

2.2 'Handlung' und 'Höhepunkt'

Ich beginne mit einem Klassensatz, dessen Korrektor (Nr. 12) durch eine relativ hohe Durchschnittshäufigkeit von Texteingriffen auffällt – und zwar in allen vier Klassensätzen, die von ihm vorliegen.

Stefan Andres' „Die Stelzen und der Tod" handelt „von einem Jungen, dessen Traum von einem anderen, der denselben Wunsch hat, zerstört wird, weil er ihn nicht mit ihm teilen kann ...". Das ist der Einleitungssatz der einzigen Schülerarbeit, die mit „sehr gut" benotet wurde. Der zerstörte „Traum" (ein Abstraktum, das die Schülerin in die Textwiedergabe einführt) ist ein Paar Stelzen, die der junge Ich-Held vom Schreiner Jul kostenlos und mit viel Liebe (sie sind mit Ölfarbe bemalt) gemacht bekommt, weil alle anderen Jungen auch Stelzen haben und seine Eltern sich so etwas nicht leisten können. „Zerstört" (zersägt) wird der Traum vom Nachbarsjungen Matti, einem Epileptiker, der nach einem Streit über die neuen Stelzen einen Anfall bekommt. Der Held flüchtet erschreckt und läßt die Stelzen zurück. So hat Matti Gelegenheit zu seiner eigenartigen Rache am Leben. Er stirbt einige Tage später.

Wiedergabe der 'Handlung':
Der Held beschließt, auch er brauche ein paar Stelzen. Die Konsequenz dieses Entschlusses für die Handlung der Geschichte lautet in der Textvorlage: „So machte ich mich dann eines Tages zum Schreiner Jul auf und ...". Wie geben Schüler diesen Satz wieder, was erwartet der Lehrer von einem gelungenen Wiedergabeversuch?

Der Schüler Nico[17] schreibt: „<u>So machte er sich eines Tages</u> zum Schreiner Jul <u>auf</u> ...".[18] Am Rand steht: „*Nacherzählung*". Die stilistische Umsetzung ist – so verbalisiere ich das Urteil des Korrektors – unterblieben, der Ton der erzählten Welt erscheint dem Leser als Mißton. Es geht aber nicht nur um die 'falsche' Tempusgruppe, sondern auch um andere Signale der erzählten Welt, in denen sich freilich Stilnormen von Inhaltsnormen kaum trennen lassen. Ein zweites Beispiel (Martin) zeigt das: „<u>Da beschließt Stefan</u>, zu dem Schreiner Jul zu gehen." „*Stil der Nacherzählung*", wird hier moniert. Anstatt zunächst gesagt zu bekommen, daß der Held einen Entschluß faßt und dann, daß er ihn ausführt, will der Leser diese Ausführung als nüchternen Fakt formuliert sehen. Wie aber, wenn der Verfasser diese Wiedergabe für seinen eigenen Verstehensprozeß braucht? Er müßte vielleicht konkretisieren dürfen, soll aber – so will es die Norm – abstrahieren. Dasselbe Dilemma des Korrektors finde ich in anderen Schülerarbeiten; und analoge Beispiele ließen sich aus dem Korrekturhandeln der anderen beteiligten Deutschlehrer beibringen, also aus jedem der anderen vier Klassensätze, was aus Raumgründen unterbleibt.

Dem Lehrer-Leser *selbst* ist das Dilemma vielleicht nicht unmittelbar präsent: Denn der „Bann des Textes" (Frommer) ist für ihn durch die Aussicht auf (in diesem Fall) 23maliges Rezipieren derselben 'Handlung' ohnehin gebrochen. Seine Aufmerksamkeit gilt den Stilnormen der besprochenen Welt, und so klagt er bei jedem einzelnen Schüler sozusagen die Verabschiedung aus der erzählten Welt ein – gleich, ob dieser innerlich schon dazu bereit ist oder nicht.

Ist damit alles klar, und wüßte jeder Schüler, was er tun und was vermeiden muß, um ein marginales „*Erzählstil!*" oder „*Textanklang!*", wie es durch alle fünf Klassensätze hindurch auftritt, von sich abzuwenden? Der Schein trügt leider. Denn mehreren anderen Schülern klopft der Korrektor wegen eines ganz anderen Vergehens auf die Finger der Schreibhand, die den *stilum* hält. Anke und Rita beginnen beide den hier in Rede stehenden Satz so: „Deshalb <u>geht</u> er zum Schreiner ...", und das Verb wird ihnen als „*farblos*" moniert, obwohl es doch – nicht nur im Tempus – in die besprochene Welt paßt. Es ist sachlich und informierend. Was will der Lehrer-Leser also mehr? Aber ich finde noch drei andere Schülerarbeiten, in denen an dieser Stelle das Verb

„*gehen*" nicht stehen darf, in einem Fall auch das Verb „*sagen*" nicht. Ist es also, um es sowohl dem Leser als dem Text recht zu machen, angeraten, die Teilhandlungen des Gehens und Sagens auszusparen? Man könnte es annehmen, weil alternative, weniger *farblose* und stilistisch differenzierende Verben, die hier scheinbar eingeklagt werden, ja doch dem Verdikt *Erzählstil!* zum Opfer fallen müßten. Was aber geschieht, wenn jemand die durch die farblosen Verben bezeichneten Teilhandlungen ausspart, zeigt das Beispiel Tamara: „Das ärgert Stefan so sehr, daß er sich vom Schreiner Jul sehr schöne Stelzen machen läßt." Hier nun *fehlen* dem Lehrer Teilhandlungen: „*etwas genauer!*"

Nun möchte man doch wissen, ob und wie man es dem Korrektor an dieser unscheinbaren Stelle eigentlich recht machen kann. Man konsultiert die einzige 'Einser-Arbeit' und findet, ohne jeden Anflug von Rotstift, den Satz: „Der Junge geht zu dem Schreiner Jul und läßt sich Stelzen machen." Nun enthält diese Arbeit im ganzen weniger 'Allerweltsverben' als diejenigen der anderen Schüler, denen das vorgehalten wird; trotzdem genügt ein solches Korrekturhandeln eigentlich nicht der Forderung der Widerspruchsfreiheit und Transparenz. Der Willkür des Eingreifens (oder Nicht-Eingreifens) entzogen ist offenbar lediglich die Stilnorm des Präsensgebrauchs. Andere Stilsignale der erzählten Welt können ebenso großzügig übersehen werden wie (andererseits, etwa im zuletzt zitierten Fall) eine stilistisch *farblose* Umsetzung in die besprochene. Der kritische Blick des Korrektors trübt sich stellenweise ein; aber weniger ein Text als seine Schreiberin scheint es ihm hier recht machen zu können.

Ich will nicht auf den alten Vorwurf der Bewertungswillkür beim deutschen Aufsatz hinaus, sondern darauf, daß es die einzig treffende Lösung (Hoffmann 1986) eben *nicht* gibt. Die Balance zu halten zwischen farbig-erzählenden und farblos-besprechenden Wiedergaben der Teilhandlung ist fast unmöglich, nicht nur für Schüler. Es handelt sich hier um eine Doppelbindung, und die *Bewertung* des einzelnen Schülerversuchs, sich aus dem Dilemma dieser Doppelbindung (wie ich es mache, ist's falsch) herauszuhelfen, hängt notwendig von sachfremden Vorannahmen über die Schreibkompetenz des betreffenden Schülers ab, nämlich von der Unterstellung des Lehrers, dieser habe das Verb *gehen* (*sagen, kommen,* usw.) bewußt – als Signal für besprochene Welt – gewählt, oder der gegenteiligen Unterstellung, ihm stünden einfach keine alternativen Verben – und damit keine Möglichkeiten der Stilwahl – zu Gebote, was einem Armutszeugnis gleichkommt.

Schüler, die das heimliche Lehrziel solcher Stilarbeit per Aufsatzkorrektur erreicht haben, werden sich mit Minimallösungen wie derjenigen aus der Affäre ziehen, die Jan anbietet: „Er bestellt sich beim Schreiner Stelzen und bekommt auch sehr schöne." Die Umsetzung ist zweifellos geglückt, der Lehrer hat hier nichts moniert. Aber *farbloser* geht es kaum; und ob das Verb *bestellen* tatsächlich eine treffende Abstraktion ist für die verbalisierte Not des

Ich-Erzählers in der Textvorlage („und erklärte ihm, daß ich Stelzen haben müßt..."), darf bezweifelt werden.

Insgesamt wird deutlich, daß die speziellen Stilnormen der sogenannten Inhaltsangabe einerseits und die generellen sprachästhetischen Stilnormen für gutes Schriftdeutsch andererseits ('variatio delectat'!) den Schüler immer wieder in die Zange einer Doppelbindung nehmen.

Wiedergabe des 'Höhepunkts':
Eine zweite Stelle aus „Die Stelzen und der Tod" wähle ich, um zu überprüfen, wie Schüler und Lehrer mit der Wiedergabe („Umsetzung") eines *Höhepunktes* umgehen. Der Held hat nach seinen zurückgelassenen Stelzen gefragt, er wird von Matti in den Hof zu einem Holzbock geführt. Dann heißt es im Text:
„Er stellte sich neben mich, zeigte mit dem Finger auf ein Häufchen Kleinholz und sagte: 'Da – da – sein se!' Er stotterte, so erregt war er. Jetzt erst erblickte ich ein Stück Holz, das rundherum blauweiße Ringe hatte und genau so groß war, um in einen Ofen zu passen. Mir war es plötzlich, als hätte mir jemand mit den Stelzen, die ich suchte, gegen die Stirn geschlagen [...]. Ich war so traurig, daß mich der Zorn nicht anpacken konnte. Über die armen, schönen Stelzen war ich traurig, über meinen Verlust, aber ebenso über Mattis Tat ..."

Die von Frommer positiv hervorgehobene Fähigkeit zur „Distanzierung" vom Text müßte sich, wenn irgendwo im Rahmen dieser Schreibaufgabe, so an dieser Schlüsselstelle beweisen. *Halten* die Fesseln der Stilnormen?

Saskia schreibt: „Am nächsten Tag besucht Stefan Matti, um die Stelzen zu holen, <u>doch was er sieht</u> sind nur kleine zerhackte Stücke die einmal Stelzen waren." Der Korrektor moniert die Inversion und vermerkt: *„Stil der Nacherzählung!"* Ist das hier wirklich das Problem? Saskia weiß vermutlich sehr wohl, daß sie hier erzählt, aber sie tut es – mehr oder weniger bewußt – deshalb, weil sie die affektive Besetzung dieser Textstelle irgendwie markieren will und fühlt, daß sie das nicht kann, wenn sie jede Spannung aus ihrer Wiedergabe entweichen läßt und auf jede stilistische Markierung zugunsten einer neutralen Textgestalt[19] verzichtet. Die Inversion ist hier eine stilistische „Streckform" (Macheiner 1991, 388) und dient *der Aufrechterhaltung* der Spannung; sie ist eine stilistische „Zusatzhandlung", genauer: eine stilistische *Ersatzhandlung*. Denn die Schülerin traut sich nicht, das Entsetzen und die Trauer des Helden zu verbalisieren. (Warum wohl nicht?) Diese Unterlassung, die beteiligten Affekte auch nur zu erwähnen, wird übrigens vom Lehrer-Leser *nicht* geahndet. Was geahndet wird, ist Saskias Versuch, sie statt dessen im Leser *hervorzurufen*.

Die Reizschwelle des Korrektors für alles, was erzählte Welt signalisieren könnte, ist recht niedrig: In etlichen weiteren Fällen, die ich hier nicht ausführe, wird ihr Ton, auch wenn er nur sehr leise ist, vernommen. So sieht sich selbst die Schülerin Rita ermahnt, *nicht nachzuerzählen*, obwohl sie so trocken wie möglich formuliert: „Dieser führt ihn hinter das Haus, wo seine Stelzen, in kleine Stücke zerhackt, liegen." Was hier doch eigentlich angemahnt werden soll, ist nicht besprochene Welt – die ist es ja! – sondern *Abstraktion,* also Eliminierung einer Teilhandlung (um-das-Haus-Herumführen), deren Wiedergabe hier der Gliederung des Geschehens vor dem inneren Auge der Schreiberin dient. Aber nicht einmal an einem solchen Höhepunkt darf der Ablaufcharakter der 'Handlung' in den inneren Blick geraten; es geht um die restlose Beseitigung jeder epischen Spannung. Eliminiert man diese jedoch aus der Wiedergabe, so ist der darauf folgende Satz aus der Textvorlage erklärungsbedürftig: „Ich war so traurig, daß mich der Zorn nicht anpacken konnte." Eine Erklärung in diesem Sinn verlangt der Korrektor prompt von Rita, weil sie als einzige eine Wiedergabe dieses Satzes („Darüber ist Stefan so traurig, daß er nicht wütend wird.") wenigstens versucht.

Mit den folgenden Lösungen ist der Leser, an dieser Stelle sonst häufig unzufrieden, einverstanden:
- *„Matti bejat und führt ihn in den Hof, wo die Stelzen zerhackt auf dem Boden liegen. Stefan ist empört und fragt warum Matti dies getan habe. Matti antwortet [...]. Stefan ist tief betroffen."* (Jan)
- *„Zwischen einem Haufen Kleinholz entdeckt der Junge seine zersägten Stelzen. Nachdem er, traurig, die Stelzenteile zusammengesucht hat, erklährt Matti seine Tat."* (Kerstin)

Der Affekt erscheint verschämt-parenthetisch als Einschub (Kerstin) oder gehoben auf das Abstraktionsniveau von Vokabeln wie *empört* und *betroffen* (Jan): Es darf über ein Gefühl geredet werden, aber im Akt der Wiedergabe *konkretisiert werden darf es nicht.* Schon Annikas Lösung („Traurig geht Stefan aus dem Hof.") ist dem Korrektor der inneren Visualisierung verdächtig: *„Stil der Nacherzählung."*

Der vom Lehrer als gelungen eingestufte Wiedergabeversuch Jans lehrt aber noch ein Zweites: Affektfreiheit der Handlungswiedergabe ist nur erreichbar, wenn (auch) am Höhepunkt die Unmittelbarkeit – Horst Rumpf (1981) würde sagen: die *Sinnlichkeit* – wörtlicher Dialoge stilistisch vermieden werden kann. Dazu bedarf es der Beherrschung des zur besprechenden Tempusgruppe gehörigen Konjunktivs I.

Auch dies ist am besten zu erkennen an mißlungenen Versuchen, ihn einzusetzen: „Matti bringt ihn zu einer Stelle, wo lauter Holzstücke liegen. Als Stefan sich niederkniet sieht er, daß Stücke von seinen Stelzen dabei sind. Er fragt <u>ihn</u>, warum er die Stelzen zersägt <u>hätte</u>. Matti antwortet, er <u>bräuche</u> sie nicht, weil er doch Epilepsie <u>hatte</u>." (Bianca) Von vier Unterstreichungen gelten drei der Realisation der indirekten Rede, die – wäre sie korrekt ausgeführt – in der Tat diesem Höhepunkt zu einer völlig affektfreien, spannungsarmen und unsinnlichen Repräsentation verhülfe: „*Er fragt Matti, warum er die Stelzen zersägt habe*", wo es bei Andres heißt: „So fragte ich ihn denn, indem ich meine Tränen trocknete ...". Und tatsächlich passiert die Wiedergabe eines anderen Schülers (Donald) den kritischen Blick des Korrektors unkommentiert: "... er habe die Stelzen zerschnitten, er habe sie ohnehin nicht brauchen können, weil er die 'fallende Krankheit' habe." *Variatio delectat?* Hier scheint die dreimalige Verwendung derselben Form desselben Verbs nicht zu stören, ist diese Form doch der Garant für jene distanzierte Haltung, deren Aufbau die neuere Fachliteratur (Frommer) das wichtigste Lehrziel der sogenannten Inhaltsangabe nennt und deren nachhelfender Modellierung in den Schülertexten fast alle stilistisch motivierten Texteingriffe direkt (Tempus, Person, 'indirekte Rede') oder indirekt (z. B. Partikel) dienen.

Ich halte die Frage, welche unausgesprochenen, womöglich gar unbewußten Motive hinter dem offenkundigen Vorwalten des Lehrziels 'Distanzierung' eigentlich stecken, nicht nur für legitim, sondern für notwendig. Ich habe – im strengen Sinn freilich unbeweisbare – Zweifel, ob etwa Donalds Rezeptionsprozeß wirklich aus eigener Kraft den Punkt erreicht hat, wo man so distanziert-gleichgültig über das Anrührende der Geschichte schreiben kann; ob der Schüler nicht vielmehr durch die Stilnormen der sogenannten Inhaltsangabe, von denen er weiß, daß sie ihm abgeprüft werden sollen, dazu genötigt worden ist, seinen Rezeptionsvorgang *abzubrechen* und den Torso als nüchterne Inhaltswiedergabe auszustellen. Dieses Resultat aber wäre, um nochmals Grafs (1983) Unterscheidung zu bemühen, nicht nur keine „kommunikative", es wäre auch keine „heuristische" Schreibhandlung.

Sich selber klarzumachen, wie der Text strukturiert ist und wie er funktioniert, kann Donald kaum schaffen, wenn er nur 'Inhalte angeben', nicht aber Bezüge herstellen oder Form und Stil der Vorlage kommentieren darf. Man mag im Sinn oben referierter fachdidaktischer Positionen einwenden, die sogenannte Inhaltsangabe solle ja auch nur Ausgangsbasis für solches Herstellen und Kommentieren sein: Aber welcher Schüler kann seinem Deutschlehrer mit diesem Argument entgegentreten, wenn dieser ihn mit *einer endgültigen* Note (4, 5, oder 6) konfrontieren muß?

Zusammenfassung:
Ich schließe aus dem Vergleich der insgesamt angebotenen Wiedergabeversuche des Höhepunkts und aus dem Vergleich der ihnen geltenden Korrekturhandlungen:
- Der Versuch der Schreiber und Schreiberinnen, *Spannung* zu erzeugen und damit die exponierte Position einer Schlüsselstelle (Höhepunkt) anzuzeigen, wird – gleich welcher stilistischen Handlung ein Schüler sich hierzu bedient – als verfehlt geahndet: Der Korrektor interpretiert ihn als Indiz für das Unvermögen des Verfassers, sich aus dem Bannkreis des Textes zu lösen.

- Die *affektiven* Anteile jeder Textrezeption sollen dem „fremden Blick" zum Opfer fallen, der den Text in der Haltung des nicht-affizierten Unbeteiligten bespricht. Dieser „Überstieg auf die Meta-Ebene" (Frommer 1984) wird erleichtert durch die Anwendung der indirekten Rede, die denn auch erfahrungsgemäß vorrangig geübt wird.[20] Der Korrektor durchkreuzt seinen eigenen Wunsch, guten 'Inhaltsangaben' zum Entstehen zu verhelfen, durch Einklagen verschiedener einander im Weg stehender Stilnormen, die abwechselnd die sprachliche und inhaltliche Stringenz der besprechenden Welt und dann wieder stilistische *variatio* und elegantes Schriftdeutsch verlangen.

Ingesamt geht es also – das haben die Proben aus dem Klassensatz zum Text von Stefan Andres gezeigt – *methodisch* um eine stilistische Umsetzung des Originals, und *kognitiv-affektiv* geht es um die Einnahme einer Haltung, die das genaue Gegenteil jener *Verstrickung* ist, die Iser ([2]1984, 210 ff.) als charakteristisch für die Rezeption fiktionaler Texte bezeichnet hat: „Verstricktsein ist der Modus, durch den wir in der Gegenwart des Textes sind." (Ebd., 214) Natürlich ist diese Einsicht aus der *Theorie der ästhetischen Wirkung* noch nicht als solche ein Argument gegen die sogenannte Inhaltsangabe: Weder als heuristische noch als kommunikative ist sie damit schon widerlegt, denn beide Formen wären ja auch zu denken als Ausdruck und Niederschlag jener Rezeptionsphase, die Karlheinz Stierle (1975, 361) die „Zweitlektüre" genannt hat und die das Verstrickt(gewesen)sein voraussetzt, aber überschreitet. Die Frage ist aber, ob diese Phase der Zweitlektüre bei den Schülerinnen und Schülern vorausgesetzt werden kann. Lediglich der Deutschlehrer wird auch diese Phase der Zweitlektüre längst überwunden haben, denn sein „Verstricktsein" in den Text dürfte Jahre zurückliegen. Er mutet seinen Schülern nichts Geringeres zu als ein Überspringen der identifikatorischen und empathischen „Erstlektüre". Verlangt wird bereits eine Fernstellung des Textes, bevor die *Nähe* zu ihm ernstlich erreicht worden sein kann. Daß die Schüler sich nicht nur wohler fühlen, wenn sie ihre Verstrickung stilistisch verbalisieren dürfen, wie schon Frommer (1984) aufgefallen ist, sondern daß viele wahrscheinlich gar nichts anderes tun können, belegen eindrucksvoll die drei Arbeiten aus dem Klassensatz, die den Ich-Helden in der ersten Person Singular belassen.

2.3 Tempusmetaphern

Der Vergleich verschiedener Wiedergabeversuche von 'Handlung' und 'Höhepunkt' hat bestätigt, was Frommer (1984, 42) über die „Stilnormen" der sogenannten Inhaltsangabe sagt: Neben der Umsetzung des epischen Präteritums ins besprechende Präsens wird vor allem die Umsetzung der in epischen Texten häufigen direkten Rede (Dialoge) in die indirekte als obligatorisch erachtet – also die Wiedergabe dessen, was Weinrich (1964, 108) eine „Tempusmetapher" genannt hat.

Mir geht es dabei um den Zusammenhang zwischen solchen „Stilnormen" und der *Schreib*handlung des Schülers als produktivem Rezeptionsakt. Am Klassensatz über eine Hebel-Anekdote, die eine Wiedergabe von „Tempusmetaphern" erforderlich macht, möchte ich zeigen, was das heißt. Auch der hier verantwortliche Deutschlehrer (Nr. 11) gehört – nach meinem 'statistischen' Befund zu schließen – zu den 'Gründlichen', hält sich aber im Unterschied zu dem Lehrer (Nr. 12), von dem bisher die Rede war, an das Übliche: J. P. Hebel.

„In seiner Anekdote 'Die Besatzung von Oggersheim' erzählt Johann Peter Hebel, wie ein einziger Mann die Stadt Oggersheim rettet, während die anderen Stadtbewohner nach Mannheim flüchten" – so leitet Michaela ihre Textwiedergabe ein; sie sagt nicht, daß es eine Rettung vor den spanischen Truppen ist, daß der Mann durch die bevorstehende Niederkunft seiner Frau motiviert wird auszuharren oder daß er die Rettung durch eine *List* zuwegebringt. Aber es gibt auch keine andere Schülerarbeit, die hier vollständig wäre. Michaela hat eine der wenigen „gut"-Zensuren bekommen, eine mit „sehr gut" bewertete Arbeit gibt es nicht. Es spricht einiges dafür, daß der scheinbar so geeignete und so übliche Hebel-Text zu schwer ist; die Schwierigkeit der Wiedergabe der Tempusmetaphern ist nur eines unter mehreren Argumenten dafür.

Ich wähle zum Vergleich eine Textstelle kurz vor Schluß der Anekdote: Der Bürger von Oggersheim ist am Abend zuvor den spanischen Besatzern allein entgegengetreten mit der Begründung, er erwarte einen „ellenlangen Rekruten" (eine Stelle, die viele Schüler nicht verstanden). Jetzt kommt er ein zweites Mal zum spanischen Hauptmann und meldet die Geburt seines Sohnes: Der Rekrut sei eingetroffen, ob ihm die Spanier nicht ihren Feldpater leihen möchten. Der Hauptmann erwidert: „Ja, braver Kamerad, und ich will Gevattermann sein und dein Kind zur Taufe halten."

Wie nun geben die Schüler diese Antwort wieder? (Ich gehe jetzt nicht auf Lösungen ein, die sich in den *sachlichen* Problemen der Darstellung verheddern.[21]) Steffen, der übrigens auch die Tempus-Umsetzung nicht leistet, versucht es so: „Der <u>General</u> willigte ein und sagte, <u>ich bin der Taufpate, wenn es recht ist</u>." Abgesehen vom sachlich nicht treffenden Titel des Redenden ist es

47

hier die Rede selbst, die Anstoß beim Lehrer-Leser erregt. Die stilistische Umsetzung ist dem Schüler zur Übersetzung in eine sprachliche 'Varietät' geraten: Derber und direkter noch, als die Vorlage die wörtliche Rede präsentiert, formuliert Steffen sie neu, *und zwar wiederum als wörtliche Rede.* Hat Steffen den Sinn einer Inhaltsangabe nicht verstanden? Die Antwort scheint klar: „*mangelhaft*", so ist der Aufsatz als ganzer bewertet. Insistiert man dagegen auf der Frage als einer nicht-rhetorischen, so kann die Antwort nur lauten: Steffen versucht mit den Mitteln, die er beherrscht, eine ihm besonders charakteristisch oder wichtig erscheinende Textstelle stilistisch zu markieren. Und tatsächlich besteht ja die Pointe der Geschichte darin, daß im Zeichen der Geburt des kleinen Oggersheimers nicht nur die Stadt nicht geplündert und angezündet wird, sondern die Kriegsgegner sich zusammentun, um ein – protestantisches oder katholisches, jedenfalls christliches – Ritual zu vollziehen. Hebel stellt den 30jährigen Glaubenskrieg in Frage durch die Besinnung auf das, was beiden Konfessionen in den Ernstfällen und Grenzsituationen des Lebens immerhin gemeinsam ist.

Dies herauszuarbeiten, ist nun freilich Interpretation, und es sind Zweifel angebracht, ob Steffen die Anekdote analytisch-kognitiv durchdrungen hat. Aber der in der Fachliteratur kontrovers diskutierte Satz, jede Inhaltsangabe sei immer schon Interpretation, erweist sich hier insofern als richtig, als Steffen im Akt der Umsetzung nur die Wahl hatte, die Stelle (Rede des Hauptmanns) hervorzuheben oder nicht, und jede diesbezügliche Entscheidung eine Interpretationshandlung in Bezug auf den 'Sinn' der Geschichte darstellt – den man ja auch in der Darstellung besonderer Tapferkeit sehen könnte.

Ich will darauf hinaus, daß viele stilistisch 'anstößige', vom Lehrer auf die Stilnorm hin monierte Wiedergabeversuche in der sogenannten Inhaltsangabe als Leistungen der Stilgestaltung begriffen werden müßten, in denen sich der 'Sinn' ausspricht, den der Schreiber einer bestimmten Textstelle oder dem Text als Ganzem zuschreibt – und zwar *indirekt,* weil eine direkte Zuschreibung durch die *Inhalts*normen der sogenannten Inhaltsangabe untersagt ist.[22] Die indirekte Zuschreibung ist nun wieder durch deren *Stil*normen untersagt: Den Schüler Steffen, wie viele andere, dafür zu rügen, daß er solche Stilmarkierungen anbringt, ist aus der Sicht des Lehrers folgerichtig: Denn das von Hoffmann 1986 exemplarisch erteilte *Denk- und Redeverbot* in Bezug auf Stilsinn und Stilwirkung des wiederzugebenden Textes wird ja durch solche Wiedergabeversuche umgangen.

Auch in weniger offensichtlichen Fällen, in denen scheinbar der Stil der Vorlage nur imitiert wird, hat man es mikrostilistisch mit Stilmarkierungen zu tun, in denen sich eine Formulierungshandlung als unmittelbarer Ausdruck einer Rezeptionsleistung herausstellt. Manuel schreibt: „der Feldhauptmann stimmte zu und noch mehr den er wurde der Taufbate ...". Daß das Angebot des Hauptmanns „noch mehr" ist, als erbeten war, steht nicht im Text; es ist die Interpretationsleistung Manuels. Solche Äußerungen zeugen, auch wenn sie unerlaubterweise 'etwas dazutun', was 'nicht dasteht', nicht von einer mißglückten Textrezeption, sondern von deren Gelingen.[23] An solchen Stellen zeigt sich, daß die Stilnormen der 'Inhaltsangabe' den Schreibern oft eher ein Hindernis als eine Hilfe sind. Und für den Lehrer ist die Stilnorm als Maßstab der Korrektur und Bewertung dann ebenfalls keine große Hilfe: Die Leistung der stilistischen Umsetzung ist prinzipiell auch dann zu erbringen, wenn man die Umsetzung gar nicht gedanklich mitvollzieht, sondern durch Einsetzen grammatischer Alternativen reflexionslos vollzieht.

Fragt man, welche Lösung dieses Wiedergabeproblems der Lehrer-Leser denn sehen will, so gibt die 'Zweierarbeit' Neles eine Antwort: „Der General willigt ein und wird auch selbst Taufpate des Kindes." Hier ist die Textstelle nicht mehr markiert. Der Stil der Wiedergabe bleibt förmlich und unverbindlich, die Stilnormen der sogenannte Inhaltsangabe sind erfüllt. Damit ist der Korrektor – der vielleicht deshalb in diesem Fall *nicht* auf den falschen Titel reagiert? – zufrieden: „einen geschickten und treffenden Sachstil" attestiert er der Verfasserin in seiner Schlußbemerkung. Aber die Rezeptionsprobleme und -leistungen der Schreiberin sind durch solch eine „geschickte" und damit stilistisch nichtssagende Wiedergabe hindurch nicht mehr auszumachen, während die (teils unbeholfenen) Stilmarkierungen der beanstandeten Lösungen jeweils auf ihre Weise anzeigen: *Diese Stelle, die ja auch im Original durch wörtliche Rede herausgehoben ist, finde ich wichtig, hierauf möchte ich die Aufmerksamkeit des Lesers lenken.* Mit anderen Worten: Den Formulierungen Steffens und Manuels sieht man an, wie die Verfasser sich an dieser Textstelle abgearbeitet haben, welchen Wert sie ihr beimessen; der glatten Lösung Neles *sieht man das nicht an.*

Kann das das Ziel einer Schreibübung sein, die eine Rezeptionsleistung in einen neuen Text umsetzen soll? Gerade in ihrer „heuristischen" Grundform (Graf 1983) sollte sie doch der (Selbst-)Verständigung über die hermeneutischen Probleme der Textvorlage dienen, aber nicht der trocken-unverbindlichen 'Information' Dritter, die es doch nicht gibt.

Der Vergleich einiger Versuche von Schülerinnen und Schülern, eine bestimmte Tempusmetapher im Hebel-Text wiederzugeben, hat gezeigt: Erwartet wird die unterschiedslose *Einebnung* des 'foregrounding'-Effekts, den die direkte Rede in der erzählten Welt der Anekdote hat. Geahndet wird jeder Versuch, diesen Effekt auf irgendeine Weise in die Inhaltswiedergabe hinüberzuretten, um wenigstens eine prominente Textstelle gegenwärtig zu halten. Vor allem um dieser Stelle willen hat der Autor die Anekdote erzählt und ist sie immer wieder neu erzählenswert.

2.4 Ironiesignale

Ein letzter Aspekt, der an den untersuchten Schülerarbeiten auffiel und sozusagen das praktische Gegenstück zum 'Stilrezeptionsverbot' in der fachdidaktischen Literatur darstellt, betrifft die Wiedergabe von *Ironiesignalen* in der Textvorlage. Hoffmann (1986) hält, wie zitiert, Satiren für ungeeignet als Textvorlagen, und am Textauszug aus *Das sogenannte Böse* von Konrad Lorenz fällt ihm und seinen Schülern, wie oben ausgeführt, die Polemik gar nicht auf. Wie also ist mit derartigen indirekten Bedeutungsträgern in der Inhaltswiedergabe umzugehen?

Der Klassensatz über Hebels „Klugen Richter" – einen nicht nur als Wiedergabevorlage, sondern auch als Lesestück häufig traktierten Text, von dem ich hier keine Zusammenfassung gebe – verdankt sich der vergleichsweise wenig korrekturlustigen Behandlung durch Lehrer 10 (vgl. die Übersicht auf S. 39). Dieser als Korrektor verlangt abwechselnd „genauer!" und „zu genau!" Was heißt *Genauigkeit,* wenn Ironie im Spiel ist? „Der kluge Richter" ist keine Satire. Dieser Text hält aber doch ein Beispiel bereit – nämlich dort, wo Urteilsfindung und Richtspruch wiederzugeben sind. Vielleicht läßt wenigstens ein nachweislich eher tolerant monierender Korrektor – wie eben Nr. 10 – hier Varianten der Wiedergabe zu? Der Bearbeiter ist hier in einem Dilemma: Die Strategie des Erzählers besteht ja darin, die offenkundige Ironie des Richtspruchs, lediglich durch eine kurze Erzählerintervention angekündigt[24], einfach zu zitieren: Der Richter weigert sich 'salomonisch', *expressis verbis* Schuld zuzuweisen, und bestraft den Schuldigen trotzdem. Die Haltung, mit der der Richter scheinbar ernsthaft das evident Falsche als richtige Lösung anbietet, weil es die Konsequenz aus der Falschaussage des Reichen darstellt, ist objektive Ironie.

Dies, da es nirgendwo ausformuliert wird, muß – bedenkt man das Thematisierungstabu für 'Stil' – eigentlich der geforderten Reduktion der Vorlage auf ihre 'Handlung' zum Opfer fallen. Wiederzugeben ist ja der 'Inhalt' des Richtspruchs und allenfalls die Zusatzauskunft des Erzählers in 'sachlicher' Manier; das jedenfalls tut die mit „sehr gut" bewertete Arbeit Ankes („Der kluge Richter jedoch scheint die Gesinnung der beiden zu erkennen und urteilt ...").
Drei andere Wiedergabeversuche dagegen weichen von diesem Formulierungsschema in auffallender Weise ab. Offenbar fürchtend, daß eine so platte Wiedergabe des Erzählerkommentars ihnen als *Textanklang* angekreidet werden könnte, verzichten sie darauf, versuchen aber stattdessen, des Erzählers Parteinahme für den Richter und den ehrlichen Finder zu signalisieren:
- „*Der Finder kann die 700 Taler mitnehmen, muß sie aber abgeben, falls sie jemand sucht. Der Betrüger aber soll warten, bis ein anderer ...*" (Ben) „Wo steht das? Wer sagt das?" moniert der Korrektor; denn faktisch kann ja von niemandem gefunden werden, was nicht existiert: eine *andere Geldsumme.* Der Schüler, dem dies vermutlich durchaus bewußt ist, versucht

lediglich, die Wiedergabe des Urteilsinhalts um den nur stilistisch vermittelten Textsinn zu ergänzen.

- „... *der Mann müsse auf einen anderen <u>ehrlichen</u> Finder warten, der ihm sein Geld zurückbringe.*" (Kerstin) Auch hier übernimmt die Wiedergabe die Strategie des Richters und tut so, als könne es diesen anderen Finder geben, und mehr noch: im Attribut bringt Kerstin das unter, was der kluge Richter ungesagt läßt, aber *meint:* Der *Finder* ist ehrlich. Prompt heißt es am Rand: „Wo steht das?" Es „steht" natürlich nicht im Text, denn der Richter läßt sich ja eben auf unbeweisbare Anschuldigungen nicht ein.
- Ähnliches wird Jana beschieden: Die Formulierung, der Reiche müsse „*auf den <u>wahren</u> Finder seiner 800 Taler warten*", wird kommentiert mit „A paßt nicht." Er paßt ganz genau, denn er liegt in der Problemlösungslogik des Richters. Was hier geahndet wird, ist kein falscher Ausdruck, sondern ein Verstoß gegen das Tabu der sogenannten Inhaltsangabe, 'etwas dazuzutun' zum angeblich sauber herauspräparierbaren Inhaltssubstrat. Daß der Schreiber immer schon etwas dazutut – nämlich sein Verständnis der Geschichte – ignoriert der Lehrer-Leser, weil er dem Prüfungszweck der Veranstaltung anders nicht gerecht wird.

In diesen Fällen hindern offensichtlich die internalisierten Inhalts- und Stilnormen der sogenannten Inhaltsangabe den Korrektor daran, die angestrichenen Stellen als Signale geglückter Textrezeption überhaupt wahrzunehmen, geschweige denn sie zu honorieren.

2.5 Verschränkung der drei Wiedergabeprobleme

Im bereits erwähnten Klassensatz über „Die Besatzung von Oggersheim" finden sich bei mehreren Schülern Hinweise auf eine Schlüsselstelle, an der die *Verschränkung* der drei bisher isoliert an verschiedenen Beispielen diskutierten Probleme sehr gut zu beobachten ist. Es ist die Stelle, an der – man möchte sagen: genüßlich – erzählt wird, wie die Spanier nach Ablauf des Ultimatums in die leere Stadt einrücken und erwarten, kapitulierende Bürger vorzufinden, aber bis zum Marktplatz vordringen müssen, um wenigstens den einzigen anzutreffen, der überhaupt da ist und der ihnen bisher vorgespielt hat, er sei der Emissär. In der Textvorlage ist dieser 'Überraschungsmoment' durch inneren Monolog stilistisch markiert: "... am äußern Tor war niemand. – 'Sie werden am innern sein.' - Am innern Tor war auch niemand. – 'Sie werden auf dem Platze sein.'"

Wie erfassen die Schüler diesen Überraschungsmoment? Und wie geben sie den Erzählton wieder, der die Spanier sozusagen von oben herab als düpierte Dummköpfe behandelt? „Am ersten Tor steht keiner, am zweiten Tor auch nicht und auf dem Marktplatz ..." (Hans) Dieser Dreischritt mißfällt dem Korrektor als für die Textbesprechung zu umständlich: „*Erzählstil!*" Umständlichkeit moniert der Korrektor auch an mehreren anderen Lösungen. Eine für mein Stilempfinden elegante Lösung, die nämlich die Umsetzungsregel für direkte Rede *auf diesen inneren Monolog anwendet*, wird durch „Textanklang" kommentiert: „als er das äußere Tor öffnete war keiner zu sehen. Sie würden am inneren Tor sein, aber da war auch keiner, aber am Platz stand ..." (Sonja) Erst recht inakzeptabel ist dann die Lösung Martins, der noch über die Textvorlage hinaus die erzählte Welt ausgestaltet und die Szene konkretisiert, indem er dem bei Hebel angeschlagenen Ton folgt: „Schließlich gingen sie hinein. Doch am inneren Tor war niemand. 'Bestimmt sind welche auf dem Platz!' dachten sich die Soldaten, doch da stand nur der arme Bürgersmann. 'Wo sind denn die anderen?' fragten die Soldaten." Der Schüler Martin, mit Erfolg bemüht, sich das Hebelsche Stilmittel der gedachten Rede klarzumachen, indem er deren Denkbewegungen *ausformuliert*, verstößt damit eklatant gegen die Stilnormen der sogenannte Inhaltsangabe: „*Umständlich! Erzählstil!*"

In diesem Wiedergabeversuch läßt sich alles beobachten, was oben an verschiedenen Beispielen aus zwei Klassensätzen als problematisch aufgezeigt wurde:
- eine Doppelbindung, die durch die Forderung einer von Teilhandlungen abstrahierenden, dabei aber trotzdem die Geschichte *als Geschichte* fassenden Wiedergabe von 'Handlung' entsteht: Wie formuliert man hinreichend „*genau!*", daß die Soldaten ins Innere vorrücken und was sie dabei wahrnehmen, ohne „*umständlich!*" zu sein?
- eine Doppelbindung, die durch die Notwendigkeit entsteht, den Höhepunkt wiederzugeben, seinen Höhepunktcharakter jedoch stilistisch *zu löschen* (keine Tempusmetapher, keine schildernden Attribute, usw.): Wie signalisiert man, daß hier ein Überraschungsmoment liegt, ohne den Leser zu überraschen, d.h. ohne in die erzählte Welt zurückzufallen?
- eine Doppelbindung, die durch die Behandlung von Ironiesignalen bei verordneter Stilblindheit entsteht: Wie gibt man ironisch gemeinte Passagen der Vorlage wieder, ohne entweder *mehr als* den 'Inhalt' oder den Inhalt *nicht ganz* zu verbalisieren?

Diese Probleme sind meines Erachtens unlösbar ohne eine – durch die Rede von der „Textsorte Inhaltsangabe" ja eigentlich vorausgesetzte, aber nicht eingelöste – Funktions- und Adressatenbestimmung. Daß Martin, indem er sie mit seinen Mitteln lösen will, etwas ganz anderes schreibt als eine sogenannte Inhaltsangabe, bedarf keiner Diskussion. Selbst die „gute" Schülerin Nele aber, die der wohl vom Korrektor gewünschten Textgestalt sehr viel näher kommt, indem sie von Teilhandlungen und Denkbewegungen der Spanier abstrahiert und die Überraschung summarisch *benennt,* kommt nicht ohne die Rüge „Erzählstil!" davon, weil sie pleonastisch formuliert: „Die spanischen Truppen waren sehr überrascht und verwundert zugleich ...".

Allgemein gesagt: Es hat sich herausgestellt, daß neben die zu Anfang bemerkte Doppelbindung der sprachästhetischen Stilnormen hier und der textsortenspezifischen[25] dort eine Reihe weiterer treten: Sie sind die Gruben, in die der schreibende Schüler immer dann fällt, wenn er als aufmerksamer Leser geneigt wäre, auf die Stilsignale des Originals zu *reagieren:* – etwa dadurch, daß er den Höhepunkt bei der Wiedergabe seinerseits stilistisch markiert oder ironische Redeweisen übernimmt. Gibt er der Versuchung nach, so verstößt er gegen Stilnormen; hält er sich allzusehr zurück, so riskiert er den Vorwurf, *inhaltlich* die Komplexität der Vorlage verfehlt zu haben. Ich bestreite, daß er es angesichts der Beschaffenheit der hier gängigen epischen Vorlagen *und der Schreibsituation einer Prüfungsaufgabe* überhaupt allen recht machen kann. Sowohl der Vorlage – durch adäquate Wiedergabe – als auch dem Lehrer und seinen Stilnormen und nicht zuletzt natürlich sich selber und seinem für mich ganz evidenten Verstricktsein in die Erstrezeption des für einen 13jährigen 'schwierigen' Textes müßte (auch) ein Schüler wie Martin gerecht werden können. Er kann es nicht. Indem er diesen Text episch nachschafft, dabei aber kürzt (und am ehesten ein Précis erreicht), macht er es allenfalls sich selber recht, aber nicht dem an sprachdidaktische *und* prüfungsspezifische Normen gebundenen Leser.

Ähnliches gilt für viele andere Schülerarbeiten: Allein 6 von 24 Wiedergaben der „Besatzung von Oggersheim" bleiben – ein wichtiges Signal für Verstricktsein in die erzählte Welt – durchweg im Präteritum, mehrere weitere wechseln hin und her. (Daß die nach fachdidaktischem Konsens konstitutive Präsensregel im Vorfeld der Schreibaufgabe erklärt und 'geübt' worden ist, darf ich unterstellen.) Daß sich hier junge Schreiber nach erfolgreich abgeschlossener „Erstlektüre" nun im Akt der Inhaltswiedergabe einer distanzierenden „Zweitlektüre" mit Gewinn zugewendet hätten, so wie die Fachliteratur zur sogenannten Inhaltsangabe das gerne hätte, ist angesichts der Mehrzahl der von mir durchgesehenen Aufsätze eine Fiktion. Wenn man der sogenannten Inhaltsangabe häufig nachgesagt hat, sie eigne sich objektivierbarer Anforderungen und methodisierbarer Techniken wegen besonders als Prüfungsaufgabe, so erweist sich gerade diese Funktionsbestimmung als äußerst problematisch. (Gegen eine „heuristische" Funktionsbestimmung im Zusammenhang mit einer voranschreitenden und weitergehenden Verständigung über die Textvorlage ist damit nichts gesagt und soll hier auch nichts gesagt werden.) Ungeachtet aller Unterschiede in der Häufigkeit und Auswahl korrigierter Stellen korrigieren die Mitglieder des hier untersuchten Fachkollegiums Deutsch mit vereinten Kräften und einiger Gründlichkeit auf *eine* „treffende" Einheitsversion hin, so wie Hoffmann (1986) sie für nichtfiktionale Textvorlagen apodiktisch fordert und wie sie schon dort problematisch, bei epischen Texten jedoch ein rezeptionsästhetisches Unding ist. Der Schüler, dessen „Lesart" ja in seiner individuellen Inhaltsangabe steckt, kommt in den gesetzten (Um-)Schreibnormen nicht vor. Das Lehrziel heißt *normierte Umsetzung,* während es – zumindest angesichts eines dem Schüler vorher nicht bekannten

Textes – heißen müßte: *Fähigkeit, den Prozeß der Textaneignung in einen eigenen Text umzusetzen.* Dieser Text könnte – je nach der vom Schüler erreichten Rezeptionsphase – sachlich-distanziert oder affekbesetzt-empathisch sein. Entsprechende lebensweltliche Textsorten gibt es (vgl. Übersicht oben, S. 34). Und er könnte dabei selbstverständlich – je nach einer zwischen Lehrer und Klasse unbedingt zu treffenden Übereinkunft – verkürzend oder nicht-verkürzend sein.

Die herrschende Praxis dagegen geht auch bei Textvorlagen (wie „Der kluge Richter"), wo das evident unsinnig ist, von der Fiktion einer „Laß-weg-Übung" (Dahms) aus. Diese Fiktion wird mit ihrem Imperativ der besprechenden Schreibart – von den Lehrern eifrig-rigide oder mürrisch-lustlos eingeklagt – keinem Rezeptionsprozeß, sondern ausschließlich dem Erfordernis intersubjektiver Nachprüfbarkeit und taxonomischer Differenzierung der 'Ergebnisse' gerecht.

Dieser Befund freilich ist nicht dem individuellen Lehrer anzulasten, auch nicht ausschließlich der ihn schlecht begleitenden Fachdidaktik, sondern der Funktionslogik einer Institution, die auf die Vergleichbarkeit von Prüfungsergebnissen angewiesen ist und sie sofort einklagen würde, wo ein Deutschlehrer versuchen wollte, ohne sie zurechtzukommen. Lieber nimmt diese Institution das massenhafte Verfertigen deutscher Aufsätze in Kauf, die es als Texte a priori keinem recht machen können. Zu den oben bereits gezogenen drei „Schlüssen" kommt folglich jetzt, nach Auswertung der Schülerarbeiten, ein vierter, ein
- *institutionskritischer Schluß:* Ernste Zweifel bestehen an einer Eignung der sogenannten Inhaltsangabe in ihrer traditionellen (Graf: „heuristischen") Form zum Instrument der Prüfung und Selektion.

3 Zusammenfassung: Zum Umgang mit einfachen Formen der Textwiedergabe

Die im vorigen Abschnitt erwähnten Doppelbindungen finden sich überall dort, wo die tradierten „Stilnormen" dieser Schreibform mit dem individuellen Rezeptionsprozeß über Kreuz geraten (der gewissermaßen noch nicht soweit ist und *Zwischenstufen* bräuchte, wie ich sie in Kapitel III skizziere). An diesen Stellen werden in aller Regel die stilistischen Gestaltungsversuche der jungen Schreiber nicht als Ausdrucksversuche gewürdigt und nicht in ihrem Eindruckscharakter ernstgenommen, sondern normativ korrigiert. Ergebnis solcher Korrekturen ist meist ein ausdrucksärmerer, im Extremfall ausdrucksloser Text. Eine gewisse Gereiztheit der hier korrigierenden Deutschlehrer halte ich, obwohl eine solche Deutung notwendig intuitiv bleiben muß, für ein Indiz, daß sie selber nicht gerne tun, was sie da tun. Vielleicht auch ohne rezeptionsästhetisch durchdacht zu haben, was dagegen spräche, die Stilnormen der sogenannten Inhaltsangabe weiter zu tradieren, mögen sie den hermeneutischen Akt, zu dem solches Korrigieren sie zwingt, als deformiert empfinden. Viele ihrer Marginalien – Abstraktionsgrad und Stil von Textwiedergaben betreffend – halte ich für unbewußte Reaktionen auf die Doppelbindung, der sie selber ausgesetzt sind: Denn sie geben ja lediglich das an die Schüler weiter, was Hubert Ivo treffend als „eingeschaukelte Unverträglichkeiten" bezeichnet hat, nämlich die widersprüchlichen Anforderungen eines Schreibunterrichts zwischen „sprachlichem Lernen" und „Prüfen".[26]

Es ging also hier nicht darum, den Lehrern anzulasten, daß diese Texte niemandem gerecht werden können. Ohnehin sei, sagt Todorov,[27] die einzige Art, einem Text absolut gerecht zu werden, ihn zu *wiederholen*. Insofern wäre dann freilich jeder Inhaltswiedergabe, die abstrahiert, zusammenfaßt und/oder den Stil der Vorlage transponiert, der Vorwurf zu machen, sie werde dem Original nicht gerecht. Nicht *so* ist meine Feststellung gemeint, sogenannte Inhaltsangaben könnten es niemandem recht machen; vielmehr kritisiere ich eine Bündelung und Verschränkung einander im Weg stehender Ziele und Anforderungen: Die Schreiber und Schreiberinnen sollen Textverständnis beweisen, aber nicht auf stilistische Markierungen reagieren dürfen. Sie sollen 'gutes Schriftdeutsch' und damit die Fähigkeit zum „Ausdruckswechsel"[28] zeigen, aber in der Wortwahl nicht lebendig sein, weil das „Erzählstil" wäre. Und, noch gravierender: Sie sollen die Fähigkeit demonstrieren, einen ihnen eben noch unbekannten Text auf der Stelle so distanziert zu besprechen, als hätten sie eine Phase der Aneignung des Erzählten schon hinter sich. Die Spuren dieser sozusagen heimlich mitgeführten Aneignungsarbeit, die in den Aufsätzen vieler Dreizehnjähriger zu finden sind, können von den Korrigierenden im Rahmen der geltenden Stilnormen nicht positiv, sie müssen negativ gewertet werden. Das ist das Dilemma. Dieses Dilemma ist aber Deutschlehrern nicht anzulasten, solange sie durch Lehrpläne und Richtlinien auf das Einüben und Abprüfen solcher Schreibformen in ihrer 'reinen Form' verpflichtet sind. Was da geschieht, muß auf der Ebene der *Formulierung* von Lehrzielen verantwortet oder korrigiert werden, nicht auf der Ebene ihrer praktischen Einlösung. Wer aber handeln will, sollte dies auf der Basis einer Diagnose tun.

Deshalb sei diese hier abschließend zusammengefaßt (linke Spalte) sowie festgehalten, daß und inwiefern sich damit die oben (S. 37) formulierten Vermutungen als richtig herausgestellt haben (rechte Spalte):

- Die Ausgrenzung aller nicht-kognitiven Lehrziele aus vielen fachdidaktischen Begründungen des 'Angebens' von 'Inhalten' führt dazu, daß einschlägige Schreibaufgaben der je verschiedenen Rezeptionsleistung des Lesers und damit der Subjektivität des Schreibers oft nicht gerecht werden.

- Der Versuch des Schülers, sich trotzdem zu diesem Recht zu verhelfen, indem er gleichsam hinter dem Rücken der geltenden Stilnormen „Textanklänge" und andere Stilmarkierungen schafft oder zuläßt, ist nun wieder dem korrigierenden Lehrer nicht recht, der mangels eines funktionalstilistischen Urteilsmaßstabs kaum anderes am 'Stil' monieren kann als die penible Umsetzung in die besprechende Rede.

- Dreizehnjährige, die einen literarischen - dann fast immer: einen epischen - Text zur Erstrezeption und sofort anschliessenden stilistischen Umsetzung vorgelegt bekommen, können es offenbar dem Deutschlehrer unabhängig von dessen pädagogischer Einstellung oder seinen korrekturmethodischen Gewohnheiten selten recht machen.

- Die Technik des Angebens von Inhalten dient der auf scheinobjektiven „Distanzierung" von den wiedergegebenen „Inhalten" - auch dort, wo diese Selbstdistanzierung pädagogisch und didaktisch eine Überforderung ist.

- Die Schreibform der Inhaltsangabe wäre gut geeignet für 'Stilarbeit'[29] im Unterricht (man könnte stilistische Varianten der Wiedergabe miteinander und mit dem Vorlage-Wortlaut vergleichen, ohne immer schon zu werten). In der Praxis wird jedoch die „Stilfrage" ausgeklammert, weil man immer noch von der Isolierbarkeit eines 'Inhalts' ausgeht.

- Die Textrezeption *selbst* ist bei diesem Schreiben über Texte kein Thema: Verständnisprobleme werden umstandslos als immer schon gelöst vorausgesetzt, obwohl der Schreibprozeß, wie man längst weiß, selbst ein Problemlösungsprozeß ist oder doch werden kann (vgl. Antos 1982).

- Die Schreibhaltung des Schülers soll normativ festgelegt werden. Eine davon abweichende, nicht-stilneutrale - also entweder sti*limitative* oder stil*kommentierende* - Haltung wird in der Regel negativ sanktioniert.

Die Konsequenzen, die ich daraus ziehe, fasse ich abschließend zunächst negativ, dann positiv.

Negativ:
1. Die Komplexität der Lernsituation 'Wiedergeben literarischer Texte' wird von der hier gesichteten didaktischen Theorie und methodischen Praxis zu sehr heruntergespielt. Die didaktische Fiktion, die das legitimieren soll, ist beschreibbar als dreiphasiger Prozeß, in der auf eine noch affektbesetzte Erstrezeption eine nüchtern-analytische „Zweitlektüre" folgt und erst dann die Niederschrift der sogenannten Inhaltsangabe. Tatsächlich liegt aber eine Gleichzeitigkeit vor, bei der auch das „Verstricktsein" der Erstrezeption, meist indirekt durch stilistische „Zusatzhandlungen" vermittelt, in die Textproduktion eingeht. Das ließe sich durchaus schreibdidaktisch positiv sehen; aber die Stilnormen der sogenannten Inhaltsangabe sind darauf aus, *ein Lernen am Stilvorbild gerade zu unterbinden:* Nicht etwa, wie man Lesererwartungen durchbricht oder Höhepunkte markiert, soll gelernt werden, sondern wie man solche Markierungen *löscht*.
2. Wer Schüler auffordert, einen 'Inhalt' vom 'Stil' oder 'Ton' der Textvorlage zu isolieren, bringt ihnen – wissentlich oder nicht – eine falsche Vorstellung vom Schreibprozeß nahe. Sie müßten glauben, auch der Autor habe nach demselben Schema, nur in umgekehrter Reihenfolge, seinen Text durch Hinzutun von 'Stil' zum Inhalt komponiert. Insofern ist die Praxis der sogenannten Inhaltsangabe nicht nur schreib-, sondern auch literaturdidaktisch kontraproduktiv.
3. Die Wirkungsstrategien literarischer Texte, die vieles dem Leser nicht explizit, sondern stilistisch vermitteln, werden nicht – wie etwa im produktiven Literaturunterricht mit seinen verschiedenen Anschluß(schreib)handlungen – ausgenützt, sondern methodisch hintertrieben. Was eigentlich produktive Rezeptionshandlung sein sollte oder könnte, mißlingt oft, weil es eine „Zweitlektüre" voraussetzen würde, die noch nicht stattgefunden hat.
4. Dominant kognitiv ausgerichtete Lehrzielkonstruktionen sind dem Zusammenhang von Rezeptionsakt und Schreibhandlung unangemessen. Aber auch differenzierte fachdidaktische Begründungen wie diejenige Frommers erscheinen problematisch angesichts der Tatsache, daß Korrektor und Verfasser eben nicht „Gleichgestellte" sind (Dahms), sondern in Bezug auf den in Rede stehenden Text verschieden gestellt: Ist *jenem* seine eigene „Erstlektüre" mit ihren affektiven Spontanreaktionen auf den Text oft kaum noch erinnerlich, jedenfalls aber momentan nicht wichtig, so bleibt *dieser* in der Regel in diesen Spontanreaktionen befangen und verstrickt. Die beste Leistung, die er erbringen kann, ist dann die stilistische *Umsetzung dieser Verstrickung.* Die will der Lehrer aber gerade nicht. Sie *herauszukorrigieren* ist das in den untersuchten Schülerarbeiten

oft erkennbare wichtigste Movens für Texteingriffe (Einen Korrekturmaßstab funktionalstilistischer Art gibt es nicht).
Positiv:
5. Die stilistische Leistung des Schülers ist häufig eine anerkennenswerte Widerstandsleistung *gegen* die einschlägigen 'Textsortennormen'. Stilistische Signale werden gesetzt, die eine geglückte Textrezeption anzeigen oder doch immerhin eine gerade im Augenblick der Schreibhandlung stattfindende Auseinandersetzung mit Stilsinn und Stilwirkung.
6. 'Rückfälle' in die erzählte Welt oder stilistische „*Textanklänge*" wären folglich nicht als Ausweis des Unvermögens oder Unverständnisses zu begreifen, sondern als – freilich oft unbeholfene – Versuche, dem literarischen Text und seinem als altertümlich, als gewählt oder als sonstwie außergewöhnlich wahrgenommenen Ton gerecht zu werden. Sie tragen der Tatsache Rechnung, daß auch der Stil *Bedeutung trägt* und insofern vom 'Inhalt' nicht zu trennen ist.
7. Schreibdidaktisch gesehen, entwickelt also der Schüler, der sensibel genug ist, die ihm aufgenötigten Doppelbindungen zu registrieren, eine sozusagen subversive Darstellungsstrategie und konterkariert die eingeforderte Sachlichkeit und Distanz durch indirekte Hinweise auf sein eigenes (angeblich irrelevantes) Leseerlebnis.
8. Literaturdidaktisch gesehen, liegt der Wert der Inhaltswiedergabe weniger in ihrer lange behaupteten Eignung als Propädeutikum der Textanalyse[30], sondern vielmehr in ihren Möglichkeiten, stilistisch abweichende Varianten der originalen Textgestalt bereitzustellen, an denen deren poetische Verfaßtheit zu ermessen wäre. Die *Künstlichkeit* vieler sogenannter Inhaltsangaben hätte dann eine positive Funktion. Sie könnte, statt im Zeichen angeblichen Bedarfs an abstrahierend-kürzenden Inhaltsinfos geleugnet zu werden, dem Schüler gegenüber eingestanden werden als *stilistisches Varieté* mit seinen reizvollen Möglichkeiten der Stilvariation (vgl. Kapitel III).
9. Vorsichtig umgehen sollten wir mit den verschiedenen, einander teilweise widersprechenden Funktionsbestimmungen für die sogenannte Inhaltsangabe: Sie diene als *kommunikative* einem „Informationsbedürfnis" und als *heuristische* einer der Textinterpretation vorgeschalteten Rechenschaftsablage. Beides kann sie grundsätzlich, aber nicht beides zugleich; und in der prüfungsförmigen Praxis der Klassenschularbeiten kann sie beides nicht.
10. Es täte insgesamt dem Ruf der einfachen Textwiedergabe gut, wenn man sie auf die bescheidenere Funktion eines *methodischen Hilfsmittels zur Vergegenwärtigung von Textgestalten* zurücknähme. Macheiner (1991) hat an literarischen Textauszügen durch Erstellen von Stilvarianten (unter anderem durch Löschen stilistischer Markierungen) gezeigt, worin der didaktische Wert gerade der 'Künstlichkeit' liegen könnte.

Anmerkungen zu Kapitel I

1 Ich bat sie, in Jakob Lehmanns 'Textsortenzirkel' (vgl. J. Lehmann/K. Stocker [Hrsg.]: *Handbuch Fachdidaktik Deutsch,* München ²1981, S. 38) diejenigen zehn Textsorten zu numerieren, die einer Behandlung im Deutschunterricht ihrer Ansicht nach am dringendsten bedürfen. Diese Frage ist ausdrücklich nicht identisch mit derjenigen, welche Schreibformen Schüler und Studenten „gerne" bearbeiten und welche nicht: Daß bei einer solchen Umfrage „Inhaltsangabe" und „Protokoll" auf den hinteren Plätzen rangieren, ist zu erwarten und durch Delius (1986, 15) belegt.
2 Vgl. Willy Sanders: *Linguistische Stilistik,* Göttingen: Vandenhoeck & Ruprecht 1977, S. 111.
3 Vgl. Bernhard Sowinski: *Deutsche Stilistik,* 2., überarb. Aufl. Frankfurt/M.: Fischer 1978, S. 280.
4 Belege aus der Geschichte der Aufsatzdidaktik als Stildidaktik sind in großer Zahl vorhanden, jedoch in diesem Rahmen nicht auszubreiten.
5 Krüger (1979) sagt „instrumentell" und meint „pragmatisch" im Sinn eines praktisch-handelnden Umgangs; daß es daneben auch im pragmalinguistischen Sinn eines Adressatenbezugs verstanden werden kann, ist mir recht.
6 Vgl. z. B. Dahms 1967, S. 521 oder Hoffmann 1986, S. 29.
7 Vgl. hierzu meine Einleitung, S. 22.
8 Vgl. Abraham 1991. – Der fließende Übergang zwischen einfacher Textwiedergabe und einer Stil- bzw. Strukturbeschreibung, die immer schon Interpretation ist (vgl. Graf 1983, 196 u. Frommer 1984, 40), spricht durchaus dafür, auch die sogenannten Inhaltsangabe auf solche heimlichen Lernziele hin zu prüfen.
9 Schuster unterscheidet in Verkennung grundsätzlicher kommunikationstheoretischer Unterschiede (vgl. hierzu Bark 1979, 136) nicht zwischen *mündlichen und schriftlichen „Inhaltsangaben"* und kann dann behaupten, daß wir „sie im Alltag immer wieder benötigen, wenn wir z.B. Freunden über eine Fernsehsendung, über ein Buch oder einen Film berichten wollen." (1982, S. 70)
10 Vgl. KMBl So-Nr. 7 (1992), S. 321.
11 „Adressatenbezug und Situationsbezug, die von den Schülern zusätzliche und oft die Arbeit erschwerende inhaltliche und stilistische Erwägungen verlangen, können unberücksichtigt bleiben" (1986, S. 29). So wird dort die Forderung nach kommunikativen Einbettung der Pseudo-Textsorte 'Inhaltsangabe' (Bark 1979) einfach als Zumutung abgewehrt, ohne daß eine Adressatenorientierung als stilistische *Hilfe* für den Schreiber bedacht würde. Die „zusätzliche" Arbeit, die Hoffmann seinen Schülern ersparen will, ist meines Erachtens die eigentlich zu leistende.
12 E = Erzählung; I = Inhaltsangabe.
13 2. Schulaufgabe im Schuljahr
14 3. Schulaufgabe: Die beiden Klassensätze aus derselben Klasse wurden offenbar wegen Lehrerwechsels von verschiedenen Korrektoren bearbeitet.
15 Vgl. die Einleitung, S. 18 f.
16 Hebels „Besatzung von Oggersheim" enthält eine Passage, die von vielen Schülern nicht verstanden worden ist. Vgl. hierzu unten, S. 47.
17 Alle Schülervornamen sind im Folgenden *geändert*. Das gesamte hier herangezogene Material wurde vor der Auswertung sorgfältig anonymisiert; nur unter dieser Bedingung stand es mir dankenswerterweise zur Verfügung, und ich bitte um Verständnis dafür, daß ich nähere Angaben hierzu aus Datenschutzgründen nicht machen werde.
18 Vom Korrektor angestrichene Textpassagen sind hier und in allen folgenden Zitaten aus Schülerarbeiten unterstrichen; seine Randkommentare erscheinen kursiv.
19 Ich spreche von 'Stilmarkierung' in Anlehnung an Michael Riffaterre: *Strukturale Stilistik,* München: List 1973.

20 Daß den Schülern dieser konjunktivische Stil als ausnehmend künstlich erscheint, wie häufig kritisiert wird, ist noch kein Argument gegen seine Beherrschung; auch distanziertes Schreiben (und Sprechen) über einen Gegenstand – darin ist Frommer recht zu geben – ist die Mühe wert. Die Herausforderung scheint mir aber, diese Künstlichkeit ins Positive zu wenden: vgl. hierzu unten, Kapitel I. 3
21 Susanne schreibt: "[Der Hauptmann] hilft ihm als Dank der Tapferkeit, bei der Geburt seines Kindes, indem er [...] von sich aus Taufpate wird."
22 Könnte der Schüler diskursiv begründen, was er tut, so klänge dies etwa so: *Wenn der Sinn der erzählten Handlung darin liegt, einen spanischen Feldhauptmann unglaublicherweise zu einem solchen Satz zu veranlassen, dann darf dieser Satz nicht im besprechenden Zusammenfassen untergehen. Er muß hervorgehoben werden, besser: bleiben.*
23 Allerdings sei vermerkt, daß dieser Korrektor, der doch angetreten scheint, interpretative Zusätze auszumerzen, gelegentlich nicht umhin kann, solche für nötig zu halten, gar hineinzukorrigieren: der Hauptmann „ist einverstanden und will [mit Rotstift eingefügt: sogar] Taufpate sein." (Carlo)
24 „Da war guter Rat teuer. Aber der kluge Richter, der die Ehrlichkeit des einen und die schlechte Gesinnung des andern im voraus zu kennen schien ..."
25 Die gibt es natürlich auch bei anderen Textsorten/'Aufsatzarten': vgl. Abraham 1993.
26 Hubert Ivo: „Korrekturhandeln zwischen 'Sprachlichem Lernen' und 'Prüfen'", in: *Diskussion Deutsch* 10 (1979), S. 478–495, bes. 484 ff.
27 Vgl. Anm. 1 auf S. 24: Chatman 1971, S. 30.
28 Zur Problematik dieser Stilnorm vgl. Brigitte Seidel: „Stilnorm 'Ausdruckswechsel'", in: *Praxis Deutsch* 101 (1990), S. 48–54.
29 Diesen Begriff benutzt und begründet Bleckwenn in ihrem Basisartikel zu *Praxis Deutsch* 101 (1990).
30 Die inzwischen überarbeiteten bayerischen Gymnasial- und Realschullehrpläne von der 7. Jahrgangsstufe an, auf deren Basis die hier analysierten Klassensätze geschrieben worden sind, stellen hierfür ein gutes Beispiel dar; vgl. KMBl So-Nr. 26/1978, S. 1070 u. 1084 (Gymnasium) sowie KMBl So.-Nr. 1/1982, S. 16 u. 29 (Realschule).

Kapitel II
Textanalysierende und -erschließende Formen des Schreibens über Lyrik und kurze Prosa

1 Wie und warum sollen Jugendliche 'Texte analysieren'? Der Stand der fachdidaktischen Diskussion

Von den wenigen gleichermaßen wissenschaftlich überzeugenden *und* praktisch-methodisch brauchbaren didaktischen Arbeiten zur Textanalyse, die es gibt,[1] unterscheidet sich dieses Kapitel dadurch, daß es schüler- und lehrerzentriert argumentiert: Es hat nicht vorrangig den zu analysierenden, zu beschreibenden oder besprechenden Text im Blick – ohne daß diese Perspektive damit diskreditiert werden soll –, sondern die *Rezeptions- und Produktionsleistungen,* die Lehrer erwarten und Schüler erbringen oder nicht erbringen.

Im Gegensatz zur 'einfachen' Textwiedergabe, für die die schreibdidaktische Praxis feste Stilnormen etabliert hat, besteht bei den in den Sekundarstufen als Prüfungsaufsatzform sehr üblichen Formen der schriftlichen Analyse, Erschließung und Interpretation von Texten (zur Trennschärfe: unten, Abschnitt 1.2) einige Unsicherheit in Bezug auf 'Form' oder 'Stil' des Schülertextes: Das, was ich die 'Gestalthaftigkeit' der Texte nennen will, ist hier weithin unklar und wird nicht wichtig genommen. Man hält eine (Pseudo-)Objektivität, die sich an philologisches Schreiben über Texte bzw. an wissenschaftliche Textanalyse anlehnt, für selbstverständlich und macht sich trotz der ins Auge springenden Schwierigkeit, diese einzulösen, über alternative Formen zu wenig Gedanken. Das gilt als Feststellung nicht nur für die methodische Praxis – für die ich es aus meinem Textkorpus belegen will –, sondern teilweise auch für die fachdidaktische Literatur zum Thema: Problematisiert wird hier, neben der Altersangemessenheit der Textauswahl, vorwiegend das Verhältnis zur *Interpretation* und der Stellenwert analytischer und fragengeleitet-erschließender Verfahren im Prozeß des literarischen Textverstehens überhaupt.

Die Interpretationsaufsätze, die hier beispielhaft untersucht werden, sollen demgegenüber nicht nur als 'irgendwie' niedergelegte Textbeschreibungen und -deutungen („Lesarten") betrachtet werden, sondern auch als gestaltgewordene Äußerungen ihrer Verfasser („Schreibarten"). Auch in ihrem 'Stil', meine ich, steckt eine Botschaft; nicht nur, *was* sie über die Textvorlagen sagen, sondern *wie* sie es sagen, müßte uns als Didaktiker und Lehrer interessieren.

1.1 Was ist eigentlich „Textanalyse"? Schwierige Antwort auf eine einfache Frage

Allererst ist „Textanalyse" ein Sammelbegriff für verschiedene philologische Verfahren, die unterschiedlichen Zwecken dienen: Im Rahmen seiner „Verstehenstheorie" hat Glinz (1978, 25–37) nach solchen Arten und Zielen von „Textanalyse" gefragt, und ich gebe zunächst auf der Grundlage seiner Überlegungen eine Übersicht, ohne gleich das wesentlich engere Begriffsverständnis der didaktisch-methodischen Literatur dagegen ausspielen zu wollen. (Eine didaktische Perspektive ergibt sich auch ohnedies: vgl. *Tafel 1*).
Philologische Textanalyse ist
a) „Weg zur Beurteilung schon vorhandener Verständnisse",
b) „Weg zur Verständnisgewinnung überhaupt",
c) „Weg zur Erfassung von Verstehensprozessen an sich",
d) „Vorarbeit für Stilgeschichte und für Literaturgeschichte überhaupt",
e) „Grundlage für Grammatiken",
f) „Grundlage für Wörterbücher".
Teilt man diese Zielperspektiven nach der Art des ihnen zugrundeliegenden Interesses ein (Interesse an *ästhetischen Phänomenen* bzw. am *Sprachmaterial*), so ergibt sich eine Systematik, die eine 'Verwurzelung' des Textanalysekonzepts sowohl in der Literatur- als auch in der Sprachwissenschaft sichtbar macht:

Tafel 1: Textanalyse[2]

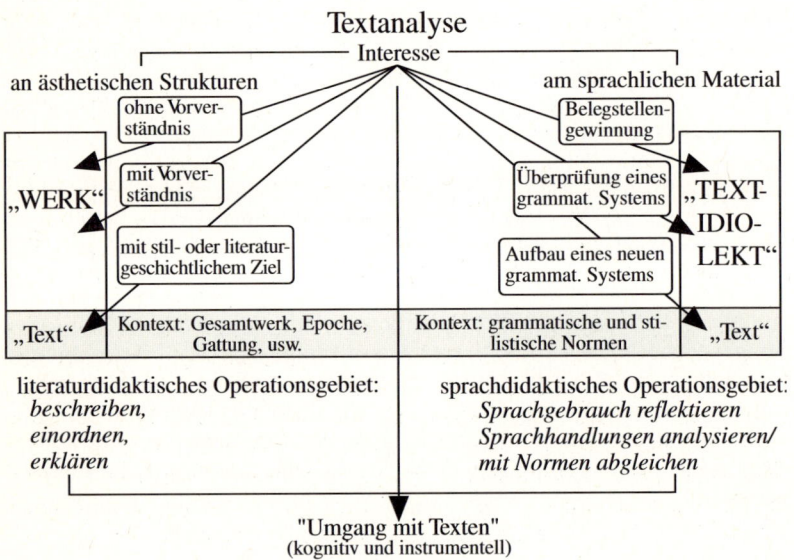

Analyse ist sowohl im literatur- als auch im sprachdidaktischen Operationsgebiet zerlegende Untersuchung eines Textes – auch eines Textauszugs oder eines ganzen Textkorpus' – auf seine Beschaffenheit und/oder Sinnhaftigkeit hin. Es ist prinzipiell möglich, „Rhetorik und Stil" (Plett[2] 1979, 139 ff.) durch Abgleich eines bestimmten Textes mit einem Arsenal phonologischer, morphologischer, syntaktischer und graphemischer „Figuren" zu bestimmen. Textanalyse ist eine Folge von Teiloperationen, die je nach Erkenntnisinteresse(n) unterschiedlich ausfallen können. Auch meine eigene Behandlung der textwiedergebenden und -erschließenden Schüleraufsätze, aus denen ich in diesem Buch zitiere, ist eine textanalytische Behandlung, bezieht aber natürlich auch das ein, was ich andernorts (in Abraham 1993) den „Lehrertext" genannt habe. Ich bin also weit davon entfernt, die Möglichkeiten der Textanalyse im philologischen Sinn geringzuschätzen. Im Zusammenhang mit einer Didaktik und Methodik des textbesprechenden Schreibens – und darum geht es hier – frage ich aber kritisch nach, was zerlegender Umgang mit Texten einerseits literaturdidaktisch und andererseits sprachdidaktisch eigentlich ist und wohin er (nicht) führt.

Dieser Umgang *ist* zweifellos nicht nur begriffsbildend und begriffsanwendend, sondern auch praktisch-handelnd, also instrumentell im Sinn des ersten Kapitels: Der Philologe, erst recht der weniger geübte Schüler, muß und wird nicht nur den Text mit den Augen absuchen, einteilen, usw., sondern Unterstreichungen und andere Markierungen anbringen, durch Striche Sinnabschnitte herstellen, Merkzettel schreiben und so fort; und insofern Derartiges immer auf ein Ziel hin geschieht, nenne ich es einen praktisch-handelnden Umgang mit Texten, der dem *denkenden* Umgang zur Seite tritt. Denken ist „Ordnen des Tuns" (vgl. Aebli 1980), und das praktische Hantieren in diesem Fall Ordnen des Denkens. Soviel zur unteren Hälfte meiner *Tafel 1*, um die ich die von Glinz übernommene „verstehenstheoretisch"-philologische Systematik ergänzt habe.

Wohin aber *führt* nun die Übertragung solcher Verstehenswege und -ziele aus einer Fachwissenschaft in eine Fachdidaktik? Ein knappes Vierteljahrhundert alt ist diese Übertragung, um die es ja in diesem Kapitel vornehmlich geht, und deshalb hat sie meine eigene Bildungs- und Ausbildungsgeschichte fast von Anfang an begleitet: Textunterricht, wie ich ihn als Schüler, als Lehrer und schließlich als Beobachter immer wieder erlebt habe, war im Wesentlichen Textanalyseunterricht. Als solcher war er dem Interpretieren selbstverständlich vorgeschaltet und ließ dieses als immer schon *fremdbestimmte* Handlung erscheinen, die eine spontan-selbstbestimmte Verstehensanstrengung weitgehend verdrängt hatte: Im Unterrichtsgespräch sowie dem ihm folgenden Schreiben konnte und sollte jeder Schüler, jede Schülerin weniger einen eigenen Zugang zum Text erproben als einen weitgehend für alle verbindlichen Weg beschreiten. Gefordert und durch Steuerung meist auch erreicht wurde die *konvergente Äußerung* über einen in Rede stehenden literarischen Text. (In diesem Sinn werde ich im Folgenden von „konvergentem Schreiben" sprechen.)

Wenn die „Textanalyse" die vorher übliche germanistische Rede von den Geheimnissen poetischen Schaffens mit Erfolg abgelöst hat, so ist es dabei nicht anders zugegangen als bei den Arzneimitteln: Wenn etwas Erfolg hat, dann hat es regelmäßig auch Folgen. Die Herausgeber von *Praxis Deutsch* haben in Heft 98 (1989) solche Folgen als *Nebenwirkungen* einer Therapie der Versachlichung und Entideologisierung des Deutschunterrichts beklagt: eine „durchschaubare lernzielmäßige Durchstrukturierung des Unterrichts, Objektivität der Arbeitsergebnisse und Überprüfbarkeit des Lernerfolgs", meint zu Recht K. H. Spinner (1989a, 19), seien erkauft worden um den Preis der *Mißachtung* all dessen, was sich kleinschrittiger methodischer Zubereitung und exakter Nachprüfbarkeit entziehe; noch nicht entkräftet sei der Vorwurf, kognitiv-analysierender Literaturunterricht „zerstöre [...] das ästhetische Erleben, weil er die Identifikation mit der literarischen Welt durch Distanznahme, den emotionalen Bezug durch verstandesmäßiges Zergliedern [...] ersetze" (ebd., 20). Und Wolfgang Menzel gibt zu bedenken, erfahrungsgemäß komme es trotz aller gegenteiligen Lippenbekenntnisse der Didaktiker und Praktiker häufig vor, daß im Unterricht „die Ergebnisse der objektivierbaren (und zensierbaren) Analyse ausgespielt werden [...] gegen die des subjektiven Texterlebnisses – und rechthaberisch auftreten können."[3]

Diese Kritik an praktischen Erscheinungsformen der Textanalyse, erfahrungsgemäß von vielen Studierenden immer wieder spontan bekräftigt, gibt hierauf noch keine Antwort, sondern könnte auf den ersten Blick eher nahelegen, jedenfalls im Deutschunterricht nur die Analyse von 'authentischem' Sprachmaterial gelten zu lassen (also sozusagen die rechte Hälfte meiner Systematik), die 'Analyse' literarischer Texte aber des vielfachen „Textmords" (vgl. Abraham 1991) schuldig zu sprechen und damit für erledigt zu halten. So einfach ist es freilich nicht, wie übrigens auch die sorgsam abwägenden Überlegungen Spinners (1989 a) zu den Möglichkeiten der Textanalyse im Unterricht zeigen. Ich versichere mich zunächst in einem groben Überblick dessen, was die praxisorientierte Literatur über die Kritik hinaus bereitstellt:

Didaktische Textanalyse
- kann, muß aber nicht eine textwiedergebende Teilaufgabe enthalten (Herold/Rintelen/Waldmann 1980, 76);
- ist zu erreichen über eine Vorstufe, die je nach rezeptionsdidaktischem Standort unterschiedlich beschrieben wird: Die „Textbeschreibung" ergänzt eine Inhaltswiedergabe um „Ausführungen über sprachliche Besonderheiten des Textes und die Intention des Verfassers",[4] das „Leseprotokoll" hält „Zwischenergebnisse des Verstehens" fest (Wernicke 1983, 16);

- kann sich „auf einzelne Textelemente inhaltlicher, struktureller und sprachlicher Art" richten, aber auch „auf textexterne (textübergreifende) Faktoren aus dem Beziehungsfeld des Textes" (Wernicke: ebd.).
- ist ihrem Anspruch nach „Globalanlayse", realistischer betrachtet jedoch „Textzugriff von einem Merkmal aus" und damit „zentriert um einen gedanklichen Kern" (Menzel 1984, 19);
- ist ein (der?) „Weg zur Verständnisgewinnung überhaupt" (Glinz), aber gleichzeitig auch „adressatenbezogen" und „informativ" (Wernicke: ebd.).

Das sieht nur auf den ersten Blick nach beruhigender Klarheit aus. Schnell melden sich Zweifel: Zum einen steckt in dieser kleinen Übersicht über den Stand der Fachdiskussion dasselbe Lavieren zwischen heuristischen und kommunikativen Zielen (*Verständnisgewinnung* hier – *Adressatenbezug* dort), das schon für die sogenannte Inhaltsangabe beobachtet wurde; zum anderen bleibt ungeklärt, ob die Textanalyse, von der wir als Deutschdidaktiker und Deutschlehrer sprechen, nun eigentlich ein *Weg* oder ein *Ziel* ist. Offensichtlich meinen verschiedene Autoren mit demselben Begriff Verschiedenes. Geht es den einen eher um den Vorgang der Texterschließung („Weg"), so den andern um eine mündliche oder schriftliche Darstellung dessen, was die Erschließung ergeben hat („Ziel"). „Textbeschreibung", gelegentlich als *Teil* der Analyseaufgabe genannt, ist eine *sprachliche Leistung oder deren Produkt („Aufsatz"),* die Analyse ist jedoch nach allgemeinem Verständnis eine kognitive Leistung oder deren Produkt („Verstehen"); und der Begriff der Interpretation selbst hat auch eine doppelte Bedeutung, meint ein abstraktes *Verstehen* so gut wie einen konkreten *Aufsatz* über einen Text („Ich suche eine Interpretation von Eichendorffs 'Sehnsucht'").

Offensichtlich sind weder die philologischen Überlegungen, mit denen dieses Kapitel begonnen hat, noch die didaktischen, mit denen es weiterging, schon detailliert genug, um Aussagen darüber zuzulassen, *was im Akt der Textanalyse eigentlich geschieht und welchen Anteil kognitive Operationen, welchen sprachliche Operationen an seinem Gelingen haben.* „Text (lat. textum) heißt Gewebe. Einen Text zu analysieren verlangt, das Gewebe aufzulösen, um seine Machart zu erkennen." (Wernicke 1983, 91).
Wie geht eine solche Auflösung vor sich? Ich versuche in der gebotenen Kürze, das Analysieren zu analysieren und 'Teiloperationen' zu unterscheiden (vgl. Tafel 2): *(1) zerlegen – (2) abstrahieren – (3) typisieren – (4) vergleichen und subsumieren.*

Tafel 2: Kognitive Operationen im Umgang mit literarischen Texten

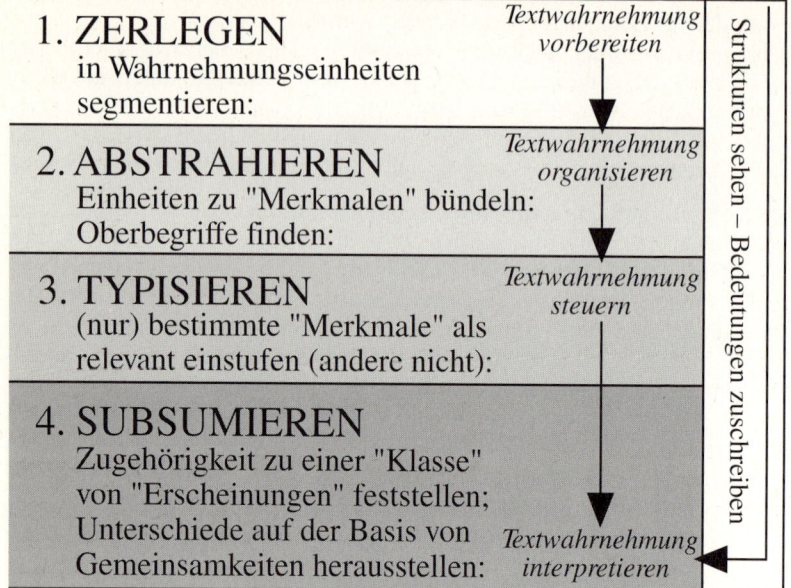

Unter 'zerlegen' verstehe ich hier das, was in der methodischen Praxis oft fälschlich „den Text gliedern" genannt wird. (Gegliedert *ist* der Text ja schon; indem ich ihn durch Absatzmarkierungen, Numerierung von Versen oder Strophen o. ä. formal strukturiere, nehme ich eine Zerlegung des Textganzen vor, keine Gliederung.) Das Zerlegen ist *prinzipiell willkürlich* – ich kann nicht beanspruchen, die kleinsten Einheiten zu *kennen,* in denen der Verfasser gedacht oder geschrieben hat; ich kann lediglich meine eigenen kleinsten Einheiten bilden und damit *Textwahrnehmung vorbereiten.*

Ebenso prinzipiell willkürlich ist das Bündeln solcher Wahrnehmungseinheiten durch Finden von Oberbegriffen: einerseits (bei Lyrik vor allem) zu sogenannten sprachlichen und formalen 'Merkmalen', andererseits (bei Prosatexten vor allem) zu Schemata, zu „Ereignis- oder Geschehenstypen" (vgl. hierzu Hölsken 1993). Ob die Bündelungen plausibel sind, erweist sich erst im Fortgang der Analyse auf den nächsten beiden Stufen: Da werden nun bestimmte 'Merkmale' als verstehensrelevant betrachtet und andere nicht – sie werden tendenziell gar nicht (mehr) wahrgenommen –, und die als relevant betrachteten 'Merkmalsbündel' stützen ihrerseits dann schließlich eine Behauptung der Zugehörigkeit zu einer (Subsumierbarkeit unter eine) *Klasse von Erscheinungen.* Das können wiederum sprachlich-ästhetische Erscheinungen sein (Sonett, personale Erzählhaltung, usw.) oder thematische Erscheinungen (Schlüsselmotiv, epochentypischer Konflikt, usw.).

Im Ganzen geht Analyse darauf aus, *Unterschiede auf der Basis von Gemeinsamkeiten* festzustellen – genauer: wahrnehmbar zu machen. Das gilt sowohl für Beobachtungen innerhalb eines Textes als auch für solche intertextueller Art (Zuordnung zu Gattungen, Genres, Epochen, usw.). Analysiert werden kann ein Text letztlich nur relativ, nicht absolut – immer nur in Beziehung zu einer (als bekannt vorausgesetzten) literarisch-ästhetischen Erwartungsnorm: Ich erwarte von einem romantischen Gedicht bestimmte Wörter und Wendungen (etwa bei Eichendorff: „das Herz ... entbrennte"; „die Wälder rauschen"; „der Lauten Klang"[5]), andere würden oder werden mich überraschen. Ich erwarte in moderner Lyrik keine Reime, jedoch 'dunkle' Bilder oder 'Chiffren' (etwa bei Enzensberger: „die Nähte der Zeit"; „die blutigen Segel der Hospitäler"[6]). Ich erwarte in einem epischen Text unseres Jahrhunderts keinen allwissenden Erzähler, usw. Das heißt jeweils nicht, daß das Gegenteil nicht auftreten könnte. Aber der Verstoß gegen meine Erwartungsnorm wird damit zum 'Merkmal', und mehrere derartige Merkmale werde ich bündeln zu einer verstehensrelevanten Größe, die man traditionell „Stilzug" genannt hätte.

Mit anderen Worten: Eine voraussetzungslose Textanalyse gibt es ebensowenig wie eine voraussetzungslose Inhaltsangabe (oder eine voraussetzungslose Interpretation). Ist aber Analyse allemal relativ, so ist es auch das durch sie – bestenfalls – beförderte Verstehen: Ich verstehe bestimmte Textmerkmale als typisch für den Autor, die Epoche, die Gattung usw. oder als jeweils untypisch; ich verstehe auffälligen Gebrauch von Sprache als beabsichtigt (stilbildend) oder als unbeabsichtigt (verräterisch etwa in bezug auf Herkunft oder 'Weltbild'). 'Ich verstehe' bedeutet hier also: 'Ich erkläre mir etwas als ...'; es bedeutet gerade *nicht* ein absolutes, empathisches Einigsein mit dem Text oder seinem Autor im Sinn von 'Ich verstehe dich!'; *es bedeutet Distanznahme, nicht Gewinnen von Nähe.*

Boettcher u.a. (1983,vgl. Auszug in Bremerich Vos, 1989, 21 f.) unterscheiden zwischen *Verstehen* und *Interpretieren* und sprechen von einer „Interpretationskunst", die wir alle im Alltag brauchen und auch beherrschen.[7] Im selben Sinn spricht Hans-Georg Soeffner von einer „Alltagshermeneutik", die sich für pragmatische und ästhetischen Texte das „Phänomen der Paraphrasierbarkeit von Äußerungen" zunutze mache.[8] Damit ist *Verstehen* – als etwas, was uns ungeplant passiert – eher Überwindung von Distanz, während wir uns im Fall seines Mißlingens planmäßig aufs *Interpretieren* einlassen müßten und damit auf das Thematisieren dieser Distanz:
- 'Ich verstehe dich nicht' ['Ich kann dich nicht sinnvoll interpretieren']
- 'Ich verstehe dich anders' ['Ich deute anders, was du gesagt hast']

In jedem Fall sind analytische Operationen im Spiel, also auch beim spontanen Verstehen, wo wir uns dessen nur nicht bewußt sind (vgl. Spinner 1989 a, 20) und auch nicht merken, daß wir interpretiert haben. Dasselbe gilt nun, jedenfalls wenn man einer konstruktivistischen Literaturtheorie folgt, für Texte:

„Alles, was Texte von sich aus zu sagen scheinen, sind bereits Interpretationen. Interpretationen fallen als Interpretationen dann nicht auf, wenn alle Leser annähernd gleich interpretieren." (Scheffer 1992, 270)

Die *Tafel 2* berücksichtigt solche Überlegungen, indem sie Stationen der Analyse als Stationen der Vor- und Zubereitung von Textwahrnehmung auflistet; damit aber beschreibt sie die Textanalyse – im kognitionspsychologischen Sinn des Wortes – *als interpretativen Akt.* („Texte sind ohne Interpretationen nicht wahrnehmbar": Scheffer 1992, 340).

Textanalyse, vor diesem Hintergrund betrachtet, ist *Vorbereitung jenes Thematisierens von Distanz,* das wir gemeinhin im Interpretationsaufsatz erwarten als ein Auflösen oder Hintergehen von spontanem Verstehen: „Fragen, die im Unterricht an literarische Texte gestellt oder auch nicht gestellt werden, methodische Wege, die eingeschlagen oder unterlassen werden, all dies bestimmt die Möglichkeit der schriftlichen Textanalyse ..." (Herold/ Rintelen/ Waldmann 1980, 23). Daß man dabei von Einsichten der Rezeptionsästhetik auszugehen hat (vgl. ebd., 20 ff.), halte ich für richtig; leider aber ist der hier zitierte Ansatz von Herold u.a. sehr stark *eingeschränkt* – sowohl, was die *Klassenstufe* betrifft (Sekundarstufe II) als auch, was die *Lehrzielvorgaben* angeht (Lehrpläne von NRW) und schließlich in bezug auf die *Schreibart* (nur *diskursives* Schreiben über Texte). Daß und wie die Präferenzen anders zu setzen sind, wenn man diese Einschränkungen zugunsten einer das ganze Spektrum des Schreibens über Texte abdeckenden 'Didaktik schriftlichen Textbesprechens' aufgibt, ist das Thema des vorliegenden Buches.

Mit der erwähnten Spezifik des Ansatzes von Herold u.a. jedenfalls mag es zu tun haben, daß die kognitiven Leistungen gegenüber den sprachlichen stark in den Vordergrund rücken: Zwar gelte im Sinn der Rezeptionsästhetik, „daß der Schüler die eigenen rationalen *und emotionalen* Reaktionen auf den Text zum Ausgangspunkt seiner Analyse macht",[9] und eine gewisse 'Selbstreflexivität' fällt am Fragenkatalog zur Textanalyse (ebd., 39) positiv auf; aber ob und wie die emotionalen Anteile sich sprachlich bemerkbar machen (dürfen), darüber erfährt der Leser nichts. Wohl soll der Schüler „die Ziele seiner Arbeit [...] selbst finden" (ebd., 32) – aber die Sprache offenbar nicht; die taucht als Problem – positiv: als Herausforderung – überhaupt nicht auf. Die „Schreibregeln" (ebd., 50) – richtiger wäre wohl: Schreib*planungs*regeln! – für die schriftliche Analyse literarischer Texte nehmen ebensowenig wie der Fragenkatalog zur *Beurteilung* von Schülertexten (ebd., 77) auf die 'Sprache', den 'Stil' des *Schreibens über Literatur* bezug. Ich will damit keine normativen „Regeln" einklagen, die etwa angäben, wie der Schüler zu schreiben habe, sondern ich will darauf hinweisen, daß den sehr guten Hilfen im kognitiven Bereich, die die Autoren geben (vgl. auch dies. im DU 1981, Heft 5), im 'handwerklichen' Bereich *so gut wie nichts* zur Seite steht.

Dabei legen die Autoren es, wie mir scheint, selbst nahe, über die mangelnde Eignung sachlich-diskursiven Schreibens nachzudenken, wenn es etwa um Folgendes geht („Fragen an die Reaktion auf den Text": ebd., 59):
- „Welchen Eindruck macht der Text auf mich?
- Was stört mich am Text?
- Was ist mir unverständlich? [...]
- Wo bereitet mir der Text Vergnügen?
- Wo bilden sich Aggressionen oder auch Empfindungen dem Autor/Text gegenüber?
- An welchen Stellen fühle ich mich selbst betroffen?"

Das könnte man kaum in 'neutralem Stil' beantworten; man müßte 'per Ich' statt 'per Man' reden. Aber diese Fragen soll offenbar der Schüler ja auch gar nicht schriftlich beantworten; er soll sie lediglich an sich selbst richten, und zwar *bevor* er mit dem Schreiben über den Text beginnt. Seine so eingekreisten „Reaktionen" sollen – es wurde zitiert – lediglich „Ausgangspunkt" sein, nicht aber *Gegenstand* des Schreibens. (Wernicke 1983 verweist sie in das erwähnte „Leseprotokoll".) Einer zu flüchtigen Erstlektüre, einem sofortigen Springen zur „vermuteten Absicht des Autors" (Herold u.a., 33) soll vorgebeugt werden durch eine sozusagen selbsttherapeutische Klärung der 'Beziehung Text-Leser'. Dagegen wäre nichts zu sagen, wenn diese Klärung auch (schrift)sprachlich angestrebt wäre, was sie aber offenbar hier nicht ist. Vielmehr soll beiseite geräumt werden, was das sachlich-neutrale, distanziert-diskursive Schreiben über den Text beeinträchtigen könnte: *Affekte*.

Von Affekten war schon die Rede; daß sie Eingang in das Schreiben über Lesarten finden, wurde ausdrücklich als wünschenswert bezeichnet. Eine Didaktik des Schreibens über Literatur, die sich – wie die hier besprochene – als Vorbereitung auf *Klausuren* in der Sekundarstufe II versteht, kann sich darauf freilich nicht einlassen, solange die Lehrpläne keine Lehrziele im Bereich *affektbetonten* Textbesprechens vorsehen, anders ausgedrückt: solange sie einen Begriff wie „Anmutung" nicht schreibdidaktisch konkretisieren (bzw. deren Konkretisation nicht zulassen).

Aber nicht nur dieses Defizit im affektiven Bereich – das nicht nur im Ansatz von Herold u.a. zu beobachten ist – wäre zu bedenken, sondern generell mangelndes Problembewußtsein in bezug auf die *schreib*didaktischen Möglichkeiten und Ziele der sogenannten Textanalyse im Unterricht. Neuere Ergebnisse der amerikanischen Schreibprozeßforschung haben wissenschaftlich abgesichert, daß – mit Kleist gesagt – *die Gedanken beim Schreiben verfertigt* werden. Textanalytische Schreibaufgaben hingegen richten sich so an die Schüler, als gehe es darum, bereits vorher 'gemachte Gedanken' nur noch zu verbalisieren (vgl. Antos 1988). Ist man in der Regel gerne bereit, das (gelenkte) Unterrichtsgespäch über einen literarischen Text als tentativ-vorläufiges, erst Möglichkeiten erkundendes Sich-Äußern gelten zu lassen (hierher gehören wohl die „Reaktionen auf den Text" bei Herold u. a.), so soll das – darauf folgende – Schreiben nach allgemeiner Erwartung Fertiges präsentieren; es steht unter *Ergebniszwang.* Daß Schreiben auch ein Weg der Annäherung an den Text sein kann, kommt selten in den Blick – und zwar immer seltener, je älter die schreibenden Schüler sind.

Insgesamt entspricht das bei Herold u. a. zwar auf hohem Niveau, aber der Tendenz nach bemerkenswert einseitig entwickelte Modell genau meiner Erfahrung, die ebenso wie verschiedene Beiträge zum zitierten Praxis-Deutsch-Heft „Textanalyse" darauf hinausläuft, daß die analytische Arbeit an literarischen Texten mit steigender Klassenstufe immer stärker vor allem durch *drei* Momente geprägt ist:

(1) *Unterlaufen der vom Text formulierten Identifikationsangebote* durch Herstellen oder Wiederherstellen kritischer Distanz zum Text;
(2) *Aufhebung literarischer Konkretion* in den Abstraktionen literarhistorischer oder literaturwissenschaftlicher Termini;
(3) *Vernachlässigung des „Klangkörpers"* [10] besonders lyrischer Texte, die eher 'gesehen' werden als 'gehört', eher zerlegt als vernommen.

Damit läuft jedoch die Textanalyse dem genau zuwider, was in der Einleitung (S. 12) als Anmutungschakter poetischer Texte bezeichnet worden ist.

1.2 Zur Trennschärfe im Kanon der texterschließenden Schreibarten – besonders zum Status der 'Interpretation'

Vor dem Hintergrund des im vorigen Abschnitt Gesagten nimmt es nicht wunder, daß manche Didaktiker und Lehrplanautoren inzwischen den Begriff der Textanalyse lieber meiden und zumindest in Bezug auf eine literarische Textvorlage von einer *Texterschließung* sprechen, die sich aus der „Inhaltsangabe" durch Erweiterung um Antworten auf inhalts-, sinn- und stilbezogene Fragen von selber ergebe.[11] Aber das Problem, welchen Stellenwert Textanalyse didaktisch hat, ist damit natürlich nicht gelöst: Keineswegs zurückgenommen durch die Rede vom Erschließen der Texte ist ja der Anspruch ihrer analytischen Durchdringung; und ebensowenig wie der Begriff „Analyse" läßt der Begriff „Erschließung" erkennen, ob und unwieweit er neben einer kognitiven Leistung auch schon eine Schreibleistung bezeichnen soll: „Texterschliessung" ist, genau wie „Textanalyse", (noch) keine Schreibart.
Aber nicht nur die Abgrenzung gegenüber einer 'einfachen' Texterschließung fällt schwer. Auch auf der anderen Seite, zur 'komplexen' Interpretation hin, gibt es eine fließende Grenze: Eine Ebene über den kognitiven Operationen, die *Tafel 2* schematisch darstellt, taucht in der Literatur die Frage auf, ob die Textanalyse *Voraussetzung für eine Interpretation*[12] sei oder ob es auch Analyse ohne Interpretation gebe und umgekehrt.[13]

Gerth (1989, 58) bezeichnet die analytischen Operationen als Teil einer Stufenfolge:

                                                        Interpretieren
                                Analysieren ->
                Kommentieren ->
Beobachten ->

Das erscheint plausibel, heißt aber nicht notwendigerweise, daß auf jeder dieser Stufen ein eigener (Schüler-)Text entstehen müßte oder auch nur könnte, so daß etwa folgendes 'produktförmiges' Gegenstück zu dieser Stufenfolge entstünde: 'Textbeschreibung – Textkommentar – Textanalyse – Textinterpretation'. Gerths Ausführungen legen vielmehr nahe, daß auch beim Interpretieren beobachtende, kommentierende und analysierende (Sprach-)Handlungen erforderlich sind. Die eingangs erwähnte Frage, ob Textanalyse Voraussetzung für die Interpretation sei, ist damit so zu beantworten: Analytische Operationen (vgl. *Tafel 2*) sind Voraussetzung, eine schriftlich ausgeführte 'Textanalyse' ist es nicht. Im übrigen hängt natürlich sehr viel davon ab, wie man den Begriff der Interpretation versteht. Die vorherrschende Meinung faßt Wernicke in praktischer Absicht (1983, 17) folgendermaßen: „In der zusammenhängenden Textinterpretation wird versucht, alle Einzelbeobachtungen aus der Textanalyse unter deutenden Gesichtspunkten [...] zusammenzufassen."

Wer dagegen von „Interpretation ohne Analyse" spricht (Spinner in PD 98/1989, 25) und dabei etwa an „szenische Darstellung" denkt – eine Sichtweise, mit der ich sympathisiere[14] – der setzt Interpretieren nicht mehr, wie dies ja lange Zeit üblich war, mit *diskursivem Schreiben* gleich. Die analoge Auffassung, es gebe neben einer „beschreibenden" Analyse auch eine „operative" (Menzel, ebd.), ist ebenfalls indirekte Kritik an der von mir im vorigen Abschnitt monierten Distanziertheit, Abstraktheit und Entsinnlichung des Redens und Schreibens über Literatur: Menzel will sie ergänzen oder fallweise ersetzen durch Verfahren des „eingreifenden Lesens"[15] – „eine hochmotivierende, experimentelle Form der Textanalyse" (Menzel, ebd.), die literaturdidaktisch beurteilt sehr zu Recht Analyse heißt, *schreibdidaktisch* jedoch mit dem herkömmlichen diskursiven Textbesprechen so wenig zu tun hat, daß sie im vorliegenden Buch ins dritte Kapitel gehört: Ich nenne dort ihre Spiel-Arten „Etüden der Wiedergabe", „Etüden der Kritik" und „Etüden des Gestaltens".

Die Frage nach der Trennschärfe im Kanon texterschließenden Schreibens jedenfalls wird durch solche Begriffserweiterungen erst virulent. Schon literaturwissenschaftlich liegt eher ein Wirrwar von Termini vor als begriffliche Klarheit. Mindestens folgende 'Schreibformen' wären gegeneinander abzugrenzen (ich teile sie in zwei 'Schreibarten' ein):

Tafel 3: Beschreibendes / besprechendes Schreiben über Texte

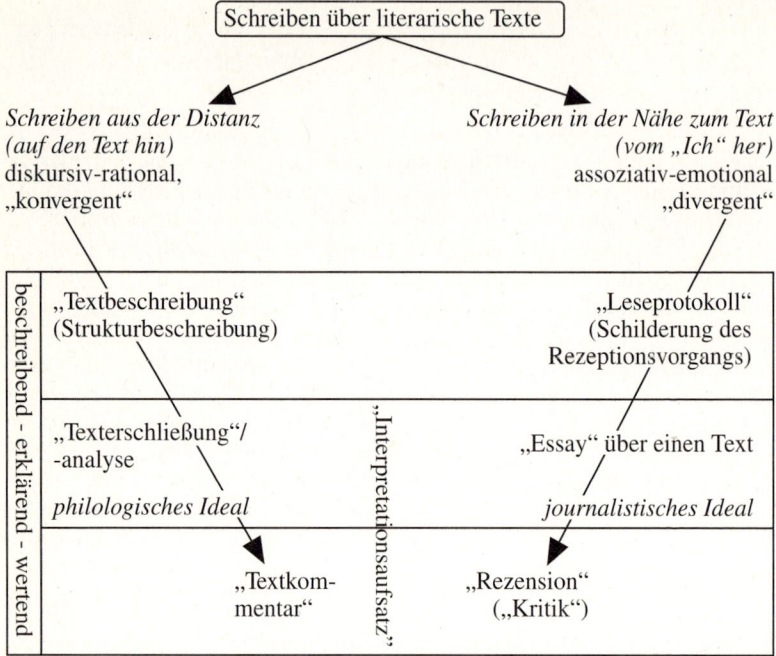

Es gibt jenseits der hier vorgenommenen relativ groben Einteilung keine genauere Abgrenzung dieser Formen gegeneinander, die mich überzeugen würde.
- So wird etwa die Textbeschreibung zwar von der Analyse unterschieden (Wernicke 1983, 17), soll jedoch ebenso wie diese bereits „geeignete Textstellen auswählen und zitieren" (Decker 1982, 256).
- Da heißt es in einer Übersicht über Aufbau und Formen der Textbeschreibung bei Eggerer/Rötzer (1982, 40), ihr „Stil" sei „sachlich, verständlich, übersichtlich", aber dann findet man unter „Formen" einträchtig beieinander: „Textanalyse, Textinterpretation", „Rezension", und in einer späteren Übersicht über die *Letztere* wird erläutert: „Stil: persönlich- subjektiv, meinungsbildend" (ebd., 48).

Ist die Textbeschreibung nun „sachlich" oder „persönlich-subjektiv"? Der Praktiker, der nach dem zuletzt zitierten Handbuch greift, um sich und seinen Schülern das Auseinanderhalten einschlägiger Schreibformen zu erleichtern, wird mit dieser Frage allein gelassen. So wichtig ich Praxisnähe finde: Was Eggerer/Rötzer da vorlegen, hat keinen theoretischen Boden, und eine derart bodenlose Methodenpraxis hilft uns gerade nicht weiter.

Der erwähnte Widerspruch löst sich auf, wenn man lebensweltliche Textsorten (wie etwa die Rezension) von schulliterarischen Schreibformen (z.b. „Textanalyse") unterscheidet, statt sie aufzuzählen, als gehörten sie in eine Reihe und ihr Oberbegriff sei „Textbeschreibung". Sie ist nicht dies, sondern eine Form strukturbeschreibender Äußerung über Texte.

Können und müssen solche Strukturbeschreibungen und -erklärungen *prinzipiell* unterschieden werden von (literatur-)kritischen, so lassen sich innerhalb des beschreibenden/erklärenden Paradigmas „Textbeschreibung" und „Texterschließung" von „Analyse" und „Interpretation" nur *graduell* unterscheiden (das hat natürlich mit der Hoffnung von Didaktikern und Lehrplanschreibern zu tun, es möge sich allmählich eine Kompetenz schriftlichen Textbeschreibens, -besprechens und -kritisierens aufbauen). Unterschieden wird hier weniger inhaltlich und *noch* weniger stilistisch als vielmehr nach dem Einsatz in verschiedenen Jahrgangsstufen.

Unterschieden werden auch *Textanalyse* und *Textkommentar*: „Die Textanalyse befragt die sprachliche Form auf die Bedeutungen, deren Träger sie sind; der Kommentar bringt die Informationen bei, die aus der Analyse nicht zu gewinnen sind." (Gerth 1989, 58) Kommentiert werden soll also mithilfe erwerbbaren Wissens, etwa über die Entstehungssituation eines Textes. *Nicht* gemeint ist bei Gerth ein Kommentar als Angabe und Ausführung eigener Assoziationen – es wird hier in philologischen Begriffen gedacht.

Anders ist das in einem schon erwähnten Aufsatz von Paefgen (1993): Im Rahmen eines lesenswerten Plädoyers für eine sachliche Didaktik des Lesens und Schreibens als „ästhetische Arbeit im Deutschunterricht" entwirft die Autorin ihr an Roland Barthes angelehntes Konzept von „Lektüre als Streuung, nicht als Wahrheit" (ebd., 51). Paefgen illustriert Barthes' Begriff des „Kommentars" am Beispiel einer Unterrichtseinheit über Kafkas Text *Das Urteil* in einer 11. Klasse sowie für Studierende im Grundstudium. Die jeweilige Arbeit an diesem Text wird abgeschlossen durch die Aufgabe, selbst eine Geschichte zu schreiben, „die einige der für *Das Urteil* auffälligen erzähltechnischen Merkmale" anwendet (ebd., 58) und sich als „literarischer Kommentar" zu Kafkas Geschichte versteht; „die Textkommentierung gleitet in ein Erzählen über, das sich beeinflussen läßt von dem Gelesenen." (Ebd., 60). Leider legt Paefgen keine Textergebnisse vor, so daß unklar bleibt, wie die Bearbeitung dieser Schreibaufgabe den Anspruch einlöst, nicht nur Parodie oder Variation der Textvorlage zu sein, sondern „Kommentar".

Betrachtet man nun die von mir in der linken Spalte der Tafel 3 zusammengestellten 'Aufsatzarten' vor dem Hintergrund der in der Einleitung angestellten Überlegungen, so fallen die Gemeinsamkeiten mehr ins Auge als die Unterschiede: Alle blenden die affektiven Momente der Textrezeption aus und zielen auf eine *Konvergenz der Lesarten* ab. Am Ende soll *eine* für alle Leser

(Schüler) akzeptable philologisch abgesicherte oder doch absicherbare Interpretation stehen.

Abweichend von dieser Grundhaltung werden nun, freilich nur als Vorstufe, das *Leseprotokoll* genannt, sowie – sehr gelegentlich – *Stellungnahme, Kritik* (bzw. Rezension) und *Essay*.[16] Hier werden offensichtlich die Affekte, auch die divergenten Assoziationen des Lesers nicht nur zugelassen, sondern gebraucht: Eine an journalistischen Rezensionen orientierte Textkritik müßte nicht vorgeben, alles Subjektive und Affektive überwunden zu haben, sondern sie könnte geradezu Ärger, Begeisterung, 'Betroffensein' zur Herausforderung für die sprachliche Gestaltung machen. Prozesse gelingenden oder scheiternden Verstehens und damit *analytische Operationen* werden dabei keineswegs entbehrlich, wie nach dem im vorigen Abschnitt Gesagten klar sein sollte. (Auch im Rahmen etwa von Paefgens Konzept sind solche Operationen offensichtlich nicht entbehrlich.) Hinfällig würde lediglich die Fiktion, Textanalyse sei etwas Abschließbares und vor dem Niederschreiben Abgeschlossenes.

Und: Das in der rechten Spalte (in Tafel 3) Aufgeführte kommt auch ohne die andere Fiktion aus, die zur Begründung der in der linken Spalte aufgeführten sogenannten Aufsatzarten immer wieder bemüht, allerdings von literaturwissenschaftlicher Seite auch kritisch beurteilt wird: die Fiktion nämlich, es gäbe überhaupt eine Interpretation mit (geistes-)wissenschaftlichem Status. Auf sie hin ist die diskursiv-konvergente Schreibart ja konzipiert, auch wenn der einzelne Schüler diese Endstufe nicht notwendig auch erreicht. Aber nicht auf ihn bezieht sich ja die hier zugrundegelegte Kritik an der Rede von der Interpretation, sondern auf denjenigen, bei dem man diese Endstufe als selbstverständlich erreicht voraussetzt: den Literaturwissenschaftler. „Die einzig textadäquate Interpretation ist das Zitat", sagt polemisch Scheffer (1992, 267); und S. J. Schmidt (1979, 279 f.) spricht von „sogenannten wissenschaftlichen Interpretationen" und fordert, daß mindestens *deskriptive, explanative und evaluative* Aussagen klar unterschieden werden (vgl. ebd., 290 f.), ein Interpret also sagen müsse, ob er gerade beschreibe, erkläre oder bewerte. Ich habe das in meiner Übersicht versucht. Daß es eine diese Handlungen alle gleichzeitig enthaltende „eigenständige Verarbeitungsaufgabe" 'Interpretation' überhaupt gibt, bestreitet Schmidt (ebd., 306) energisch und mit guten Argumenten.[17]

Ich plädiere mithilfe von *Tafel 3* dafür, die Sammelrubrik *beschreibendes und besprechendes Schreiben über Texte* als Klammer zu betrachten, die die eher konvergenten und die eher divergenten, die philologischen und die journalistischen Schreibarten übergreifen und alles umfassen würde, was jenseits der einfachen Textwiedergabe liegt. „Besprechendes Schreiben" ist dabei keine Paradoxie, sondern begreift die Sprachhandlung des *Besprechens* als mündlich wie schriftlich ausführbar, sowohl rational wie emotional grundierbar, sowohl konvergent wie divergent anlegbar. Voraussetzung ist das Eingeständnis, daß es ein 'objektives' Reden und Schreiben über Texte nicht gibt, vielmehr der „Besprechende" sich selber allemal mit ins Spiel bringt, ob er es will (und weiß) oder nicht; und daß Beschreibungen, wie Scheffer (1992) sagen würde, allemal auch *Selbstbeschreibungen* sind.

Eine solche Annahme hat schreibdidaktische Konsequenzen: Scheffer, der auf S. J. Schmidts Arbeiten aufbaut, plädiert dafür, „Interpretation als essayistische Tätigkeit" zu betrachten und zu betreiben (ebd., 283). Mit Recht weist er (ebd., 285) darauf hin, „daß die Unterschiede zwischen vorgeblich 'wissenschaftlicher' Interpretation und Literaturkritik weitaus geringer sind, als zumeist angenommen wird". Interpretationen enthalten durchaus divergente Momente. Sie sind nicht frei von Affekten ihrer Verfasser und vielleicht weniger distanziert, als sie häufig tun. (Ich habe deshalb in *Tafel 3* den Interpretationsaufsatz *in die Mitte* zwischen die beiden Spalten gesetzt). Überdies wirft Scheffer die gute Frage auf, ob totale Konvergenz – gesetzt, sie wäre erreichbar – überhaupt ein erstrebenswertes Ziel ist:

„Eine intersubjektiv allseits akzeptierte Interpretation kann überhaupt nicht wünschenswert sein, wäre sie doch das Ende jeder weiteren Diskussion über diesen literarischen Text. Unterschiedliche Interpretationen halten ja rückwirkend auch den literarischen Ausgangstext existent." (Ebd., 313)

Das „Dilemma der Interpretation als Wissenschaft" (ebd., 310) und „Neukonzipierung der Interpretation literarischer Texte als eine essayistische" (ebd., 314) kann mich hier nicht weiter beschäftigen. Stattdessen will ich ausführen, warum man nicht nur wertend-kritische, sondern auch „kontemplative Äußerungen" zu Texten (Ingendahl 1991, 109) wichtiger nehmen sollte, als eine am Ideal philologischer Analyse orientierte Aufsatzdidaktik dies lange getan hat. Denn auch dieses kontemplative Moment ist hie und da bereits ins wissenschaftliche Schreiben über Literatur eingedrungen und führt dort zu so interessanten Versuchen wie demjenigen Stephans (1985). Dessen *Anleitung zum besseren Umgang mit fiktionaler Literatur* schreibt die Frage der „Anschließbarkeit des Textes [Hemingway: *Das Ende von Etwas*] an die Befindlichkeit des Lesers" (ebd., 26) nicht wie sonst vielfach üblich als irrelevant beiseite, sondern reflekteirt sie systematisch in dialogisch aufgebauten Textpassagen, die sich vor allzu schneller Konvergenz deutender Bemühungen hüten.

„Die Bedeutungen eines Textes werden auf dem Grund der Lebensgeschichte des Lesers in dessen Horizont entworfen" (ebd.), und ich füge aus der Sicht des Didaktikers hinzu: *Jedes* Stadium dieses „Entwerfens" kann und sollte sich in Schreibversuchen niederschlagen, nicht nur das letzte (die fertige Deutung). Auch Stephans dialogische Entfaltung vielfach divergenter Gedanken zu Hemingways „Das Ende von Etwas" ist ein „Leseprotokoll". Freilich wäre die Definition, die Wernicke (1983, 16) von dieser Arbeitsform gibt, vom Kopf auf die Füße zu stellen. Nicht „das Nachvollziehen der Gestaltung bringt den Leser – unter der geheimen Regie des Autors – zu spontanem Verstehen", sondern umgekehrt: *Es bringt – unter der geheimen Regie des Lesers – den*

Text zum spontanen Verstandenwerden. Diese Regie kann natürlich auch diejenige des einzigen Lesers sein, der von sich glaubt, richtig gelesen zu haben – die des Deutschlehrers. Das Stück, das dann in der Regel gespielt und immer wieder neu, immer wieder gleich inszeniert wird, ist nun zu rezensieren.

2 Textverhöre. Die sogenannte Textanalyse als Ritual der Wahrheitsfindung

2.1 Texte verhören?

Diskursives Schreiben über Texte geschieht zwar häufig übungshalber als 'Hausaufgabe' und dann prüfungshalber als 'Schulaufgabe'. Aber vorbereitet wird es allemal im Literaturunterricht – in einer hermeneutischen Situation, die Andreas Härter in seinen sehr lesenswerten *Textpassagen* (1991, 75) nicht nur „geleitet", sondern „verordnet" und damit „zwangskommunikativ" nennt. Bevor ich also 'aufsatzförmige' Produkte von Textanalysen untersuche, muß ich klären, wie sich die in solcher Zwangkommunikation über Literatur ablaufenden Prozesse zu den Modellvorstellungen verhalten, die ich oben als textanalytisch beschrieben habe. Enthalten diese, wie gesagt, bereits eine Reduktion – nämlich auf Kognitionen –, so erscheinen die analytischen Interpretationsaufsätzen vermutlich vorgeschalteten Prozesse als noch einmal reduziert, nämlich auf ein kleinschrittiges, extrem lehrer- bzw. lehrbuchgesteuertes Frage-Antwort-Spiel, das ich ein Textverhör nenne.

Herold/ Rintelen/Waldmann (1980, 11 ff.) sprechen von „Interpretationsritualen", die – so darf ich ergänzen – kaum weniger zur Routine geworden sind als die alltagsweltlichen Rituale des Verstehens, von denen oben die Rede war. In der Folge einer Theorie des „kritischen Lesens", die wir der ideologiekritischen Didaktik der siebziger Jahre verdanken (vgl. hierzu Hussong 1973), legte ein die Ideologeme poetischer wie pragmatischer Texte kritisch abfragender Textunterricht „die Möglichkeiten des Umgangs mit Literatur in der Schule rigide fest" (Herold u.a. 1980, 16) – ähnlich rigide wie die formalsprachliche Abfrage von Stilistika es tat, die vorher als didaktische Reduktion der werkimmanenten Schule (Staiger, Kayser u.a.) praktiziert worden war. Tatsächlich hat gerade diese Schule „sehr zur Präzisierung der Methoden der Textanalyse beigetragen" (Wernicke 1983, 29). Nicht weniger jedoch hat sie, in ihrer methodischen Reduktionsstufe, dazu beigetragen, daß formale Textbeschreibungen („Stil") sich verselbständigt haben. Ob einer stilistische Qualitäten erkennen und benennen kann, ist relativ leicht abzuprüfen und zu bewerten; zum Textverständnis trägt es noch nicht unbedingt bei.

Analyse als kritisch-aufdeckendes Lesen und als textimmanente Deskription: Eine *Mischung aus beidem* dominiert bis heute viele Lehrbücher und Unterrichtsstunden. Ein Beispiel ist der Umgang mit dem in mehrere Lehrwerke aufgenommene Gedicht „An alle fernsprechteilnehmer" aus Hans Magnus Enzensbergers Band *Landessprache* von 1963.[18] Die Beliebtheit des Textes bei Didaktikern und Praktikern hat damit zu tun, daß er dem Autor selbst als Demonstrationsobjekt für „Die Entstehung eines Gedichts" gedient hat.[19] Das jedenfalls macht sich unter anderem ein *Übungsbuch Deutsch – Vorbereitung für das Abitur* (1975)[20] zunutze. Was sich an diesem Gedicht so gut einprägt, ist sein *Ton,* oszillierend zwischen Zorn, Trauer und Resignation über „etwas, das keine farbe hat, etwas / das nach nichts riecht, etwas zähes [...] davon der salm stirbt"; es ist unbenennbar, aber allgegenwärtig und wahrnehmbar.

Der Text handelt von einem dunklen, begrifflich kaum faßbaren Verdacht, daß sich „etwas" schon in uns alle eingenistet hat und wir es nur nicht merken, weil wir uns vom Wohlstandswunder haben ablenken lassen: „und wir essen davon / und verleiben uns ein etwas zähes, und schlafen im blühenden boom." Es ist ein alarmierendes Gedicht, das nicht vorgibt, zu wissen, *wovor genau* es warnt, aber die Warnung desto dringlicher zur Sprache bringt.

Was fängt eine als Abiturvorbereitung betriebene *Textanalyse und Interpretation* mit dieser irritierenden Mitteilung „An alle fernsprechteilnehmer" an?

Das Textverhör, aus methodischen Gründen dem (für das Abitur) Lernenden in klarer Abfolge von Schritten präsentiert, läßt keine Ahnung davon aufkommen, daß hier „etwas" vielleicht unbenannt, ungedeutet, *offen* bleiben möchte:
„1.1 Bestimmen Sie die mit dem Titel gegebene Aussage! [...]
1.2 Nennen Sie die besonders ins Auge fallenden Charakteristika des Textes! [...]
2.1 Bestimmen Sie den sprechenden Autor! [...]
2.2 Bestimmen Sie die Erzählhaltung! [...]
3.1 Bestimmen Sie die Grundaussage des Textes! [...]
3.2 Bestimmen Sie das 'etwas' näher! [...]
3.3 Bestimmen Sie das 'uns' näher! [...]
4. Bestimmen Sie die dichterische Wirklichkeit des Textes näher! [...]
5.1 Bestimmen Sie die Wortwahl! [...]
5.2 Bestimmen Sie die vorherrschende Bildgestaltung! [...]
6.1 Bestimmen Sie die äußere Struktur des Textes! [...]
6.2 Bestimmen Sie die Feinstruktur des Textes! [...]
7. Bestimmen Sie die Aussageabsicht! [...]
8. Bestimmen Sie den Standort des Textes (im Hinblick auf H. M. Enzensbergers Poetik)!"

Im *blühenden boom* der curricularen Didaktik entstanden, scheint diese Zubereitung weniger dem Gedicht gerecht werden zu sollen als den Nöten und

Ängsten von Oberstufenschülern, die Textanalyse an jedem Objekt beherrschen wollen müssen. Herangezogen wird dies betagte Aufgabenbeispiel, obwohl das Übungsbuch hoffentlich heute nirgends mehr Verwendung findet, aus folgendem Grund: Der hier überdeutlich sichtbare Verhörscharakter mündlicher und schriftlicher Textanalyse dominiert nach meiner Beoabchtung noch heute vielfach die praktische Unterrichtsarbeit – und zwar auch dort, wo neuere Lehrbücher benutzt werden, die selbst weit zurückhaltender verfahren (etwa Bremerich-Vos 1989). Greifbar und damit kritisierbar wird diese methodische Zwangsarbeit am Text jedoch nur in Form gedruckter Arbeitsanweisungen. Diese sind, im vorliegenden exemplarischen Fall, Anstiftungen zum Textverhör; der Prozeß der Analyse wird darin zum *Herausprozessieren einer 'Wahrheit' aus dem Text* noch in jüngeren Lehrbüchern:[21] Sie sollen denn auch 'schwierige' moderne Texte wie Kafkas „Der Steuermann" oder Brechts „Maßnahmen gegen die Gewalt"[22] sozusagen verhörbar machen.

Vielen einschlägigen „Leitfragen" ist die Funktion der Begriffsbildungshilfe beim Strukturieren der Textrezeption nicht abzusprechen; aber sie arbeiten – wie jedes Verhör – mit einer Strategie der genauen Ablaufsplanung, die dem Verhörten ihre Logik aufzwingt.

Bedenkt man nun den letzten Zweck aller Textanalyseübungen in der Sekundarstufe II (das Abitur), so ist auffällig, daß diese Struktur des Textverhörs genau die Kommunikationssituation der *Prüfung* abbildet. In den Lehrplan des Literaturunterrichts hat sich in all den Schuljahren, die der Vorbereitung aufs Deutsch-Abitur dienen, ein *heimliches Lehrziel* eingeschrieben: *Kein Text bringt dich in Verlegenheit oder ins Grübeln, du kannst alle erledigen. „Ohne sorge sei ohne sorge/ heiter und mit musik"* (Ingeborg Bachmann). Schüler und Schülerinnen, jahrelang selber textanalytisch verhört, sind jetzt *reif*, das Verhör selber durchzuführen, schlüpfen in die Rolle des Inquisitors, beweisen ihre Macht über den Text.

Enzensbergers Erklärung in eigener Sache ignorierend, daß Gedichte in einer Art von „Tastvorgang"[23] entstehen, und nicht in einem Akt der bewußten Entscheidung für (1.) Textsorte, (2.) Perspektive und Erzählhaltung, (3.) Inhalt, Thematik, Textgegenstand oder (5.) Wortwahl und Bildgestaltung,[24] suggeriert dieses Analysemodell, genau dies sei der Fall, und genauso müsse deshalb der Text auch „durchschaut" (z. B. Kelle 1984) werden: Eilfertig aufgegriffen wird im oben zitierten Aufgabenbeispiel Enzensbergers Bemerkung, der Text sei vielleicht „eine Beschreibung der Radioaktivität und ihrer Wirkungen":[25] Schon hat man „etwas" und damit auch „die Aussageabsicht" *bestimmt*. Gleichzeitig hat man aber das Gedicht entschärft wie einen herumliegenden Sprengsatz. *Alle fernsprechteilnehmer* können sich beruhigt zurücklehnen: Der Text ist, im schillernden Sinn dieses Wortes, erledigt. Er hat seine Wahrheit gestanden, oder widrigenfalls der Autor an seiner Stelle; dieser freilich bezeugt auch, „daß politische Lyrik ihr Ziel verfehlt, wenn sie es direkt ansteuert".[26] Dasselbe scheint mir auch für die 'kritische' Lektüre zu gelten, wo sie ihr Ziel ausschließlich kognitiv ansteuert, d.h. nur auf dem Weg der Textanalyse.

Derartige Fragenkataloge als Anstiftungen zum Textverhör sind – in mündlicher und schriftlicher Form – ein so selbstverständlicher Bestandteil der methodischen Praxis unseres Textunterrichts, daß man sagen kann: Dieses inquisitorische Frage-Antwort-Spiel ist geradezu die methodische Umsetzung didaktischer 'Textanalyse'. Grundsätzlich richtig, wenn auch vielleicht nicht für alle deutschen Bundesländer verallgemeinerbar, sind nach mciner Erfahrung die Beobachtungen Malschs (1987, 28), die Interpretationsaufsätze von Oberstufenschülern aus Baden-Württemberg auf „Reflexe des vermuteten Ablaufs" dessen hin gelesen hat, was vorher (im Literaturunterricht) über Lyrik gesagt worden war: „das reine Nennen für sie erkennbarer Stilfiguren" halten Lernende offenbar immer noch für obligatorisch. „Meist in Eile angeeignetes Wissen wird unter Beweis gestellt, aber der Beweis führt zu nichts." Ausgebildet wird, mit anderen Worten, ein *Antwortreflex*. Wozu er wissen soll, was eine Alliteration, was ein Zeilensprung ist, und warum er danach gefragt worden ist, braucht dem reflexhaft Antwortenden gar nicht klar zu werden.

Die Praxis der schematischen Textbefragung auf seine Wahrheit hin fördert beim Schüler das Mißverständnis, es gebe diese als ermittelbare Größe, man müsse lediglich geeignete Mittel der Erforschung zur Anwendung bringen. Der Text, fachkundig (also in der Begrifflichkeit der Literaturwissenschaft) vernommen, gebe Antworten, die von der Subjektivität des Deutschlehrers und seiner Schüler unabhängig seien. Dabei betont auch ein Literaturwissenschaftler:

„Der so oft treuherzig wiederholte Versuch, den Stil eines Textes so zu beschreiben, 'wie er ist', der Versuch, die Wirklichkeit der Sprache ein für allemal in den Griff zu bekommen, scheitert [...], weil es die eine Wirklichkeit des Textes [...] nicht gibt."[27]

Und was für den „Stil" im Ganzen gilt, gilt auch für Figurencharakteristiken, Schauplatzbeschreibungen, Erzählhaltungen, Metaphern oder Sprecherhaltungen eines lyrischen Ichs.

Was literaturwissenschaftlich immerhin strittig ist – „Man sucht nach einer Methode, um dem Text ein 'Geständnis abzuringen" (Scheffer 1992, 60) –, das ist von einer kritischen Darstellung textanalytischer Methodenlehre und Methodenpraxis erst recht ernst zu nehmen, weil es, wie so Vieles, was aus den Fachwissenschaften kommt, hier in didaktischer Verkürzung auftritt: Die *Logik des Textverhörs* setzt sich offenbar auch gegen das in der Regel bessere Wissen der Deutschlehrer wieder durch: Sie lassen den Text solange verhören, bis er seine – die eine? – Wahrheit gesteht. Daß es auch Fälle *mißglückender Verhöre* gibt, in denen kein Geständnis erzielt werden kann, widerspricht dieser Feststellung nicht.

2.2 Eichendorffs „Sehnsucht", Bichsels Trostlosigkeit? Zwei ganz gewöhnliche Verhörsgegenstände

Ähnlich wie schon im ersten Kapitel soll auch hier eine Bestandsaufnahme versucht werden: Es geht um das, was derzeit in den Sekundarstufen – wenn auch sicherlich nicht ausschließlich und nicht in allen Bundesländern mit gleicher Intensität – als textanalytisches Schreiben praktiziert, bewertet und abgeprüft wird. Aus folgendem Korpus von Textanalyse- und Interpretationsaufsätzen werde ich mehrere Klassensätze – in der Übersicht fettgedruckt – auswählen, um aus ihnen Beispiele zu gewinnen.

Übersicht über die mir vorliegenden Klassensätze von Textanalyse- und Interpretationsaufsätzen

1	2	3	4	5	6	7	8
Klasse	Lehrer-Nr.	Noten-Ø	Textein-griffe(TE)	Klass.-TE:Ø stärke		Klass.-Ø28	Textvorlage
9w	18	2,84	40	19	2,1		„Die ungeliebten Gäste" (Zeitungskommentar)
9w	21	3,31	138	19	7,3	5,7	G. Weisenborn: „Die Aussage" (Kurzgeschichte)
9x	19	3,30	140	24	5,8		„Ende eines Alptraums" (Glosse)
9x	20	2,83	260	24	10,8	8,6	W. Borchert: „Nachts schlafen die Ratten doch"
9y	17	3,00	129	22	5,7		P. Michaely: „Wochenende im Auto" (Romanauszug)
9y	15	3,40	179	22	8,1	9,0	E. Hemingway: „Alter Mann an der Brücke"
9z	16	3,00	113	20	5,7		„Wim Thoelke ..." (BILD)
9z	16	3,57	158	19	8,3	6,2	„Haushaltsgeld – Geizkragen erstach Ehefrau" (BILD)
10x	22	3,36	473	23	20,6	18,5	W. Borchert: „Die Küchenuhr" (Kurzgeschichte)
10y	18	3,55	114	20	5,7	5,7	G. Wallraff: „Gastarbeiter" (Reportage)
10z	28	2,95	230	25	9,2		R. Kunze: „Fünfzehn"/E. Kästner: „Sachl. Romanze"
10z	05	3,20	272	24	11,3	11,8	Goethe: „Über das Rauchen"
11w	20	2,86	616	14	44		„Der Mensch ist schon ..." (Streiflicht der SZ)
11w	19	3,80	193	14	13,8		E.M. Remarque: „Im Westen nichts Neues" (Auszug)
11w	20	3,71	214	14	15,3	24,4	R. Braun: „Des Geigers Heldensterben" (Gedicht)
11x	04	2,87	195	17	11,5		W.H. Fritz: „Augenblicke" (Kurzgeschichte)
11x	04	3,47	132	19	7,0	12,9	M. Frisch: „Stiller" (Auszug)
11y	26	3,18	187	23	8,1		Rilke: „Malte Laurids Brigge" (Auszug)
11y	12	2,90	164	24	6,8	6,9	Schiller: „Maria Stuart" (Auszug)
11z	23	3,85	166	14	11,9	19,4	Keller: „Romeo und Julia auf dem Dorfe"
12/1LK	31	2,44	168	9	18,7	—	Gryphius: „Menschliches Elend"
12/2LK	31	2,71	172	16	10,8	—	Goethe: „Iphigenie auf Tauris" (Auszug)
12/2LK	04	3,06	99	16	6,2	—	Goethe: „Faust" (Auszug)
12/2gk	32	3,55	178	9	19,8	—	P. Bichsel: „Die Tochter"
12/2gk	34	2,44	80	9	8,8	—	P. Bichsel: „Die Tochter"
13/1LK	30	2,86	219	16	13,7	—	Eichendorff: „Sehnsucht" (1 von 3 Aufgaben)

13/2gk	34	3,11	205	18	11,4	—	Eichendorff: „Sehnsucht"
13/2gk	33	2,78	31	14	2,2	—	Eichendorff: „Sehnsucht"
13/2gk	31	3,40	393	20	19,7	—	Gedichtvergleich (C.F. Meyer/ U. Schacht)

Die hier von den themenstellenden Lehrern benutzten literarischen Texte verteilen sich auf alle großen 'Gattungen', die damit ebenso wie die journalistischen 'Stilformen' in der wünschenswerten Breite vertreten sind: Meine Kritik gilt nicht der Textauswahl, sondern dem jeweils geforderten Umgang mit dieser Auswahl. Ich stütze mich hauptsächlich auf zwei der literarischen Textvorlagen im engeren Sinn: je eine aus dem Bereich traditioneller Poesie (Eichendorff) und aus dem Bereich moderner literarischer Prosa (Bichsel). Zusätzlich werde ich einige Schüleräußerungen über eine 'klassische' Kurzgeschichte (Borchert) heranziehen. Bevor jedoch Schüleraufsätze und Lehrerkommentare über diese 'Gegenstände' zu Wort kommen, ist zu klären, worin der übliche Umgang mit solchen Texten jenseits 'reiner Wiedergabe' eigentlich besteht.

Dem hier zur Diskussion stehenden Schreiben über Literatur geht Literatur*unterricht* voraus. Ich wähle – mit Blick auf die später zu musternden Aufsätze – ein *Beispiel* für dessen methodische Aufbereitung. Ein an süddeutschen Gymnasien vielbenutztes Lese- und Arbeitsbuch,[29] hier für die 9. Klasse, präsentiert Eichendorffs Gedicht „Sehnsucht" (abgedruckt in Kapitel III, S. 126) mit folgenden Erschließungsfragen:
„Der Titel des Gedichts ist 'Sehnsucht'. Im Text selbst kommt das Wort nicht vor. Wir wollen versuchen nachzuweisen, daß das Gedicht als Ganzes Ausdruck einer grundlegenden Sehnsucht ist.
- Beschreibe die Position des Sprechers im Gedicht. [...]
- Mit welchen sprachlichen Mitteln kommt 'Weite' und 'Ferne' zum Ausdruck?
- Stelle nun alle Sprachbilder zusammen, die für ein Sich-Sehnen stehen.
- Für welche Sehnsucht steht stellvertretend die Sehnsucht nach dem Reisen?"[30]

Eine Textanalyse, führt man sie in der hier vorgeschlagenen Weise durch, läuft zwar durchaus auf „produktive Sinnkonstituierung" (Lerchner 1984) hinaus, aber eben nur auf eine kognitive, die auf Distanzgewinn abhebt. Daß man Eichendorff geradezu eine „Lyrodidaktik" nachgewiesen hat, die den Leser als 'ganzen' Menschen anspreche – seine kognitive, affektive, emotionale und psychomotorische Dimension[31] – läßt diesen kognitiven Zugang als arge Verkürzung erscheinen. Im affektiven Bereich haben die Verfasser dieser Arbeitsvorschläge keine dem Text *hier* und dem lesenden Schüler *dort* angemessene „Interpretationsstrategie" (Lerchner) anzubieten. Was hier antrainiert wird, ist eine intellektuell-kritische Analysehaltung, die immer gleich im Text *nachweisen* will, statt sich selber zu befragen, und sowohl sprachliche Einzelheiten als auch den Text als Ganzes letztlich zum Beleg ernennt, der für irgendetwas typisch sei. (In genau diesem Sinn stellt eine neuere, für Schülerhand gedachte *Geschichte der deutschen Literatur* befriedigt fest, „Sehnsucht" stelle „den Idealfall aller Gedichte dieser Thematik dar."[32]) Ein Vergnügen daran, „Idealfälle" und typische Merkmale wiederzuerkennen, will ich gar nicht leugnen; habe aber Zweifel, ob poetische Rede damit wirklich *vernommen* worden ist (außer eben im verhörstechnischen Sinn). Hier wird nicht einmal der Versuch gemacht, dem Schüler das historisch Entfernte näherzubringen. Verlangt ist ausschließlich Abstraktion und intellektuelle Erkenntnis: Was hat im Text welche Funktion? Was steht stellvertretend wofür?

Es ist, wie im Vorgriff auf die dieses Gedicht besprechenden Aufsätzen gesagt werden kann, durchaus möglich, solche Fragen abzuhandeln, ohne sich mit dem Gedanken aufzuhalten, *was Sehnsucht eigentlich ist,* wie sie sich anfühlt, ob man sie selber schon gehabt hat oder gerade augenblicklich hat. Mit anderen Worten: Die unverkennbare affektive Aufladung dieses Themawortes kann diskursiv niedergeredet werden. Jedenfalls geht der gründliche und gewissenhafte Erwartungshorizont des Deutschlehrers in diesem Sinn den Schülern mit seinem Beispiel voran:

„Das einsame Ich am Fenster, das die Weite des Raumes empfindet, Lichtverhältnisse („So golden die Sterne") und Klangwirkung (Kontrast von Stille und Posthorn) schaffen eine Gemütserregung von kaum eingestandener („heimlich") Kraft („entbrennen"). Damit wird das Thema des Titels angeschlagen ..."

Hier wird eine germanistische Miniatur-Interpretation geleistet, deren distanzierter Besprechungston literarhistorischen Überblicksdarstellungen abgelauscht ist, wie sie im solche Schreibaufgaben vorbereitenden Unterricht der Sekundarstufe II häufig Verwendung finden.[33]

Nun formuliert zwar ein Erwartungshorizont eine Optimallösung, deren faktische Realisation nicht unbedingt zu erwarten ist; problematisch aber bleibt, daß die zu solcher Vorbereitung einer 'Leistungskontrolle' angehaltenen Deutschlehrer sich sozusagen nur auf den Text vorbereiten und *nicht auf die Rezeptionssituation der Schüler und Schülerinnen,* deren Textrezeption doch die eigentliche Aufgabe ist.

Die eben zitierte methodische Aufbereitung der „Gemütserregungskunst" Eichendorffs (vgl. oben, S. 14) sucht das erregte Gemüt nur beim Autor und unterläuft dessen „Lyrodidaktik". Aber das ist keineswegs ein spezifisches Problem literarhistorischer Unterrichtsgegenstände. In ähnlicher Weise wird auch in Aufsätzen über die zweite im folgenden mehrfach herangezogene Textvorlage – Peter Bichsels Kürzestgeschichte „Die Tochter"[34] – die Subjektivität der Schüler-Leser nicht thematisiert.

Eines der vielen Lehrbücher, die mit Bichsels daher hier nicht nochmals abgedrucktem Text arbeiten, ist *Umgang mit Sprache.*[35] Der Band für die 10. Jahrgangsstufe präsentiert zwar als 'Einstieg' den Brief einer fiktiven Klasse 10 b an den Autor und als Schluß eine schriftliche Interpretation einer Schülerin

dieser Klasse, aber zwischen diese durchaus nützlichen Dokumente versuchter Textaneignung wird ein Fragenkatalog[36] als Anleitung zum Textverhör plaziert. Zur Rolle der „Personen in der Geschichte" soll Folgendes herausgefragt werden:
- „Aus wessen Sicht werden sie dargestellt?
- Welche Beziehungen haben sie zueinander?
- Welches sind ihre Probleme?
- Gibt es Personen, die nur eine untergeordnete Rolle einnehmen?"

In analoger Weise – durch *insgesamt 19 Einzelfragen* – werden Handlungszeit und Schauplatz des Textes, seine „Aussageabsicht" und die „Einstellung" der Schülerleser abgefragt. Besonderer Wert wird gelegt auf die „sprachlichen Mittel":
- „ Ist der Text umgangs- oder hochsprachlich?
- Werden viele Fremdwörter benutzt?
- Hat der Autor eine Vorliebe für bestimmte Wortarten?
- Werden Symbole oder Metaphern eingesetzt?
- Welche Erzählhaltung, Erzählperspektive und Erzählzeit hat Bichsel gewählt?"

Dieses kleinschrittige Abfragen soll dann zu 'selbständig' verfaßten Aufsätzen führen. Man mag einwenden, die erwarte doch ernstlich noch niemand in der Sekundarstufe I, weshalb bis auf weiteres – nämlich bis zur 'Oberstufe' – die selbständige Befragung des Textes durch solche Fragenkataloge vorbereitet werden müsse.

Was ist nun aber das faktische Ergebnis dieser mittelfristigen Ausbildung zu Textverhör und Textbesprechung? Die mir vorliegenden Interpretationsaufsätze aus der Sekundarstufe II sind, als *Lehrzielkontrolle* eines Erwerbs der Fähigkeit kognitiver Textanalyse bei weitgehender Ausschaltung der Affekte, die Probe aufs Exempel. Eine Klausuraufgabe aus einem Grundkurs Deutsch, 2. Kurshalbjahr (also 12. Jahrgang) präsentiert Schülern, von denen im Gegensatz zu Zehntkläßlern bereits weitgehend selbständige Bearbeitung erwartet wird, Bichsels Geschichte mit drei Arbeitsaufträgen: (1.) Zusammenfassung, (2.) Bestimmung der Textsorte und (3.) Beurteilung des dargestellten Konflikts. Der zweite Auftrag – es ist ein Befehl – lautet: „Weisen Sie nach, daß es sich um eine Kurzgeschichte handelt! Berücksichtigen Sie dabei auch sprachlich-stilistische Auffälligkeiten!" Dem beiliegenden Erwartungshorizont ist zu entnehmen, was als Antwort auf diese Frage gilt:
(1) „kurzer, leicht überschaubarer und lesbarer Text mit sehr ernsthafter Problematik
(2) einfache, leicht verständliche Alltagssprache; überwiegend Hypotaxen, häufig durch 'und' verbunden; auffallend häufige Wiederholung einzelner Wörter oder ganzer Satzteile
(3) unvermitteltes Einsetzen ohne konkrete zeitliche und räumliche Einordnung

(4) Linearität der Handlung
(5) offener Schluß, der keine Lösung bietet, sondern den Leser zum Weiterdenken anregt
(6) Wirklichkeitsebene: Wiedergabe eines entscheidenden Lebensausschnittes, der sich in der Realität des Alltäglichen und des Jedermann abspielen kann
(7) Antiheld: Zentralfiguren sind einfache Leute mit Alltagssorgen, keine lebenstüchtigen Vorbilder
(8) Figuren werden zum Typischen verallgemeinert ('sie' = Vater und Mutter), selbst der Name 'Monika' ist austauschbar [!]
(9) Dialog verdeutlicht Kommunikationsschwierigkeiten"

Umgesetzt ist hier die curricular-didaktische Vorgabe des zufällig zuständigen Lehrplans: „Fähigkeit, Ausdrucksmittel und Intentionen epischer Kurzformen zu erfassen."[37] Es geht hier nicht darum, die literaturanalytische Kompetenz des Deutschlehrers zu bezweifeln, der diesen Erwartungshorizont erstellt hat. (Ich sehe jetzt davon ab, daß ich die Antithetik von Punkt 7 nicht verstehe.) Auch seine Schüler(innen) sind sicherlich mindestens guter Durchschnitt.[38] Ob einer der so Geprüften und für tauglich Befundenen allerdings Leerformeln wie „Kommunikationsschwierigkeiten" auf sich selber beziehen kann, ist fraglich. Aber selbst Schüler und Schülerinnen, die das ernstlich versuchen, laufen dabei Gefahr, nur eine Formel auf die Geschichte anzuwenden und zu übersehen, daß die Tochter den Eltern gegenüber durch ihr Verhalten ein *soziales Gefälle* aufbaut: Obwohl die Stellung eines „Bürofräuleins" sozial nicht objektiv dem des Arbeiters (Vaters) überlegen ist, dient dem Mädchen der 'feine' Unterschied als Mittel einer Selbstabgrenzung, die einem verbreiteten Wunsch ihres Alters entspricht. Die so entstandene Konstellation macht die Eltern hilflos – das heißt auch: sprachlos –, und das ist durch eine Formel wie „Kommunikationsschwierigkeiten" noch nicht beschrieben, geschweige denn erklärt. Mit anderen Worten: Ein nur scheinbar 'einfacher' Text wird durch eine solche Etikettierung verfehlt.

So zeigt sich an Textauswahl, Aufgabenstellung und Erwartungshorizont die Selektivität jeder Textwahrnehmung und die subjektive Bedingtheit jeder Interpretation. Dasselbe gilt für die zitierte Aufbereitung aus dem Lesebuch *Umgang mit Sprache 10.* Zudem scheint mir, daß dem Bearbeiter der zitierten Aufgaben die Trostlosigkeit der geschilderten Verhältnisse möglichst gar nicht zu Bewußtsein kommen soll – weil sie sich sonst als eigene Trostlosigkeit herausstellen könnte? Aber auf das affektive Potential der hier geforderten Textrezeption käme es doch gerade an. Otto Schober (1990) hat am Beispiel dieses Textes von Bichsel deutlich gemacht, wie eine „Förderung emotionellen Lernens" im Deutschunterricht möglich wäre.

„Die Kurzgeschichte ruft Erinnerungen an die Grundsituation der Lösung von Kindern aus dem Elternhaus wach, wie sie jedermann hat, überläßt aber die Wertung völlig dem Leser." (Schober 1990, 121)

Obwohl oder gerade weil natürlich nicht bei jedem Leser, jeder Leserin solche „Erinnerungen" in gleicher Weise abgerufen werden, führt ein Unterrichtsgespräch, das den Text mit den eigenen Erfahrungshorizonten zu vermitteln versucht, zu „impulsiven Meinungsäußerungen" und polarisiert die Schüler (vgl. ebd.): Heftige Kritik an der undankbaren Tochter prallt auf kämpferische Identifikation mit ihr. Während dergleichen im Unterrichtsgespräch häufig durchaus produktiv genutzt wird, liegt es schreibdidaktisch oft brach: Den Möglichkeiten emotionellen Lernens zum Trotz, die Schober (ebd.) ausführt, geht es, sobald Schüler sich schriftlich äußern sollen, fast ausschließlich um kognitives Lernen – um Erschließung, Analyse, Diskursivität. Symptomatisch dafür ist ein Schaubild aus *Umgang mit Sprache 10*, das – auf die Bichsel-Geschichte bezogen, jedoch allgemein angelegt – den Analysevorgang darstellen soll. Der *TEXT*, in einen Rahmen gesetzt, als sei er unantastbar, zentriert zwischen seinen inhaltlichen *(Ort, Zeit)* und formalen Bestimmungen *(Form, Stil)*, eingerahmt von seiner Struktur *(Personen, Sprache; Handlung, Erzählperspektive)*, wird von einem rechts sitzenden „Autor" mit „Aussage-Absicht" verfaßt und von einem links sitzenden, dem „Autor" zugewandten „Leser" auf seine „Wirkung" hin untersucht. Ein Pfeil führt vom Autor zum TEXT, ein weiterer von diesem zum Leser: Aktivitäten und „Absichten" sind ganz auf der Seite des Autors, also auf der linken Bildseite. Dagegen sieht sich der Leser in der Rolle *der „Wirkung" Erleidenden* (rechts) abgebildet. Daß aber der Rezeptionsvorgang keine 'Einbahnstraße' in diese Richtung ist und die Pfeile im Schaubild auch *umzukehren* wären, ist in der Rezeptionsästhetik inzwischen selbstverständlich; allenfalls ist (neuerdings) strittig, ob die Pfeile nicht überhaupt *nur* vom Leser zum Text und mittelbar zum Autor zu laufen hätten. (Scheffer 1992 würde sie so einzeichnen.)

Die Vorgänge und Verfahren einer solchen 'Einbahnstraßen'-Analyse vom Autor zum Leser ('Was will er mir sagen?') eignen sich besonders dort, wo sie aus formalen und stilistischen 'Merkmalen' auf 'Intentionen' rückschließen wollen, weniger dazu, den Text wirklich zu *erschließen,* als dazu, ihn „bis zu einem gewissen Grade zu 'entwirken'."[39] Der Textanalytiker turnt bravourös, aber nie ohne Netz. Dicht gewoben aus Abstraktion vom Detail (Zusammenfassung), Stil- und Formdeskription und Fiktion eines neutralen, der nüchternen Beurteilung allzeit fähigen (Be-)Richters, verhindert dieses Netz den Absturz des jungen Lesers (Schober, ebd.: „bereits mit der Aufstellung eines eigenen Lebensplanes befaßt") in die Tiefe von Affekten, die durch Assoziationen mit eigenen Lebensumständen eventuell wachgerufen werden könnten. *Dialog verdeutlicht Kommunikationsschwierigkeiten. Stop.*

2.3 Zusammenhanglosigkeit des Besprechens: ein „Textanalyseaufsatz" zum Beispiel (Klasse 9)

„Wolfgang Borchert hat seine Kurzgeschichte [Nachts schlafen die Ratten doch] *knapp verfaßt. Damit bringt er nur das wichtigste, oder das, was für ihn wichtig erscheint. Er verwendet einen ernsten Stoff um auf die Problematik des zweiten Weltkrieges einzugehen. Er zeigt so dem Leser die schlimme Lage, in der sich die Menschen damals befanden. Die Handlung der Kurzgeschichte findet auf einem kleinen Raum, nämlich der Mauer eines zerbombten Hauses, statt. Er zeigt hier wieder die Hoffnungslosigkeit des zweiten Weltkrieges, und daß alles in Trümmern lag. Es sind nur zwei Personen, ein Junge und ein Mann, am Geschehen beteiligt. Die Personen selbst sind einfache Menschen. So kann sich jeder in die Rolle einer dieser beiden gut hineinversetzen. Er will erreichen, daß der Leser merkt, daß auch er einmal in eine solche Situation kommen kann. Mit dem offenen Schluß will er den Lesern Anstoß geben, über die Geschichte und die Problematik des zweiten Weltkrieges nachzudenken."*

Texte dieser Art kennt jeder Deutschlehrer: Nein, das ist *nicht* die Transkription von etwas in Konfusion oder Aufregung Gesprochenem; es ist auch nicht die Leistung einer schriftsprachlich besonders unbeholfenen Schülerin, vielmehr die *beste Arbeit aus einer 9. Klasse*. Aufgabe war die Analyse eines poetischen – gemeint ist: eines fiktionalen – Textes. („Poetische Textanalyse" heißt das gelegentlich in sehr irreführender Abkürzung; poetisch ist solches Schreiben am allerwenigsten.) Die Lehrerin, die die Aufgabe gestellt und die Arbeiten korrigiert hat, gehört zu den gründlich Korrigierenden und moderat Benotenden unter den 34 Fachkollegen.[40] Was also ist hier los? Kann eine etwa Fünfzehnjährige von vermutlich mindestens durchschnittlicher Intelligenz keinen Text zustandebringen, der wenigstens kohäsiv ist (also 'rein grammatisch' zusammenhängend), wenn schon nicht durchweg kohärent (also inhaltlich zusammenhängend)? Wer nur diesen Aufsatz läse und sonst nichts wüßte, könnte gerade so viel schließen, daß hier ein Stück Literatur *besprochen wird;* aber was die Verfasserin sagen will, bleibt undeutlich. Das Besprechen selber – auch nachdem die Lehrerin mit ihren hier nicht wiedergegebenen Eingriffen viel Mühe darauf verwendet hat, wenigstens durchweg Kohäsion herzustellen – jedenfalls inkohärent. Das fällt ihr aber gar nicht auf. Sie lobt gerade den hier zitierten Textteil („fast tadelfrei beantwortet") und findet den Aufsatz insgesamt „gut".

Das ist ein charakteristischer, durchaus nicht extremer Fall, und es geht mir hier auch nicht darum, die Lehrerin der Blindheit zu bezichtigen. Wir alle sind lange Zeit in diesem Sinn blind gewesen. Die Schülerin hat ausschließlich die 'Fragen zum Text' beantwortet, und die Lehrerin hat vornehmlich darauf geachtet, daß diese Antworten das Verlangte liefern, ohne dabei etwas 'Falsches' zu behaupten. Das 'Wie' dieser Antworten mag sie auch nicht ganz befriedigt haben – schließlich gibt sie kein „Sehr gut" –, aber ins Gewicht fällt dieses 'Wie' nicht.

Die Erklärung für das in vieler Hinsicht verunglückte Textprodukt also ist: *Schreiberin und Leserin starren auf den Text von Borchert und sehen dabei den Aufsatz-Text nicht,* jedenfalls nicht als Text, sondern nur als Addition mehr oder weniger bündiger Antworten auf Fragen, die darin nicht explizit vorkommen müssen, denn die einzige Leserin kennt sie – sie hat sie schließlich gestellt – und die Schreiberin kennt sie auch – sie hat sie schließlich beantwortet. Die Aufgabe lautete im Ganzen:
1. „Schreibe eine Inhaltsangabe.
2. Untersuche den Text auf Vorhandensein und Funktion von Kurzgeschichten-Merkmalen (5 Beispiele)!
3. Erarbeite folgende Fragen am Text (Belege!):
 - Wie verhält sich der Mann Jürgen gegenüber?
 - Weshalb ist die Kurzgeschichte typisch für Borcherts Dichtung (Zeitgeschichte)?"

Das oben Zitierte ist die vollständige Bearbeitung der Teilaufgabe 2. Den inneren Zusammenhang – also *Kohärenz* – zwischen den drei 'Antworten' hätte die Schülerin selbst herzustellen, aber weder sie noch jemand anderer aus der Klasse hat das zufriedenstellend gekonnt. Daß die Lehrerin diese Tatsache offenbar nicht zur Richtschnur ihrer Bewertungen macht, spricht für sie: Sie dürfte zumindest ahnen, daß es auch einem Dozenten der Literaturwissenschaft gar nicht leicht fiele, die „Kurzgeschichtenmerkmale" *zwingend* auf den dargestellten Konflikt zu beziehen und beides noch epochentypisch zu finden. (Das oben in *Tafel 2* aufgelistete Programm kognitiver Operationen am Text wäre dazu abzuarbeiten, bis hin zum *Subsumieren.*) Deutschlehrer erteilen solche Arbeitsaufträge, weil die zugehörigen Lösungen in Prüfungsaufsätzen zur „Textanalyse" gut nachprüf- und bewertbar sind. Früheren Erfahrungen zum Trotz hoffen sie, ihre Fragen diesmal geschickt genug gewählt zu haben, um die Schüler zu einem kohäsiven und kohärenten, also in jeder Hinsicht zusammenhängenden Text sanft zu zwingen. Im Unterrichtsgespräch ist so etwas möglich, auch gelegentlich ratsam; schriftsprachlich jedoch pflegt es, wie auch eigene Erfahrung mich lehrt, eines ums andere Mal mehr oder weniger zu mißlingen. Was in *Tafel 2* „Vorbereiten", „Organisieren" und „Steuern" von Textwahrnehmung heißt, das besorgt ja in solchen Analyseaufgaben der Lehrer schon im Voraus. Der Bearbeiter soll die Interpretation des so Wahrgenommenen leisten und kann es dann eben oft genug nicht; er selber hätte vielleicht ganz andere Dinge am Text wahrgenommen als „5 Kurzgeschichten-Merkmale". *Was* er wahrgenommen hätte, das wird, wenn die Wahrnehmung einmal gesteuert ist, weder er selber noch der Leser je erfahren.

Genau hier an der Nahtstelle zwischen 'mittelstufentypischen' Aufgaben der Inhaltswiedergabe und -erschließung durch gezielte Einzelfragen und 'oberstufentypischer' Interpretation beginnt das Abarbeiten sogenannter 'Fragen zum Text', die oft genug nicht die Fragen sind, die der Schüler-Leser selbst stellen würde, wäre er der Agent seines eigenen Lernprozesses. Und gleichzeitig tendiert von hier an die Schreibdidaktik der Sekundarstufen zur Blindheit gegenüber Form und Gestalt: Man sieht nicht mehr genau hin auf die Schüleraufsätze *als Texte* (ihre Eleganz oder Plumpheit), denn angeblich viel wichtiger sind Kenntnisse zur Literaturgeschichte und Methoden der Analyse ihrer Gegenstände.

Was herauskommt, sind tatsächlich *Textverhöre:* Wie bei einem Verhör ist wichtig, was man erfährt; daß es in Einzelsätzen formuliert, sozusagen schriftlich gestammelt ist, spielt keine Rolle. Der Verhörende kann sich ja seinen Reim darauf machen und im eigenen Kopf den Zusammenhang herstellen, den das Verhörsopfer schuldig bleibt. Und genau das hat die Lehrerin hier getan; es ist ihr „gut" gelungen.

- Methodische Alternativen zur Textanalyse am Beispiel der Borchert-Geschichte finden sich in Kapitel III, S. 155.

2.4 Zusammenhanglosigkeit der Beobachtungen am Text: Schülerarbeiten über Eichendorffs „Sehnsucht" (Klasse 13)

Eichendorffs Gedicht „Sehnsucht" von 1834, das in drei Klassensätzen behandelt wird, bietet sich deshalb als Gegenstand einer vergleichenden Untersuchung an. Die 'fortgeschrittenste' Behandlung dieser Vorlage würde man in der Leistungskurs-Aufgabe aus dem 3. Kurshalbjahr (also Jahrgangsstufe 13) erwarten, wo der Text im Vergleich mit Benns „Reisen" und alternativ zur Analyse einer Rede sowie zu einem Erörterungsthema angeboten war. Wie schwer sich auch – oder gerade? – nach 12 Jahren Deutschunterricht Schüler und Schülerinnen mit der Besprechung poetischer Texte tun, mag sich darin zeigen, daß von sechzehn elf die Rede, drei die Erörterung und *nur zwei* das Gedicht gewählt haben. – Was tun diese zwei oben erwähnten Leistungskursteilnehmer, die als einzige nicht eines der anderen Themen vorgezogen haben, mit dem Gedicht? Ich zitiere zunächst aus den umfangreichen und gründlichen Schlußbemerkungen des Lehrers (Nr. 30 in meiner Tabelle):
   (a) „Da eine Interpretation eine durchaus kreative Tätigkeit ist, erscheint es unangemessen, sie mit der Auflistung von formalen Elementen zu beginnen; zudem bekommen formale Elemente nur ihren Sinn in ihrem inhaltlichen Bezug. – Man muß sich bei einer Interpretation weiterhin fragen, welche Untersuchungsbereiche aussagekräftig sind und welche nicht. So scheint in vorliegendem Fall die Untersuchung der Metrik den Aufwand nicht zu lohnen."
   (b) „Eine Interpretation ist eine durchaus schöpferische Tätigkeit, die als solche nach einer passenden Gestaltung verlangt. Von daher ist es nicht

sehr vielversprechend, wenn diese Interpretation mit der trockenen Aufzählung von Formalia beginnt. Zudem muß man feststellen, daß formale Elemente ihre Bedeutung nur in Zusammenhang mit dem Inhalt bekommen."

Zweimal umschreibt dieser Lehrer fast mit denselben Worten sein Unbehagen an dem, was in den Schülerinnentexten geschieht: Ausufernde Formbeschreibungen, die den Nachweis ihrer Nützlichkeit schuldig bleiben, und eine Deutung, die sich auf mehrmaliges Festhalten angeblicher oder wirklich 'typisch' romantischer Stilmittel und Motive beschränkt. *Diese* Beschreibung und *diese* Deutung aufeinander zu beziehen, so wie der Lehrer es fordert, kann da nicht gelingen. Erst recht nicht gelingen kann jene kreative Gestaltung, die ihm, dem Leistungskurs-Leiter, als Ideal eines „Sehnsucht" besprechenden Textes vorschwebt.

Dies ist das dürftige Ergebnis einer seit Jahrgangsstufe 9 eingeübten Praxis textanalytischen Schreibens. Nicht nur scheinen Realität und Ideal des Lehrers auseinanderzuklaffen, sondern auch Intention und faktisches Ergebnis auf Seiten der Schülerinnen. Wie sich die Realität in der Praxis darstellt, wenn man sie durch mehr als zwei Einzelbeispiele belegen kann (die ja leicht untypisch sein könnten) und wenn überdies die Lehrer – als Grundkurs-Leiter – weniger hochgesteckte Ideale haben, will ich an den anderen beiden Klassensätzen demonstrieren, die sich mit „Sehnsucht" befassen.

„In dem Gedicht 'Sehnsucht' von Joseph von Eichendorff geht es um die Sehnsucht nach dem Reisen und Erleben. Ein Mensch steht in einer Sommernacht am Fenster. Er hört in der Ferne zuerst das Posthorn einer vorbeifahrenden Kutsche, dann das Lied von zwei Wanderern. Er wünscht sich innerlich, auch mitreisen zu können.
Das Gedicht ist in drei Strophen mit je acht Versen untergliedert. ..."

So beginnt Cornelia, die in eine 13. Klasse geht und sich aufs Abitur vorbereitet, ihre Interpretation. Pflichtschuldigst wendet sie sich, nachdem sie den zitierten Einleitungssatz hinter sich hat, einer Formbeschreibung zu, die einen Absatz später genauso unvermittelt, wie sie begonnen hat, wieder abbricht. Der dann folgende Absatz nämlich beginnt so: „In der ersten Strophe steht das lyrische Ich einsam in einer Sommernacht am Fenster." Die *Wiederholung* macht es deutlich: Cornelia setzt ihre Textbesprechung einfach dort fort, wo sie sie unterbrochen hat, um das einzuschieben, was das Ritual verlangt. Beides macht ihren Text nicht besser: weder die Wiederholung *(Das haben Sie schon gesagt!)* noch die unvermittelbare Formbeschreibung. Denn daß es sich um Daktylen handelt, erscheint im Fortgang des Aufsatzes als belanglose Beobachtung. Stattdessen ist zu verfolgen, wie sich Cornelia im Lauf der nächsten zwei Seiten ihren eigenen „Privattext" (vgl. oben S. 16) erschreibt:
„Die Person muß irgendwie am Reisen verhindert sein und bedauert das. Sie weiß, daß das Lebensende nahe ist und möchte nur noch einmal aus der

gewohnten Umgebung heraus. Der Seufzer „ach" kommt aus tiefstem Herzen. Gleichzeitig zeigt er aber auch, daß sich der Mensch trotz dieser gewaltigen Sehnsucht, die sogar sein Herz entbrennt, mit seinem Schicksal abfindet. Der Autor verwendet hauptsächlich hypotaktischen Satzbau mit vielen Inversionen. ..."

Das ist der Formbeschreibung zweite Folge: Widerwillig läßt Cornelia von dem ab, was der Lehrer am Rand mißbilligend „Spekulation" nennt, und was sie ganz offenbar braucht, um sich den Text zurechtzudenken. Im späten 20. Jahrhundert muß, wer hierzulande seine Sehnsucht nach Ferne und Erfahrung nicht mehrmals jährlich befriedigt, am Reisen „irgendwie verhindert" sein, und da wiederum fällt der Leserin nichts Triftigeres ein als hohes Alter, Gebrechlichkeit, Krankheit. Daß sie damit ziemlich weit am romantischen Problemkern vorbeischießt, ist gar keine Frage; und der Lehrer, der sich nur den Maßstab der Textadäquatheit zurechtgelegt hat, wenn er mit dem Korrigieren und Bewerten beginnt, kann denn auch nichts anderes tun, als wiederholt zu mahnen: „Spekulation!"

Dabei hat Cornelias „Spekulation" aber den Vorzug, sozusagen den Weg erkennen zu lassen, auf dem sie gekommen ist. Ein Gegenbeispiel zeigt das sehr gut: Wenn Cornelias Mitschülerin Paula abschließend behauptet, daß „Eichendorff den Menschen zu einer bestimmten schicksalsbedingten Situation verdammt", so hat sie nicht – wie Cornelia – ihre Mutmaßung ('Die Person muß irgendwie ...') verbalisiert, sondern stillschweigend in einer Abstraktion versteckt. Der Lehrertext vermerkt hierzu hilflos: „unklar". „Spekulationen" liegen hier wie da vor, und sie *auszuschreiben,* würde die Verständigung über Rezeptionsvoraussetzungen (Warum will/ kann da einer nicht reisen?) erleichtern. Wer die Verbalisierung von „Spekulationen" verbietet, erschwert diese Verständigung.

Einen Maßstab für die *Leser*adäquatheit dieser Textbesprechung hat der Deutschlehrer nicht. Das soll heißen: Cornelia kann, Paula könnte die Eichendorffsche Sehnsucht nur aus ihren eigenen Erfahrungen heraus verstehen, oder eben gar nicht. Diese „Aufsätze" müßten allererst das beschreiben dürfen, was den Verfasser(inne)n Ferne und Reisen bedeuten; sie müßten sich schreibend darüber klar werden, daß *bereiste* Ferne sozusagen ihren Fernecharakter verliert. Es geht gerade nicht um ein physisches Verhindert-Sein, sondern um einen Versuch des lyrischen Ichs, sich die Ferne (dichtend) zu *erhalten,* weil es sie braucht, und zwar als Projektionsfläche für das Ausmalen einer besseren Welt *und* als Vehikel der „Gemütserregung".

Cornelia nun, zwischen Wollen und Sollen hin- und hergerissen, kann weder ihrem Interesse folgen, einen eigenen „Privattext" zu Papier zu bringen, der sich der angedeuteten Problematik zwar nur langsam annähern könnte, aber doch genau das vielleicht am Ende tun würde. Anderseits kann sie sich jedoch auch nicht mit der verlangten sachlichen Form- und Stildeskription anfreunden. Ihr Versuch, das eine zu tun und das andere nicht zu lassen, endet in unfreiwilliger Komik. („Die Nacht verklärt und verzaubert alles. Auch hier sind viele Inversionen zu finden.") Wirklich zusammenbringen jedenfalls kann sie beides mit ihren Mitteln nicht; und eine Durchsicht des ganzen Klassensatzes zeigt, daß sie damit nicht die Ausnahme ist, sondern die Regel. (Daß ihr der Lehrer am Ende „noch" eine Zwei gibt, bestätigt das.) Als Klammer, die das Inkohärente zusammenhält, dient ihr am Schluß die Einordnung in die Epoche: „Dieses Gedicht gehört zur Lyrik der Romantik. Es werden Bilder der Natur geschildert, die erst entschlüsselt werden müssen. Die Realität ist völlig unwichtig, denn nur das Gefühl herrscht vor, es verabsolutiert sich." Dieses Resümee macht ratlos: Eigentlich falsch ist es nicht, das festzustellen, aber eine Erschließung gerade dieses Gedichts wird dadurch weder befördert noch angezeigt. Über jedes andere „romantische" Gedicht könne man dasselbe schreiben, und genau das geschieht erfahrungsgemäß.

Der so gestiftete Zusammenhang jedenfalls bleibt äußerlich. *Kohäsiv* sind Schülertexte auf dieser Stufe in der Regel, aber nicht unbedingt kohärent. Weil Cornelia wußte, daß sie sich mit *ihren* „Gefühlen" aus der Textbesprechung möglichst herauszuhalten hat, versuchte sie gar nicht erst, sich durch die Eichendorffsche Rede von der Ferne *anmuten* zu lassen. Sie bemühte sich vielmehr, durch ihren Text eine scheinbare „Erkenntnis" auszudrücken und abzusichern, die schon vorher da war und nur noch bestätigt werden sollte ('aha, das ist ein romantischer Text'). Die Inkohärenz von Cornelias Text ist *nicht* Folge ihrer Unfähigkeit zu jener „geschlossenen Gesamtdarstellung", die der Lehrer ausdrücklich auf seinem Arbeitsblatt fordert, denn diese Unfähigkeit müßte er konsequenterweise in seinem abschließenden Urteil vermerken und dürfte dann keine Zwei geben. Vielmehr verhält es sich so, daß Cornelia nicht recht weiß, was sie „geschlossen" darstellen soll. Das könnte, diesseits einer literaturwissenschaftlichen Interpretation, die fast alle wichtigen Themen der Romantik aufzunehmen hätte, eigentlich nur eines sein: *die Beziehung zwischen diesem Text und dieser Leserin.*

Daß der Zusammenhalt des Textes äußerlich bleibt, ist eine allgemeine Beobachtung. Auch dort, wo Besprechung und Formbeschreibung nicht so eklatant unvermittelt sind wie in Cornelias Sätzen und Absätzen, merkt man die Verlegenheit: „Auch durch die sprachliche Gestaltung wird der Inhalt verdeutlicht" (Kirstin). Vor „Gestaltung" fügt sie nachträglich ein: „und formale". Sie will, heißt das doch, die leidige Angelegenheit *auf einmal* erledigen; Stil und Form müssen erwähnt werden, sie werden es „auch". Wodurch aber wird denn ein „Inhalt" *noch* verdeutlicht? Diese Frage der Schülerin Kirstin zu stellen, ist unfair. Man muß sie den Deutschlehrern insgesamt und mehr noch den Autoren von Lehrbüchern, Lehrplänen, Handreichungen stellen, die davon ausgehen, daß es prinzipiell immer einen Schlußfolgerungsweg von der „Form" auf den „Gehalt", von der „Sprache" auf den „Sinn" gebe, und daß es deshalb richtig sei, Schüler auf diesen Weg zu schicken, auch wenn sie so gut wie nie ans Ziel gelangen. „Formale Beobachtungen" – schreibt der Deutschlehrer unter den Aufsatz von Gregor, der es unterläßt, solche „auch"-Formeln zu benutzen – sollten Sie stärker der inhaltlichen Ausdeutung dienstbar machen." Aber wo jemand (etwa Chris) das versucht, ist dem Lehrer sichtbar unwohl: „Das Stilmittel der Inversion wird zur Hervorhebung der stilistischen Kunstsprache verwendet", schreibt der Schüler; „einfache schlichte Wortwahl des Volkslieds" der Lehrer dazu. Einerseits werden die Schüler aufgefordert, Absichtlichkeit von „Form" und „Stil" überall zu suchen; andererseits meldet sich dann, wenn sie prompt gefunden und folglich von „Kunstsprache" die Rede ist, das philologische Gewissen des Lehrers (Interpretation ja, Überinterpretation nein; wo das 'Nein' beginnt, weiß aber nur der Lehrer). „Auffallende sprachliche Mittel sind wenig zu finden", konstatiert hilflos Mark und meint damit: Ich kann diese Absichtlichkeit, die der Deutschlehrer unterstellt, an nichts Konkretem *festmachen;* ich weiß nicht, wie diese Unterstellung sprachlich funktionieren soll. Er versucht es dann gleichwohl und scheitert: Wo der Autor „Wasser" und „Fels" personifiziere, sei „eine Bemerkenswertheit der Wortwahl erkennbar". An solchen unbeholfenen Versuchen, die Ansprüche textanalytischen Schreibens einzulösen, wird das Dilemma sehr deutlich. Mark bekommt „noch" eine Vier und außerdem mitgeteilt: „Die formalen Beobachtungen (teilweise inkorrekt) überwuchern in Ihren Ausführungen die Deutung der inhaltlichen Aussagen [...] Achten Sie in besonderer Weise auf eine zusammenhängende Darstellung!"

Cornelias Arbeit war die zweitbeste, Marks Arbeit die zweitschlechteste: Für eine Abiturklasse ist das insgesamt ein erstaunlich dürftiges Ergebnis. Eine Fülle mehr oder weniger scharfsinniger Einzelbeobachtungen zu „Form", „Stil" und „Gehalt" dieses Gedichts werden nach- und durcheinander 'irgendwie' zu Papier gebracht. Jahrelanges 'Fragenbeantworten' in der Sekundarstufe I befähigt nun viele nicht zu etwas textstilistisch Besserem. Der Textvorlage gerecht werden viele der Aufsätze dabei durchaus – aber nur in dem Sinn, daß nichts offensichtlich Falsches oder philologisch Abwegiges über sie behauptet wird und daß man die 'richtige' Epoche nennt. Dabei könnte auch das philologisch in diesem Fall Naheliegende zu einer Thematisierung von Leseinteressen führen. „Das Gedicht verwirklicht auch strukturell seinen Inhalt: Entgrenzung": So lautet ein literaturwissenschaftlicher Befund, zusammengefaßt für Schülerhand.[41] Entgrenzungssehnsüchte zu evozieren und verbalisierbar zu machen, wäre gerade bei 18jährigen ein lohnendes Ziel im Umgang mit diesem Gedicht: „Es öffnet Raum, gewinnt Ferne, schafft Welt"[42]- stellvertretend nicht nur für das lyrische Ich, sondern vielleicht auch für den jungen Leser von heute.

Aber die „Sehnsucht" bleibt in den zitierten Aufsätzen die des lyrischen Sprechers, wenn nicht gar ganz platt *Eichendorffs* Sehnsucht. Sehnsüchte der Schüler und Schülerinnen haben nichts mit ihr zu tun. Dabei könnte doch jener vom Lehrer immer wieder angemahnte „Zusammenhang" der Darstellung nur ein *Zusammenhang von Text und Leser* sein.

Dazu müßten die jungen Schreiber und Schreiberinnen eigene Assoziatonen verbalisieren, eigene Bilder finden. Wie das aussehen könnte, zeigen vage zwei Schüler, die immerhin vereinzelt gegen eine Norm textbesprechenden Schreibens verstoßen und zaghaft einen 'nicht-diskursiven' Zugang erproben:
- Oswald schreibt: „*Eichendorffs Gedicht ist in die Epoche der Romantik einzuorden. Gefühle werden vom Dichter verabsolutiert. Die Natur ist der Anlaß für Gefühle. Der Dichter bringt wie Tasten beim Anschlagen die Natur zum Klingen („Wälder rauschen", Z. 14; „Brunnen rauschen verschlafen", Z. 23).*
- Und Valentin: „*Die Schönheit einer Naturlandschaft wird hier Anlaß zum Gefühl. Der Dichter benutzt die Naturdinge wie Tasten, die er zum Klingen bringt.*"

Daß dieselbe Metapher in zwei Aufsätzen auftaucht, wird vom Lehrer nicht kommentiert (vielleicht handelt es sich ja um eine vorher im Unterrichtsgespräch benutzte Metapher). Immerhin: Auch wenn strenggenommen nicht eine Taste, sondern mit ihrer Hilfe *das Instrument* zum Klingen gebracht wird, ist das kein schlechtes Bild für Eichendorffs „Gemütserregungskunst". In der Hoffnung, daß nicht auch diese Metapher (wie offensichtlich die häufig wiederkehrende *Verabsolutierung des Gefühls*) zu jenem eilig angeeigneten Wissen gehört, von dem der schon zitierte Aufsatz von Malsch (1987) spricht, sondern von einem Schüler – gleich von welchem, gleich wann – gefunden worden ist, meine ich: Das Finden oder Erfinden von Metaphern für Textwirkungen könnte ein 'divergenter' Ausweg aus der Abseitsfalle der Inkohärenz werden, durch die sich konvergentes Schreiben über Texte auszeichnet. Statt 'Der Text ist ...' wäre dann beispielsweise zu beginnen: 'Der Text ist (für mich) wie ein umgedrehtes Fernglas: Alles wirkt gestochen scharf, aber ganz weit weg ...'. Und was für Texte im Ganzen gilt, das gilt auch für einzelne Sätze, für Metaphern oder Figuren. Warum sollte man nicht wenigstens gelegentlich *wild vergleichen* statt diszipliniert beschreiben? Die Literaturkritik 'darf' es ja auch.
- Methodische Alternativen zur Textanalyse am Beispiel von „Sehnsucht" finden sich in Kapitel III, S. 155. Literaturkritisches Schreiben wird ebd., S. 136 ff vorgestellt.

2.5 Die Leser sind immer die anderen: Schülerarbeiten über „Die Tochter" (Klasse 12)

„*Der offene Schluß trägt dazu bei daß sich der Leser mit einem Ausschnitt des wirklichen Lebens auseinandersetzen muß. Ihm wird keine fertige Lösung des Problems angeboten, sondern er muß sie selbst suchen.*"
Zu diesem Schluß kommt Barbara in ihrer Antwort auf die oben (S. 87) zitierte zweite Frage einer Klausuraufgabe über Bichsels „Die Tochter". Ein Schluß ist es buchstäblich – nämlich das Ende des verlangten Nachweises, „daß es sich um eine Kurzgeschichte handelt" (Aufgabenblatt, wie zitiert). Daß sie solche Behauptungen bezüglich dessen, was der Text mit „dem Leser" tut, auf sich selbst beziehen könnte oder müßte, kommt Barbara nicht in den Sinn. Gefragt worden ist sie auch nur nach relevanten Kurzgeschichten-'Merkmalen', und der „offene Schluß" – falls man hier von einem solchen sprechen will – gehört unstreitig dazu. Auf ihn hin konvergieren Barbaras Argumente; alles andere wäre divergent – etwa die Frage, was *ich* an Stelle der Tochter denn täte. Welche Lösung man *fände,* wenn man selbst suchte (Auszug der Tochter? Aussprache? Gang zum Familientherapeuten?), ist also für die Verfasserin ebensowenig ein Problem wie für die Lehrerin. Diese akzeptiert in ihrer ansonsten mit Marginalien nicht geizenden und mit „befriedigend" bewertenden Korrektur diese Stelle ohne jeden Kommentar. Daß von „dem Leser" gesprochen wird, als sei das ein anonymer Dritter – als seien nicht die einzig greifbaren Leser in diesem Fall Barbara und ihre Lehrerin! – ist symptomatisch: Beide mir vorliegende Klassensätzen, in denen dieselbe Aufgabe von zwei verschiedenen Lehrern offenbar kooperativ und parallel gestellt wurde,[43] enthalten erheblich mehr Beispiele für diese seltsame Rede vom anonymen Leser, als hier zitiert werden können. Ein Vergleich der Schülerformulierungen, die wie diejenige Barbaras der Interpretation des Befundes 'offener Schluß' dienen (sollen), zeigt: Die mit Abstand am häufigsten gebrauchte Formulierung lautet, *daß dieser Schluß den Leser zum Nachdenken anregen soll.* Und beide Korrektoren lassen das gelten. Was solches Nachdenken ergäbe, ist ihrem Aufgabenverständnis zufolge nicht Gegenstand der hier geforderten Struktur- und Gattungsanalyse. Entsprechende Überlegungen würden ja nicht auf „Sprache und Stil" hin, konvergieren. Deren „genauere Untersuchung" wird jedoch insbesondere von Lehrerin 32 wiederholt bei Bearbeitungen der zweiten Aufgabe am Rand verlangt. Wenn sich ein „Nachdenken" über die von Bichsels Text präsentierte Situation überhaupt andeutet, so an anderer Stelle und nicht vermittelt mit dem Besprechungsgegenstand 'offener Schluß' – nämlich dort, wo die Schreiber die erste Aufgabe lösen wollen, indem sie den Text so zusammenfassen, „daß die darin enthaltene Problematik deutlich wird". Und hier kommt es ausnahmsweise vor, daß die Maßstäbe der Korrektorin aus einer positiven Korrekturhandlung deutlich werden. „Gute Zusammenfassung der Intention des Autors", bekommt Carina bescheinigt. Sie hat geschrieben:

„Der Autor des Textes will also dem Leser verdeutlichen, welche Konflikte sich aus dem Erwachsenwerden eines Kindes für die Eltern und das Kind ergeben. Er will falsches Verhalten von beiden Seiten darlegen und zu besserem Verhalten aufrufen. Weiterhin will er zeigen wie schwierig diese Zeit, die auf jeden Jugendlichen und alle Eltern einmal zu kommt, für beide sein kann und damit das Verstehen des Verhaltens beider Seiten fördern."

Daß die psychosoziale Diagnose, die in Bichsels Figurenarrangement steckt, für Lehrer und Schülerinnen im toten Winkel ihrer Optik liegt – wie oben vermutete wurde –, bestätigt sich hier: *Worüber* ein „Nachdenken" hier provoziert werden soll, wird überhaupt in keinem Aufsatz gesagt. Die einander zum Verwechseln ähnlichen Textverhörsfragen nach den „Intentionen" eines Autors ergeben einander zum Verwechseln ähnliche Antworten. So schreibt Sandra, die Formelhaftigkeit dieses 'Interpretationsergebnisses' unbewußt karikierend: „Der/Die Leser/in wird im Unklaren gelassen und zum Nachdenken angeregt." „Zum Nachdenken anregen" – übrigens auch von Carina sozusagen vorsichtshalber noch vorgebracht – ist die einfachste Lösungsformel für das unlösbare Problem, einem Schriftsteller überhaupt *Absichten* unterstellen zu wollen oder zu sollen. Aber es ist eine nichtssagende 'Lösung': Ihr Argument ist genau genommen die pauschale Beförderung von Nachdenklichkeit als Fortsetzung einer gescheiterten Aufklärung. Wer so argumentiert, unterstellt eine moralisierende Grundhaltung, an deren Berechtigung ich schon Zweifel habe, was Bichsel betrifft – ganz zu schweigen von anderen inzwischen beliebten 'Lesebuch-Autoren' wie beispielsweise Kafka: Oft beteuern Schüler und Studenten, „Schwierigkeiten" mit ihm zu haben – solange, bis man ihnen jenes dauernde Unterstellenwollen ausgeredet hat, das meines Erachtens die Ursache dieser Schwierigkeiten ist.
Die mehr oder weniger direkte Lehrerfrage nach der Intentionalität fiktionaler Texte im Ganzen[44] oder bestimmter Aspekte ihrer stilistischen Verfaßtheit im einzelnen (Wortwahl, Satzbau, Dialogführung, Schluß, etc.) bedeutet für die meisten Schüler innerhalb der schon erwähnten globalen Aufforderung zum Textverhör – mit seinem Zwang zu Antworten auch um den Preis ihrer Trivialität[45] – noch einmal eine spezifische Anstiftung zum moralisierenden Lesen. Der Autor hat „dem Leser" etwas „beibringen" zu wollen (Diana). Im Fall dieser Textvorlage ist es in der Regel jene auch im zitierten Erwartungshorizont der beiden Lehrer als *ultima ratio* fungierende Botschaft von der gestörten Kommunikation. Ich beschränke mich auf einen charakteristischen, unfreillig komischen Beleg (es handelt sich um den Schluß eines mit „befriedigend" bewerteten Aufsatzes):

„Da die Personen in dieser Kurzgeschichte austauschbar sind, d.h. die Thematik verallgemeinert werden kann, kann man der Problematik Ursprung auch im Allgemeinen suchen. Hierbei hat der Autor sicherlich die Absicht, die Entwicklung der Gesellschaft zu ihrem jetzigen Zustand zu kritisieren, die die Schuld trägt an solchen Einzelfällen: die Verkümmerung der Gefühle, der tieferen Werte, die Unfähigkeit zur Kommunikation."

Hier bringt eine Leserin dem Text etwas bei, nicht umgekehrt; und sie tut es offenbar durchaus mit Billigung der Deutschlehrerin.[46] Das Resultat ist geradezu eine *De-Konkretisation,* und dies nicht nur – freilich auch – in der erwähnten sozialpolitischen Hinsicht: Bichsels Kürzestgeschichte wird bis zur Banalität verallgemeinert, die von ihm präsentierte Situation zu einem von „solchen Einzelfällen" gemacht. Eine globale und inkonkrete Klage über den allgemeinen Verfall der Fähigkeit zu Verständigung und Empathie scheint das zu sein, was dieses Textbesprechen aus der Distanz eigentlich ergeben soll. Dieser 'thematischen' Entrückung ins Allgemeine entspricht die 'formale' Entrückung, die durch die durch die zweite Aufgabe (Einordnung in eine Gattungstradition) bewirkt wird. Die Mehrheit der Schreiber in beiden Klassensätzen will hier „an vielen Merkmalen beweisen" (um stellvertretend ein Beispiel zu zitieren), „daß es sich um eine Kurzgeschichte handelt". Was aber folgt daraus? Die wenigsten literarischen Gattungen mit halbwegs definierbaren Konturen lassen, hat man sie „nachgewiesen", bereits Schlüsse zu auf die verhandelte Thematik oder gar die damit verbundene „Intention". (Beim Sonett ist bedingt das Erstere, bei der Parodie/Travestie unbedingt das Letzere möglich; aber das sind Ausnahmen.) Die noch so gut abgesicherte Feststellung, daß hier eine Kurzgeschichte vorliegt, sagt uns am Ende nicht mehr, als daß der Verfasser die 'Merkmale' der Kurzgeschichte im Kopf hat.

Jene „genauere" Besprechung von „Sprache und Stil", auf der beide Korrektoren gerade in den als schwächer bewerteten Aufsätzen marginal oder im Schlußurteil bestehen, erfreut sich wohl deshalb solcher Wertschätzung, weil sie es am ehesten erlaubt, eine *Fiktion* aufrechtzuerhalten: *Die Leser sind immer die andern.* Erwünscht sind 'objektive' Aussagen über den Text, nicht 'subjektive' Aussagen über den Akt seiner Lektüre durch einen Leser, der gleichzeitig Schreiber ist. Nicht, was *ich* gelesen habe und jetzt beschreiben will, ist Gegenstand der interpretierenden Besprechung, sondern wie der Text unabhängig vom Leser beschaffen, einzuordnen, zu 'verstehen' ist.

Wie verstehen die Schüler aber wirklich, und in welchem Sinn verstehen sie überhaupt, was sie da besprechen? Ein Beispiel soll abschließend zeigen, was durch die Rede von „dem Leser" und seinem angeregten Nachdenken einerseits und „dem Text" und seinem gattungskonformen „Stil" andererseits in den Untergrund der Textlektüre abgedrängt und gerade aus den 'besseren' Schülertexten herausgehalten wird. Man könnte es hereinnehmen, wenn man die Frage nach der Autorintention – die strenggenommen sowieso niemand beantworten kann – bleiben ließe zugunsten einer Frage nach der *Leserintention:* In welcher Absicht hast Du das denn gelesen? Die Anwort fällt, jedenfalls was Evas Text betrifft, nicht schwer:

„Der Konflikt beruht darauf, daß die Tochter ihr eigenes, eigenständiges Leben führen will, der heutigen Zeit angepaßt. Sie will ihr Leben genießen. Sie ist selbständig und möchte es auch weiterhin sein, ihr Leben ausleben [es folgen Zeilenangaben].

Die Eltern sehen das, wissen, daß die Tochter sich abnabelt, genau wie alle anderen Kinder sich abnabeln [...]. Sie können die Tochter nicht festhalten, versuchen es dennoch durch Bewunderung und Interesse. Und genau da liegt die Ursache! Die Tochter will eben nicht festgehalten werden."

Ähnlich, wie das oben für einzelne Schüleräußerungen über Eichendorffs „Sehnsucht" beobachtet wurde, hier aber der viel geringeren historischen Distanz wegen unverstellter, bringt sich die Schreiberin im Text unter. Dabei legt sie diesen freilich interpretativ fest und verkürzt das, was er eigentlich 'sagt', auf charakteristische Weise: Ihre „Tochter" (ihre Identifikationsfigur) will einfach hinaus aus der Familienenge. Daß Bichsels Figur sich nur solange ihre Sonderstellung – *ich arbeite jetzt in der Stadt mache mich bei der Arbeit nicht schmutzig und kann Dinge, von denen Ihr nichts versteht* – erhalten kann, wie sie gerade nicht ausbricht, sondern sich „festhalten" läßt, gerät nicht in den an Identifikation interessierten Blick der Leserin Eva. Sie müßte ihren „Privattext" erst erweitern um diese Einsicht.

Aber auch die korrigierende Lehrerin hat ihren „Privattext", der nachweislich eine Verkürzung darstellt. Sie erkennt zwar Evas „Privattext" und kommentiert das emphatische „ihr Leben ausleben" mit dem nüchternen Satz „Hier werden ganz alltägliche Verhaltensweisen angesprochen!" Und sie beanstandet „die Ursache" mit dem Rat: „vorsichtiger formulieren: eine der möglichen Ursachen!" Diese Warnung, das scheint mir ganz evident, gilt der Identifikationsbereitschaft der Schülerin, und sie gilt damit dem Selbstausdruck in einer Schreibart, die auf Distanz und Diskurs auszugehen hat. Das hält die Lehrerin für nicht textadäquat. Ich meine dagegen, es wäre durchaus dem Text adäquat, die Identifikation, statt sie auszublenden, bis zu einem Punkt weiterzutreiben, wo Eva vielleicht etwas über sich erführe, was sie nicht schon gewußt hat: Vielleicht hat sie selbst als Gymnasiastin ja eine ähnliche familiäre Sonderstellung, falls ihre Eltern keinen 'höheren' Schulabschluß haben.

Aber der an Evas Adresse gerichtete Rat der Lehrerin trägt auch deshalb nicht, weil er sachlich an Bichsels Text vorbeizielt: Dieser schildert genau genommen *überhaupt keine* „Verhaltensweisen" der Tochter, sondern er schafft lediglich Leerstellen, in die hinein der individuelle Akt des Lesens solche Verhaltensweisen imaginieren kann; und er schildert, welche Verhaltensweisen *die Eltern* auf das Mädchen projizieren. (*Die* meint die Lehrerin, Bichsels Strategie auf den Leim gehend, mit „alltäglich".)

Mit welcher Absicht also hat *die Lehrerin* den Text gelesen? Wollte Eva das konventionensprengende „Ausleben" finden, so die Lehrerin das „Alltägliche". Beide haben legitimerweise ihre Lesart realisiert – im Akt des Schreibens bzw. im Akt des Korrigierens. Solange man distanzierend und konvergent über Texte schreibt, bleiben solche Projektionen (auf Schüler- wie Lehrerseite) meist unentdeckt. Hätte Eva stattdessen aber einen Essay zu schreiben beispielsweise über *das Festgehaltenwerden,* und stellte ihr die Lehrerin

hierzu Bichsels Text zur freien Verfügung, so erschiene dieselbe Schülerleistung in einem anderen, freundlicheren Licht. (Vgl. hierzu Kapitel III, 2.1: Lebensromane) Wer moniert, so von einem literarischen Text lediglich 'Gebrauch' zu machen, sei noch keine Interpretation, der hat zwar recht; aber was ich hier auszugsweise zitiert habe, ist auch noch keine. Es tut so, als seien die Leser irgendwelche anderen und man selber habe ein objektives, unverkürztes Verständnis der „Textintention".
- Methodische Alternativen zur Textanalyse am Beispiel von „Die Tochter" bietet Kapitel III, S. 127 f. u. 155.

3 Gestaltlosigkeit und Perspektivlosigkeit diskursiven Schreibens über Texte

3.1 Gestaltlosigkeit

„Das Gedicht 'Sehnsucht' von Joseph von Eichendorff beschreibt die Gedanken eines Menschen, der in einer sternenklaren Nacht (vgl. 2.1: „Es schienen so golden die Sterne") einsam am Fenster steht und davon träumt auf Reisen zu gehn.
In der ersten Strophe des aus drei achtzeiligen Strophen bestehenden Gedichtes, wird die klare Nacht, in der die Sterne golden leuchten, beschrieben, da der besagte Mensch allein am Fenster steht. Als er den Klang des Posthorns vernimmt, wird in ihm eine Sehnsucht (vgl. Überschrift) wach, unbedingt auf einer Postkutsche mitreisen zu können.
Anschließend wird von zwei Gesellen geschrieben, die singend in der stillen Umgebung eines Berghanges entlang wandern. ..."

So beginnt der Aufsatz Manfreds, der in die Abschlußklasse eines Gymnasiums geht und demnächst ins Studium oder ins Berufsleben. Der Deutschlehrer hat an diesen Zeilen nichts auszusetzen – außer, daß in der dritten ein Komma zu wenig und in der sechsten eines zuviel steht. Das Durcheinander von Inhaltszusammenfassung und Formbeschreibung insgesamt wird ebenso wie im einzelnen der Nachklapp oder das unmotivierte Passiv *akzeptiert, wie es ist* – zwar nicht als Glanzleistung, wohl aber als erwartbare sprachliche Gestalt, die immerhin insofern „ausreichend" (so die Bewertung) genannt werden kann, als sie ein richtiges Erfassen des Textes erkennen läßt. Nicht nur in der 'Zwischenstufe' der sogenannten Textanalyse, sondern auch noch hier – in der 'Endstufe' des Interpretationsaufsatzes der Sekundarstufe II – achten korrigierende und bewertende Lehrer hauptsächlich darauf, ob aus einem solchen 'Aufsatz' eine hinreichend genaue Textlektüre 'spricht'. Der Leistungskursleiter, der – wie zitiert – kreative Gestaltung eines schöpferischen (Interpretations-)Vorgangs einfordert, ist vermutlich eher die Ausnahme, insofern er sich noch nicht mit jenem Minimum zufriedengibt, das viele seiner Kollegen als realistisch betrachten. Diese 'Realisten' achten oft kaum noch darauf, *wie* eine(r) schreibt. Auch im vorliegenden Fall beanstandet der Lehrer, zufrieden damit, daß überhaupt ein Textverweis geboten wird („Vergleiche Zeile eins ..."), die Verunstaltung des Satzes nicht, in die Manfred seine Verweise rücksichtslos hineingestopft hat. Dasselbe gilt für „eine Sehnsucht vergleiche Überschrift".

Man versuche einmal mit einem solchen Text, was noch im 18. Jahrhundert üblich war, und trage ihn als sprachliche Leistung eines (kurz vor der „Reife" stehenden) Schülers *laut* vor, und man wird hören: *Er ist gestaltlos*, geschrieben ohne viel Aufmerksamkeit für den Klang der Sätze im einzelnen oder den Ton der (textbesprechenden) Rede im ganzen. Wiese man den Verfasser darauf hin, so wäre meiner Erfahrung nach seine Reaktion die eines befremdeten, wenn nicht gekränkten und daher womöglich aggressiven Opfers oberlehrerhafter Haarspalterei: *Man versteht doch, was ich gemeint habe!* Daß dies jedoch in der „kommunikativen Grundhaltung" der Schriftlichkeit keine angemessene Reaktion ist, hat Nussbaumer (1991, 232) sehr schön dargelegt. Auch Schreiben über Literatur ist in erster Linie *Schreiben*, und erst in zweiter Linie Schreiben über Literatur. Gegenstand der Bewertung sollte nicht sein, was der Schüler gemeint, sondern was er geschrieben hat. *Gemeint* haben kann er Sachverhalte, strukturelle Befunde und so weiter; *geschrieben hat er Worte, Sätze, Absätze, einen Text.*

Diese Kritik richtet sich nun keineswegs gegen den mir nicht bekannten Deutschlehrer, der den Rand neben dem Zitierten weitgehend weiß gelassen hat. Ich glaube nicht an die pädagogische Wirkung rot bemalter Ränder[47] und weiß nur zu gut, daß das hier zu beobachtende Phänomen weit verbreitet ist: Je komplexer und anspruchsvoller mit steigender Jahrgangsstufe die 'Inhalte' erstrebter Schülertexte werden, *desto weniger wird das Schreiben selbst geübt* (vgl. August 1988, 54) und desto bescheidener werden die Ansprüche an die formalen und stilistischen Qualitäten der entstehenden Texte. Der Deutschunterricht liegt hier durchaus im Trend des Schulunterrichts überhaupt: Mit wachsendem Alter der Schüler wird – zu Recht – immer mehr auf Darstellungslogik und inhaltliche Präzision geachtet, aber – zu Unrecht – immer weniger auf die sprachliche Gestalthaftigkeit eines Textes. Dies gilt besonders auch für schriftliche Texte, die zu verschiedenen Zwecken in anderen Fächern verfaßt werden. Das heimliche Lehrziel lautet hier oft: Sprache, auch und gerade als Schriftsprache, ist 'nur' ein Werkzeug, das wir benutzen, ohne ihm Aufmerksamkeit schenken zu müssen, denn es geht ja um die Sache, nicht um den Ausdruck. Aber solche Instrumentalisierung rächt sich auf lange Sicht. Tatsächlich geht es immer um beides, die Sache und den Ausdruck, denn in keinem Fach, in keinem Problemzusammenhang kommt ja eines ohne das andere vor. Der Schreibunterricht der Sekundarstufen kann *nicht* auffangen, was auf diese Weise an Achtlosigkeit gegenüber den Möglichkeiten und

Grenzen sprachlichen Ausdrucks geduldet, wenn nicht gar aktiv unterstützt wird. Die Schreibpraxis vieler Schulfächer muß als sprachdidaktisch derart kontraproduktiv gelten, daß der Deutschunterricht als Schreibunterricht dadurch zum Feigenblatt wird, das peinliche Blößen nicht bedecken kann – zumal er selbst vielerorts einseitig diskursiv ist: „Es läuft fast alles auf die Textsorte Interpretation oder Textanalyse hinaus." (Augst 1988, 54).

Der Literaturunterricht (der sich solcher Aufsätze als Lehrzielkontrollen bedient) ist, so betrachtet, lediglich eine von vielen Disziplinen, die mit ihren *kognitiven* Anforderungen an die Schüler so ausschließlich beschäftigt sind, daß andere kaum einmal konsequent gestellt, geschweige denn erfüllt werden. Analytische Konsequenz und literarhistorisches Wissen schlagen erheblich mehr zu Buche als die sprachliche Fähigkeit, eigene Meinungen, Gefühle, *Anmutungen* im Zusammenhang mit dem Text an-sprechend darzustellen. (Weil ich darin einen wichtigen Grund für die Gestaltlosigkeit von Aufsätzen über Literatur sehe, habe ich in der Einleitung vorbereitend nicht nur kognitive und affektive Lehrziele, sondern auch Erkenntnis und Anmutung unterschieden.)

Ein geglücktes Textverständnis nicht nur einsichtig und nachvollziehbar, sondern außerdem noch 'stilistisch elegant' darzustellen, ist freilich eine so schwierige Sache, daß selbst Literaturwissenschaftler nicht selten daran scheitern. Insofern richten sich die hier erhobenen Vorwürfe weder gegen einzelne Schreiber noch gegen einzelne Aufgabensteller. Vielmehr fragt sich, ob *diese* Art von Schreiben über Literatur (ob diese *Schreibart*) überhaupt geeignet ist, von allen Schülern und Schülerinnen geübt oder gekonnt zu werden; ob sie nicht das falsche Ideal 'studierter' Germanisten darstellt, denen eine Rede vom Text vorschwebt, wie sie ihre Hochschullehrer im Seminar, in der Vorlesung, in ihren Fachaufsätzen gepflegt haben und immer noch weiter pflegen.

Auch andere Formen des sachbezogenen Schreibens wie Berichte, Vorgangsbeschreibungen oder Erörterungen verlangen neben kognitiver Klarheit sprachliche Fertigkeiten. Auch dabei wird *beschrieben, erklärt* und eventuell *bewertet* (vgl. oben, *Tafel 3* auf S. 72). Aber diese 'Schreibarten' sind prinzipiell Alltagsmuster der Kommunikation; und damit (Teile von) *Textsorten* im allgemein unter Linguisten und Kommunikationswissenschaftlern akzeptierten Sinn dieses unscharfen Begriffs. Und manche schulischen Aufsatzarten, die keine Textsorten sind, weil der Adressatenbezug fehlt (etwa Schilderungen oder Personencharakteristiken), können zumindest als *Genres* betrachtet werden. Sie haben ihre aus der Literaturgeschichte abgeleiteten Schreibkonventionen, wie erstarrt diese auch immer inzwischen sein mögen. Der sogenannte Textanalyse- und (auf diesem basierend) der Interpretationsaufsatz aber ist keines von beidem:

- Er repräsentiert eine *Textsorte* im linguistischen Sinn allenfalls in sehr eingeschränkt *fachsprachlicher* Hinsicht, woraus sich lebensweltliche prag-

matische Normen nicht ableiten lassen, so wie das etwa für das Berichten, Beschreiben und Kommentieren möglich ist.
- Aber auch ein Genre im literaturwissenschaftlichenn Sinn repräsentiert er nicht. Jenseits philologischer Fachliteratur gibt es für diese Art schriftlicher Äußerung auch keine lebensweltliche *Geschichte,* in die sie einzustellen wäre – so wie es für die schulliterarischen Formen poetischen Schreibens eine gibt (Erzählung und Schilderung).

Das heißt: Von der sogenannten 'reinen Inhaltsangabe' über die schriftliche Textanalyse bis hin zum Interpretationsaufsatz haben wir es mit synthetischen Formen zu tun, die in der Schule für die Schule praktiziert werden, und die solange sprachlich gestaltlos bleiben werden, wie die zu kontrollierenden Lehrziele dominant kognitiv sind und die affektive und pragmatische Dimension vernachlässigen: Man erklärt natürlich sich und anderen etwas durch solches Schreiben, aber man bringt auch emotionale Beziehungen zum Ausdruck und man *tut* praktisch-handelnd etwas mit dem Text.

Texte schriftlich wiederzugeben, zusammenzufassen, zu analysieren und schließlich zu interpretieren, das sind äußerst sinnvolle Aufgaben, aber keine Handlungen, die gleichsam von selbst zu sprachlichen Gestalten[48] führen würden. Für diese sprachlichen Handlungen im traditionellen System der Stilformen, wie es sich im 19. Jahrhundert herausgebildet hat, einigermaßen 'passende' Formen zu finden, wäre zwar möglich *(Beschreibung,* nämlich eines Textes; *Abhandlung/Erörterung,* nämlich möglicher Deutungen), würde aber nicht denselben Vorwurf ersparen, der diesem System der Stilformen insgesamt mit Recht gemacht worden ist: Es sei normativ und verlange vom Schüler Einpassung, Anpassung, Unterordnung, statt seinen Gestaltungswillen zu fordern und zu bilden.

3.2 Perspektivlosigkeit

Woher soll nun die Gestalt kommen, wenn diese 'Formen' weder einen erkennbaren Adressatenbezug haben – womit sie funktionalstilistisch faßbar wären –, noch stilistische Vorbilder, literarische Techniken oder Bauformen, an die eine Methodik des diskursiven Schreibens über Texte sich so halten könnte, wie etwa Spinner (1989 b) und Menzel (1989) es für das Erzählen skizziert haben?

Viele textbeschreibenden und -besprechenden Aufsätze empfinde ich deshalb als nicht nur gestalt-, sondern auch *perspektivlos.* Wiederum will ich zunächst an einem Beispiel erläutern, was ich damit meine.
„Die verwendete Sprache ist sehr bildhaft und anschaulich. Der Leser kann sich direkt in die Lage des Betrachters hineinversetzen und sich die beschriebene nächtliche Landschaft vorstellen. In ihm werden Gefühle hervorgerufen, und er kann den ausgedrückten Gedanken nachvollziehen.

Bei diesem Gedicht, das der Romantik zuzuordnen ist, steht das Gefühl im Vordergrund." (Kirstin)

Daß die Leser, wie oben am Beispiel der Bichsel-Geschichte ausgeführt wurde, *immer die andern* sind, führt auch beim Schreiben über das Gedicht von Eichendorff zu einer Paradoxie: Recht emotionslos behauptet Kirstin *das Auftreten von Gefühlen* beim Rezipienten, und zwar mit einer Schreibweise, die eben dazu dient, diese Gefühle sofort zu neutralisieren und das Reden darüber zu objektivieren, sozusagen vom Fühlenden abzukoppeln. Auch, daß der Leser „den ausgedrückten Gedanken nachvollziehen" könne, bleibt eine ungedeckte Behauptung, solange dieser Akt des Nachvollziehens nicht sprachlich vermittelt wird. Kirstin spricht zwar von einem „Leser", der sich „hineinversetzen" und sich etwas „vorstellen" könne, *aber sie versetzt sich nicht hinein und stellt sich nichts vor; sie nimmt dessen Perspektive nicht tatsächlich ein.* Stattdessen läuft sie den rettenden Hafen an: Das Gedicht ist „der Romantik zuzuordnen", und das Reden von dieser Epoche ist eben ein Reden von Gefühlen. Statt durch Weiterschreiben allmählich in die Vorstellungswelt des Gedichts *hineinzukommen* – etwa eigene Bilder und Metaphern für die Sehnsucht nach Ferne zu finden – blockt Kirstin diese Denk- und Schreibbewegung ab, indem sie den Text *typisiert* und *subsumiert*. (Sie tut damit natürlich nur das von ihr Erwartete, und das nicht einmal schlecht.)

Hier wird – und darin ist Kirstins Aufsatz sicherlich typisch – die poetische Qualität der *Anschaulichkeit* behauptet, ohne daß die darin eigentlich vorausgesetzte Anschauung erkennbar praktiziert würde. „Anschaulich" sein kann ein Phänomen strenggenommen nur von einem bestimmten Blickwinkel aus und mit den Augen eines bestimmten Betrachters gesehen: Wollte man mehr tun als ungedeckte Behauptungen dieser Art sofort in eine Epochenzuordnung münden zu lassen, wäre also nötig, das Subjekt zu benennen, bei dem der Text Gefühle „hervorruft", das Gedanken „nachvollzieht" und sich etwas „vorstellt". Es wäre dann anzugeben, *was* dieses Subjekt sich vorstellt. Dergleichen jedoch unterbleibt, weil es im Wortsinn *subjektiv* werden müßte, und verlangt ist eben objektiv-neutrales Besprechen, das auf eine von allen Besprechern geteilte Lesart hin konvergiert. Assoziationen, in denen eigene Gefühle und Gedanken ausgeschrieben würden, wären demgegenüber divergent. Die Verbalisierung dessen, was in der Einleitung mit Iser „Verstricktsein" genannt wurde, wird regelmäßig in solchen Interpretationsaufsätzen abgebrochen zugunsten von Behauptungen und Bedeutungszuordnungen, die als *vorschnell* getroffen erscheinen. Die analytische Auseinandersetzung mit den vorliegenden Strukturen ist in vielen Fällen noch nicht abgeschlossen (in manchen wohl noch gar nicht begonnen), da wird schon flugs zu Festlegungen und Feststellungen geschritten. Da rächt sich, daß Lehrwerke und Lehrer oft so tun, als sei zuerst die „Textanalyse" (als Serie kognitiver Operationen) abzuschließen und dann deren Ergebnis aufzuschreiben, während doch Schreibforscher – und übrigens auch Literaturwissenschaftler – wissen, daß beides ineinandergreift und miteinander zu einem Ende geführt werden muß: Erkennen beim Schreiben und Schreiben beim Erkennen. (In diesem Sinn ist nicht nur die sogenannte Inhaltsangabe, sondern auch der analytische Interpretationsaufsatz *heuristisch*).

Wenn ich diesen Abschnitt mit „Perspektivlosigkeit" überschrieben habe, so deshalb, weil solche Aufsätze regelmäßig den Standpunkt nicht angeben, von dem aus ein Text so erscheint, wie er beschrieben, erklärt und bewertet wird. Erst, wenn ich den Standpunkt des Betrachters oder Beobachters kenne, kann ich aber ermessen, welche Perspektive sich ihm geboten hat. Es gibt keine perspektivlose Wahrnehmung.[49] Deshalb ist natürlich im strengen Sinn auch kein Interpretationsaufsatz völlig perspektivlos, ebensowenig wie er völlig gestaltlos sein kann; aber die Perspektiven werden unterschlagen. Sie *nicht* zu unterschlagen, hieße für mich, an den sprachlichen Gestalten zu arbeiten.

Das heimliche Lehrziel des perspektivlosen Schreibens, schon mit der sogenannten Inhaltsangabe angesteuert und dann konsequent weiterverfolgt, ist spätestens in der Sekundarstufe II so gründlich erreicht, daß die jungen Schreiber gewohnheitsmäßig so tun, als verhalte sich das Behauptete *an und für sich* so, unabhängig vom Standpunkt des Behauptenden. Dieser Unterschlagung von Perspektivität des Besprechens dienen Infinitiv und Passivkonstruktionen, oft mit Täterverschweigung:

- „*Alle diese Bilder werden durch die lautmalenden Adjektive verdeutlicht ...*" (Valentin)
- „*Man wird traurig gestimmt ...*" (Hans)
- „*So wird auch im Betrachter, der am Fenster steht, die Sehnsucht nach diesen Dingen hervorgerufen.*" (Kirstin)

Indem ich feststelle, daß hier diskursiv von Gefühlen geredet wird, die gar nicht da sind, bin ich nicht etwa der Anwalt des Autors: Ich behaupte nicht, Hans müsse „traurig" sein. Er könnte auch wütend, ironisch oder spöttisch schreiben; aber sein Text *zeigt überhaupt keinen Affekt;* und das gilt für viele der hier schreibenden Schüler. Im besten Fall ist dieser affektfreie Ton des Besprechens sachlich-neutral, etwa wenn apodiktisch konstatiert wird:

- „Eichendorffs Gedicht ist in die Epoche der Romantik einzuordnen." (Oswald)
- „Alle drei Strophen sind Ausdruck der Sehnsucht nach der Ferne." (Tina)

Statt anzugeben, was *ihnen* das Gedicht bedeutet (woran es sie erinnert, was ihnen dazu einfällt, auf welche Alltagserfahrungen sie es beziehen), versuchen die Verfasser dieser Aufsätze fast ausnahmslos zu sagen, *was es bedeutet* – und das oft auch nur, weil dieser Schritt ihnen notwendig erscheint auf dem Weg zu einer korrekten *Einordnung in die Epoche*. Sie segmentieren, abstrahieren, typisieren und subsumieren (vgl. oben, *Tafel 2*, S. 66); und das müssen sie ja auch, wenn sie analytisch am Text arbeiten sollen. Aber daß immer ein *Subjekt* es ist, das da Textwahrnehmung vorbereitet, organisiert, steuert und interpretiert, das ist ihnen nicht klar und ihrem Lehrer vielleicht gar nicht wichtig. Wenn es irgendwo in dessen Literaturunterricht vorkam, so schlägt es sich beim Schreiben darüber jedenfalls nicht nieder. Der *Standort* eines schreibenden Subjekts wird ebensowenig zum Thema wie seine Blick- oder Zielrichtung. Auch und gerade die wissenschaftlich reflektierte „Literaturinterpretation" (Schutte 1985) ist aber, wie in der Einleitung bereits hervorgehoben, darauf angewiesen, subjektive „Lesarten" allererst auszuformulieren, damit Verständnisvoraussetzungen geklärt werden können. Um auf das zuletzt herangezogene Textbeispiel zurückzukommen: Genau das täte Kirstin, wenn sie aufschriebe, welche eigenen „Gedanken" und „Vorstellungen" sie hinzubringt.

3.3 Sprachliche Einzelleistungen: beschreiben, erklären, bewerten

Wenn wir, zu keiner verbalen Gegenwehr fähig, im Zahnarztstuhl sitzen, sind wir im allgemeinen dankbar, wenn der oder die über uns Gebeugte ab und zu erklärt, *was er/sie gerade tut oder zu tun im Begriff ist.* Wir fühlen uns dann weniger ausgeliefert, können den Stand der Dinge besser abschätzen und haben den Eindruck, da verstehe einer sein Handwerk oder seine „Kunst", weil er zum Beispiel vorausplanen und Folgen vorhersagen könne.

Auch Texte über Texte, sagt uns der Literaturwissenschaftler S. J. Schmidt (vgl. oben S. 74), sollten angeben, was sie gerade tun: beschreiben, erklären, werten. Wir hätten dann weniger das Gefühl, einer „Kunst der Interpretation" (Emil Staiger) ausgeliefert zu sein, wir könnten den Stand der Dinge besser abschätzen und hätten den Eindruck, da verstehe einer sein Handwerk oder – meinetwegen – seine „Kunst".

Etwas ganz Ähnliches behauptet nun auch die neuere Schreibdidaktik, die sich auf empirische Auswertungen von Schülertexten stützt: Auch diese, sagt Nussbaumer (1991, 241 ff.), sind besser, wenn sie dem Leser zwischendurch *sagen, was sie gerade mit ihm tun,* und sie sollten deshalb ein gewisses Maß an Metakommunikation aufweisen: „Texte sollen teilweise über sich selber sprechen." Das halte ich gerade in bezug auf das Schreiben über Literatur für ungeheuer wichtig – und zwar nicht nur im Blick auf Leser, die es dann leichter haben und sich wohler fühlen (wie mein 'lebensweltlicher' Vergleich soeben suggeriert hat), sondern auch im Blick auf den Schreiber oder die Schreiberin *selber.* Denn wer sich dazu anhält oder vom Lehrer dazu angehalten wird, die Art der Tätigkeit zu benennen, die er gerade schriftlich ausführt, gewinnt eher Klarheit darüber, was er tut und mit welchem Zielen und Folgen er es tut. Er lernt sein Handwerk reflektieren und damit langfristig (vielleicht) besser beherrschen.

Nun sind „Typen von Metakommunikation" erstaunlicherweise gerade für schriftsprachliche Texte ein wenig untersuchtes Phänomen. Ich halte mich an Nussbaumer, der das feststellt, die wenige vorhandene Literatur sichtet und (1991, 248–252) folgende fünf Typen nennt, die ich hier auf das Schreiben von Texten über Texte beziehen will (die Beispiele stammen von Nussbaumer): Man könne
1. das sprachlich-kommunikative Tun thematisieren *(ich möchte das illustrieren an ...)*
2. die sprachliche Formulierung thematisieren *(xyz ist vielleicht nicht ganz das richtige Wort, aber ...)*
3. „Inhaltlich-Propositionales" thematisieren *(ich fasse zusammen)*
4. „texttopisch" verweisen (weiter oben habe ich ...; *im Folgenden will ich ...*)
5. Textsortennormen thematisieren *(es ist vielleicht unüblich, daß man ...)*

Wer wenigstens gelegentlich so formuliert, der stellt nicht nur „Wegmarken in einer Textlandschaft" auf, wie Nussbaumer (ebd., 251) über Typ 4 sagt, tut also etwas für den Leser, auch wenn der 'nur' der Deutschlehrer ist, sondern er kann gleichzeitig auch seinen eigenen Spielraum erweitern (vgl. Typ 1 und 5) und tut also etwas für sich selbst als Schreiber.

Es geht mir also um mehr Aufmerksamkeit dafür, wie man das *formuliert,* was man beobachtet, begriffen, beurteilt hat, und wie man es so formuliert, daß man den Leser sozusagen mit hereinnehmen kann in diesen Lernprozeß; wie diese Rücksicht auf den Leser sich wiederum positiv auf diesen Lernprozeß auswirkt; und schließlich, wie man sich bei alledem den Rücken freihalten könnte von allzu rigiden Textsorten-Normerwartungen eben dieses Lesers. Das zeigen die von Nussbaumer (ebd., 252 f.) aufgelisteten sprachlichen Eigenheiten metakommunikativer Textteile ebenso wie eine Arbeit von Antos (1982). In seiner *Theorie des Formulierens* sagt er, „daß 'Formulieren' nicht nur etwas mit der 'sprachlichen Form' oder mit der 'sprachlichen Mittelwahl' zu tun hat, sondern insbesondere die allmähliche Klärung und 'Generierung' von Formulierungs*zielen* mit einschließt."[50] Formulieren sei eben nicht Übersetzen von Ideen in Sprache, sondern „Gedankenarbeit". Antos hat als sprachliche Manifestationen solcher Gedankenarbeit unter anderem „textorganisierende Verben" untersucht, die er (ebd., 63) schließlich in sechs „Klassen" eingeteilt hat:
1. herstellungsbezogene Verben (z.B. *planen, entwickeln, ausdrücken*)
2. darstellungsbezogene Verben (z.B. *erörtern, beleuchten, ausführen*)
3. ablaufkonstituierende Verben (z.B. *vorausschicken, verweisen auf*)
4. präferenzielle Verben (z.B. *betonen, vernachlässigen, offenlassen*)
5. propositionale Verben: (z.B. *unterscheiden, voraussetzen, unterstellen*)
6. verständnissichernde Verben (z.B. *erläutern, ein Beispiel geben, resümieren*).

Auch diese hier angebotenen Kategorien halte ich für nützlich in bezug auf das Schreiben über Texte. *Ich gebe ein Beispiel – ich setze damit natürlich voraus*

– ich verweise auf – ich unterstelle jetzt – ich vernachlässige dabei, usw.: Solche Formulierungen würde ich in analysierenden und interpretativen Schülertexten eigentlich erwarten, wenn sie schon 'aus der Distanz' verfaßt und konvergent sein sollen. Wichtiger als ihr mehr oder weniger gehäuftes Auftreten wäre dabei freilich eine 'Schreibhaltung' insgesamt, die die „allmähliche Klärung und Gewinnung von Formulierungszielen" (Antos) zu ihrer Sache macht und nicht den Leser nachträglich am chaotischen Text ausführen läßt: Formulieren ist „umgekehrtes Interpretieren, [...] ist immer schon ein Stück weit antizipiertes REZIPIEREN" (ebd., 114). Indem ich meinen Text bewußt formuliere – zum Beispiel also selbstbezüglich gestalte – nehme ich, soweit das überhaupt geht, die Verstehensprobleme und auftretenden Fragen eines Lesers vorweg.

Zu einer solchen Schreibhaltung wurden die Verfasser der von mir durchgesehenen Aufsätze offenbar nicht ermutigt. Ich habe, trotz intensiver Suche, im Klassensatz über „Sehnsucht" nur eine einzige Stelle gefunden, die in diesem Sinn selbstbezüglich ist.

„Wer nun das lyrische Ich ist kann nicht so leicht geklärt werden. Wenn ich mich darauf festlege, daß es ein alter Mensch ist, der das Leben hinter sich hat bedeutet dies, das dieser auf sein Leben zurückschaut und die Vorahnung vom Tode hat.

Es könnte aber genau so gut das Leben schlechthin sein mit den unendlichen Möglichkeiten, von denen aber nichts verwirklicht ist, weil man an irgendwelche Grenzen gestoßen ist. [...] Das lyrische Ich ist auf jeden Fall eingesperrt ..." (Hans)

Gerade weil hier inhaltlich manches einzuwenden wäre, sieht man, warum es wichtig ist, daß Schreibende nicht nur über einen Gegenstand (hier: das „lyrische Ich"), sondern auch über sich selber sprechen. Man sagt, worauf man sich festlegt, und welche Optionen man dabei sozusagen abwählt. Diejenige, die Hans abgewählt hat, mag uns lieber sein als die gewählte, aber darauf kommt es jetzt nicht an. Dieses „Festlegen" konkretisiert in jedem Fall den Text. Konkretionen dieser Art sind, wovon im dritten Kapitel noch die Rede sein wird, nicht nur generell unvermeidlich, sondern auch wünschenswert; fraglich ist allenfalls, ob Hans hier nicht am Text vorbeikonkretisiert. Diese Frage kann sich aber der Leser leichter stellen, wenn ihm signalisiert wird: 'Ich konkretisiere jetzt'. Und Analoges gilt, obwohl ich einschlägige Beispiele – wie gesagt – nicht vorfinde, für 'Ich erkläre jetzt', und 'Ich bewerte jetzt'.

Wenn also diskursives Schreiben über Literatur ('aus der Distanz') zu besseren Texten führen soll, so ist es „metakommunikativ" (Nussbaumer) und selbstbezüglich zu betreiben. Der globale Gestus 'ich analysiere' oder 'ich interpretiere' ist dabei sozusagen aufzulösen in einzelne selbstkommentierende Ausdrücke an Textstellen, wo wahrnehmungssteuernde Entscheidungen getroffen werden. Solche Entscheidungen sind, um es ausdrücklich (Antos würde sagen: „formulierungskommentierend") zu wiederholen, unvermeidlich und sollten dem Schreiber auch dann nicht zur Last gelegt werden, wenn sie aus der Sicht eines anderen Lesers (des Deutschlehrer zum Beispiel) unglücklich ausgefallen sind.⁵¹ Wie läse denn ein „dem Tode" wirklich nahestehender Mensch Eichendorffs Gedicht? Wie ein wirklich „Eingesperrter"? Wenn wir solche „Lebensromane" (Scheffer 1992) wenigstens in Andeutungen skizzieren, um unter geklärten Voraussetzungen beschreiben, erklären und bewerten zu können, so müssen das keineswegs unsere eigenen realen Lebensromane sein. Welche auch immer es sind: Erst sie machen einen Text überhaupt lesbar, denn „Sinn ist eine Beziehungsgröße" und kann daher nicht „unter Absehung von seinen konkreten Rezipienten ausgegraben werden" (Soeffner 1979, 336). Es gibt, um auch das zu wiederholen, keinen sich über alle Lesergruppen durchhaltenden „Kern-Sinn" eines literarischen Textes; es gibt in letzter Konsequenz nur die mehr oder weniger explizite „endlos autobiografische Tätigkeit" (Scheffer 1992) des Sich-Festlegens auf etwas, was der Text einem zu einem gegebenen Zeitpunkt des eigenen Lebensromans bedeutet. Das – und nichts anderes – kann ich versuchen zu *beschreiben,* zu *erklären* und zu *bewerten;* und diese – keine anderen – Leistungen sollten Deutschlehrer zu beurteilen haben.

• Methodisch wird Kapitel III im Anschluß an den Begriff des Lebensromans entsprechende Vorschläge machen (vgl. Abschnitte 2.2.1 und 2.3.2).

3.4 Unerfüllte Voraussetzungen für solche Einzelleistungen: Adressaten, Standpunkte, Maßstäbe

Der Adressat für einen in der oder für die Schule verfaßten Text ist der Deutschlehrer. Daß dieser als gelernter Germanist einen Wissens- und Reflexionsvorsprung hat, den kaum ein Schüler je aufholen wird, das kann und will niemand ändern. Aber das Sich-Verlassen auf den ohnehin allwissenden, das Sich-Abfinden mit diesem in seinem Standpunkt gefestigten *Lehrer-Leser* bringt Texte hervor, an deren sprachliche Einzelleistungen keine großen Anforderungen gestellt werden: *Beschrieben* wird für einen, der das Beschriebene viel besser kennt; *erklärt* für einen, der mit dem Verstehen keine Probleme hat (oder zu haben glaubt); *bewertet* für einen, der sein eigenes literarisches Urteil, auch wenn er es nicht ohnehin vorher im Unterricht bewußt oder unbewußt zur herrschenden Lehrmeinung stilisiert hat, jedenfalls für philologisch besser abgesichert, für 'objektiver' halten darf. Seinen Schülern und Schülerinnen, wenn sie zu schreiben beginnen, fehlt damit ein sie zu sprachlicher Deutlichkeit oder gar rhetorischem Schliff herausfordernder Adressat, der nicht immer alles schon 'wüßte' und der produktiver Widerstand wäre, nicht nur Kontroll- und Beurteilungsinstanz.

Warum sollte man nicht, so wie man bei anderen Schreibarten in der Schule mit fiktiven Kommunikationssituationen arbeitet, hier mit fiktiven Lesern arbeiten? Und warum nicht sich Textvorlagen zuwenden, die nicht schon von

Generationen von Schülern und Lehrern abgehandelt worden sind, sondern die es als sozusagen noch unbeschriebene bedruckte Blätter erst kurze Zeit gibt? Ihre Besprechung könnte dann die wirklichen Leser einer Zeitung oder Zeitschrift interessieren, so wie Menzels (1984, 20) Vorschläge zur „Textvorstellung" es nahelegen.

Diese Überlegung führt zu einem *zweiten Defizit* herkömmlich diskursiven Schreibens über Literatur: In die Lage, sich selbst einen *Standpunkt* erarbeiten zu müssen, von dem aus der Text wahrgenommen wird, kommen die Schüler meist gar nicht, weil die Literaturwissenschaft, deren Aussagen der Lehrer vorher referiert oder das Lehrbuch bereitgestellt hat, fest etablierte Standpunkte fast immer schon hat, ja: aus solchen Standpunkten und fixierten Perspektiven auf Texte geradezu besteht. Daß Leser in früheren Epochen oder solche aus anderen Ländern ein und denselben Text *anders* wahrgenommen haben, wird wohl einmal im Unterricht erwähnt, um die zeitliche und räumliche Relativität des Lesens und Verstehens herauszustellen. Aber die Wahrnehmung der Schüler bleibt dennoch auf eine heute und hier übliche Perspektive so ziemlich verpflichtet – so zeigen es die zitierten Beispiele. Sie zeigen freilich nicht, ob das eine Selbstverpflichtung oder eine Fremdverpflichtung ist. Auch das aber wäre nicht schlimm, wenn die Perspektivität der Wahrnehmung nur *überhaupt* zur Sprache käme; wenn statt der Behauptung, der Text sei so oder so zu lesen, Feststellungen wie diese stünde: *Ich habe vor drei Jahren meinen kleinen Bruder verloren und lese den Borchert-Text so. – Ich als Tochter eines geschiedenen Paares lese den Bichsel-Text so. – Ich will nächstes Jahr als au-pair-Mädchen nach Amerika und lese das Eichendorff-Gedicht so.*

Naiv! mag da der Deutschlehrer rufen, naiv und gefährlich! Man verfehlt damit den Text und verleitet überdies die Schüler und Schülerinnen zu persönlichen Konfessionen, wie man sie vielleicht noch in den Erlebniserzählungen der unteren Jahrgangsstufen für vertretbar halten kann, aber nicht bei Heranwachsenden nach der Pubertät! In der Tat scheint es ein Vorteil sachlich-diskursiven Schreibens 'aus der Distanz' zu sein, daß man persönliche Probleme aus der Gedanken- und Schreibarbeit anläßlich eines Textes weitgehend heraushalten kann. Aber das scheint nur so; der eigene „Lebensroman", dessen mögliche Bezüge ich oben fingiert habe, steckt allemal in dem, was man über Texte zu sagen und zu schreiben hat. Wer „Lesarten" klärt und zum Ausgangspunkt für eine Verständigung über Textverstehen macht, wird 'den Text' gerade nicht 'verfehlen' – jedenfalls nicht zwangsläufig –, indem er solche Bezüge verbalisiert. Der Interpretationsaufsatz mancher Schülerin, die an unerfüllbaren elterlichen Erwartungen und Projektionen leidet („Sag doch mal was auf französisch!" heißt es in Bichsels „Die Tochter"), wird nicht umhin kommen zu merken, daß sie 'eigentlich' von sich schreibt, indem sie über „Die Tochter" schreibt: *Dies ist ihr Standpunkt,* und das wird sie auch sprachlich anders herausfordern, als distanziertes Besprechen 'fremder' Schicksale es könnte. Ist Interpretation als hermeneutische Anstrengung grundsätzlich Vermittlung des Eigenen mit dem Fremden, so braucht sie auch im Fall ihres Gelingens den eigenen Standpunkt des Interpretierenden nicht zu verleugnen.

Im vorigen Abschnitt wurde festgestellt, daß ein im 'Aufsatz' eingenommener Stand-Punkt nicht *unverstellt* der eigene sein muß. Der Charakter einer sprachlichen Herausforderung durch die Schreibaufgabe bleibt nun grundsätzlich erhalten, auch wenn 'Fremdidentifikation' vorliegt: Es wären Aufgaben anzubieten, die es gestatten, auch mehr oder weniger bewußt einen anderen Standpunkt einzunehmen als den, den der eigene Lebensroman vorsieht. Die verschiedenen Methoden des „literarischen Rollenspiels" sind zu Recht auch damit begründet worden, daß die Schüler sozusagen maskiert, nämlich in einer übernommenen Rolle, über ihre Probleme sprechen und schreiben können.[52] Diese Begründungen sind literaturdidaktisch ausgerichtet; sie sind jedoch auch von der anderen Seite her, nämlich schreibdidaktisch plausibel: Nicht als *Ich, die Schülerin Cornelia,* zu schreiben, sondern in einer übernommenen Rolle, zwingt zur Gestaltung einer Art von Rollenprosa, gerade auch, wenn diese *textbesprechenden* Charakter hat (statt, wie beim literarischen Rollenspiel oft, als Monolog, Dialog, Tagebucheintrag usw. angelegt ist). Nicht nur fiktive Leser, sondern auch *fiktive Schreiber* sind also zu bedenken, wenn die Gestaltlosigkeit des Interpretationsaufsatzes überwunden werden soll. Zu gestalten ist, wenn „Sinn" eine „Beziehungsgröße" ist (Soeffner), *immer* die Beziehung eines konkreten Lesers zum Text; und auch ein fiktiver Leser kann ein konkreter sein.

Wenn nun *drittens* vielen Interpretationsaufsätzen ein *Maßstab* der Textbewertung zu fehlen scheint, so hängt das damit zusammen, daß Standpunkte und damit Perspektiven ungeklärt bleiben. Dieses Fehlen fällt freilich oft niemandem besonders auf: Andere haben solche Texte lange schon bewertet, eingeordnet, ihnen epochale Bedeutung zu- oder abgesprochen. Aber eigene Maßstäbe für Bewertungen können nur von dem her kommen, was der Schreiber selber schon gelesen, verstanden, beurteilt hat – anders gesagt: Auch die Lesebiografie ist Teil des Lebensromans. Ist sie reich ausgebildet, kann ein Schüler sich den Beurteilungsmaßstab selbst erschreiben; ist sie dürftig, entsteht das gewöhnlich zu beklagende Defizit: kein erkennbarer Maßstab, kein deutliches Urteil, ja: kaum einmal ein wertender Satz im ganzen Aufsatz.

In der Praxis wird dieses Problem manchmal dadurch überspielt, daß vergleichende Analysen und Interpretationen vorgeschlagen werden, die zur kontrastiven Bewertung herausfordern (vgl. PD 105/1991 für Gedichte). Dagegen ist überhaupt nichts zu sagen – außer natürlich, daß die hier vorgetragene Kritik am textbesprechenden Schreiben 'aus der Distanz' auch für diesen Fall gilt. Im übrigen gibt es, was wir als Germanisten gerne übersehen, nicht nur philologische und ästhetische, sondern auch lebensweltliche Maßstäbe zur Bewertung gelesener und (irgendwie) verstandener Texte: Was finde ich spannend oder sonstwie interessant daran? Woran erinnert mich die im Text beschriebene Situation? Wobei könnte mir die vom Text gebotene Lösung im Text helfen, wozu die verweigerte Lösung mich provozieren? „Wertung" verstehe ich als weiten Begriff. Nicht nur um literarische Qualität geht es – wofür man natürlich epochen- und gattungsspezifische Maßstäbe braucht –, sondern auch darum, wie 'wichtig' diesem einen Leser der Text ist oder wird oder werden könnte. Und auch das halte ich für ein legitimes Anliegen textbesprechendes Schreibens.

3.5 Zusammenfassung: „Interpretationsaufsätze" als Schauplätze falscher Reduktion ästhetischer Erfahrung und literarischer Urteilsbildung

Sind Schulaufsätze generell und zu Recht beschuldigt worden, keine *Texte für Leser* zu sein,[53] so ist dieser Mißstand gerade bei den Aufsätzen, um die es in diesem Kapitel ging, besonders schwer zu beheben. Tatsächlich fehlt ihnen häufig das Wichtigste, was einem expositorischen Text fehlen kann: ein Adressat, der *nicht* immer alles schon (besser) weiß, ein erkennbarer Standpunkt, *von dem aus* wahrgenommen, beschrieben und erklärt würde, und schließlich der Maßstab für ein eigenes Urteil. Was übrigbleibt, ist oft die *als 'Aufsatz' nur verkleidete Abfrage eines Begriffs- und Faktenwissens,* das sich der Literaturgeschichte und Literaturwissenschaft verdankt, ohne in der Regel deren Problembewußtsein zu erreichen. Ich schätze dieses Wissen keineswegs gering; aber muß es sich so verkleiden? Eichendorffs Gedicht wird zum Vorwand für ein schriftliches Hersagen romantischer „Epochenmerkmale"; Geschichten von Borchert und Bichsel werden zu Vorwänden für ein Aufzählen „gattungstypischer Merkmale".[54] Die generelle Tendenz Jugendlicher zum „Abstrahieren und Verallgemeinern" wird durch „die abstrahierenden und generalisierenden Verarbeitungsweisen" (Spinner 1993, 57 f.) von Texten in der Schule eher verstärkt als unterlaufen. In der Folge werden in großer Zahl und einiger Breite sprachliche Klischees (re-)produziert: die Verabsolutierung des Gefühls (über Eichendorffs Gedicht), die schrecklichen Kriegsfolgen (über Borcherts Geschichte), die Unfähigkeit zur sogenannten „Kommunikation" (über Bichsels Prosa) – insgesamt nichts, was wir nicht schon gewußt haben oder besser: gewußt zu haben *glauben,* denn jenseits solch bequemer Formeln würde ja die eigentliche „Gedankenarbeit" (Antos) und damit Schreibarbeit erst beginnen. Faktisch bleibt diese Arbeit oft dem Lehrer überlassen, dessen Vorausplanung das Schreiben der Schüler oft extrem steuert: Weil das freie, ungesteuerte Aufschreiben in der Praxis 'doch nicht recht funktioniert', behilft man sich immer wieder damit, die „Form" vorzustrukturieren durch Fragen, die dann einfach abgearbeitet werden. Aber eine solche Form ist noch keine Gestalt: „Zusammenhanglos", lautet dann häufig das Lehrerurteil. Als sei der Schüler über den Tatbestand des Textes *verhört* worden und habe ein Geständnis in gestammelten Einzelantworten abgelegt.

Nicht einmal einem philologischen (geschweige denn einem schreibdidaktischen) Anspruch also werden analytische Interpretationsaufsätze in der Regel gerecht: Daß „jenes Spannungsverhältnis von Identifikation und Distanz, das jede große Interpretation auszeichnet, kaum irgendwo zu erkennen ist", hat schon Menzel (1984, 19) nüchtern festgestellt.

Interpretationsaufsätze sind nun ihrem Anspruch nach nicht nur textgerechte Strukturbeschreibungen und Deutungen, sondern auch Medium literarischer Urteilsbildung: Nicht zufällig und mit Recht loben die korrigierenden Lehrer, wo immer möglich, die *Selbständigkeit* eines Urteils über den besprochenen Text. Die Regel dürfte diese Selbständigkeit jedoch nicht sein. Die Urteile bleiben häufig entweder unbegründet („dieser Text spricht mich an/spricht mich nicht an"), oder sie halten sich eng an die von der Literaturwissenschaft bereitgestellten Wertungsmuster. Von eigener literarischer Urteilsbildung mag man in beiden Fällen nur bedingt sprechen. Würde ein divergenter Standpunkt den Text unweigerlich interessant, weil zu einer sprachlichen Herausforderung machen, so führt die Konvergenz der Standpunkte fast ebenso unweigerlich zu langweiligen Texten, die weder Faszination noch Abgestoßensein ausdrücken, und die als Texte nicht „über sich selbst" zu sprechen brauchen (Nussbaumer), weil sie den Leser ohnehin auf nichts vorzubereiten oder einzustimmen haben, was der nicht schon erwarten würde. (Gegenbeispiele bietet oft die Literaturkritik.)

Was hat dieses zweite Kapitel ergeben? Wir sollten besser unterscheiden zwischen

- Textanalyse, wie sie im Unterrichtsgespräch nicht nur angebahnt, sondern sozusagen dialogisch auch schon betrieben wird;
- Textanalyse als einem kognitivem Vorgang des Sichtens, Ordnens und bewertens von Beobachtungen, die der einzelne mehr oder weniger systematisch am Text gemacht hat;
- dem 'Produkt Textanalyse' als erbrachter Schreibleistung.

Die Vorstellung, man müsse letztlich nur noch aufschreiben, was man vorher an Beschreibung und Beurteilung in Gedanken und/oder im Gespräch schon geleistet habe, ist aufzugeben zugunsten der Vorstellung eines Sich-Hineinschreibens in den Text, das Sackgassen, Wendeschleifen und Umwege einschließt. Die heuristische Funktion des Niederschreibens, für die sogenannte Inhaltsangabe immer wieder hervorgehoben, spielt in der fachdidaktischen Diskussion um die Textanalyse eine viel zu kleine Rolle. In der Regel wird die Frage, *wie und zu welchem Ende man Texte erschließen* könne, eher so beantwortet, daß man Zielmerkmale der beschriebenen Texte benennt (etwa einen Spannungsbogen: Menzel 1989, die epische Gedankenwiedergabe: Spinner 1989 b). Das ist zweifellos *ein* Weg, Zielperspektiven zu klären. Neben dieser objektiven Seite (der Textstruktur) muß jedoch gerade die subjektive Seite (die Struktur der lesenden Wahrnehmung und ästhetischen Erfahrung) in Schülertexten über Texte bearbeitet werden: Der 'fremde Text' ist *eine unter mehreren Bedingungsgrößen* des Schreibens – und nicht etwa, wie einige der von mir durchgesehenen Schülerarbeiten und Lehrerkommentare würden vermuten lassen, die einzig wichtige.

Eine Analogie zum ersten Kapitel ist festzuhalten: Wenn erst die „Zweitlektüre" (Stierle 1975) zur Grundlage einer distanzierten Inhaltswiedergabe taugt, eine solche wiederholte, vor- und rückwärts springende Lektüre jedoch häufig noch gar nicht stattgefunden hat, so gilt für textanalysierendes und interpretierendes Schreiben nun Entsprechendes: Eine wissenschaftliche Analyse, die Voraussetzung für eine eigenständige Beschreibung und Beurteilung wäre, ist oft noch nicht abgeschlossen, manchmal wahrscheinlich überhaupt nicht begonnen. Die Schreibkonventionen der pseudo-objektiven Textanalyse hindern den Schüler, indem sie ihn zum Vorbringen fertiger Urteile anhalten, allzu oft an der Bildung solcher Urteile. (Sie bilden sich in einer *Übergangsphase zwischen Konkretisation zur Interpretation,* in der „Anmutungen" allmählich in „Erkenntnisse" überführt werden und die auszuleuchten das Ziel des dritten Kapitels sein wird.) Ästhetische Erfahrung, im Umgang mit literarischen Texten nicht nur machbar, sondern auch eigentliches Fernziel, schrumpft zusammen auf das Hantieren mit Fachbegriffen, z.b. rhetorischen „Figuren", deren Integration in eine Gesamtschau allenfalls der Lehrer am Horizont sieht, der Schüler aber nicht vollzieht – jedenfalls nicht in seinem Text. Was man da von ihm will, kann er oft nicht; was er *könnte,* darf er wiederum nicht tun: schreiben, was ihm – und vielleicht nur ihm? – der Text bedeutet. Hier rächt sich das *Übergehen von Sinnlichkeit* in der Schule allgemein und im Deutschunterricht speziell (Rumpf 1981). Das, was Frommer (1988) „Konkretisation" nennt, hat in derartigem Schreiben über Texte selten einen Platz. Dabei ist diese Konkretisation die kognitiv-affektive Vorstufe von „Interpretation", während „Beschreibung und Beurteilung" ihrerseits die soziale und pragmatische (diskutierende und schreibende) Vorstufe sind.

Das heißt: Herkömmliche Textanalyse- und Interpretationsaufsätze über Literatur – vorwiegend Epik und Lyrik – sind schreib- und korrekturmethodische Schauplätze einer falschen Reduktion ästhetischer Erfahrung und literarischer Urteilsbildung: Reduktion der Erfahrung auf das Wiedererkennen sogenannter Stilmittel und Stilformen, Reduktion der Urteilsbildung auf die sogenannte Autorintention und die allenfalls wertende Einordnung in eine Epoche.
Die Aussage Menzels, „daß die Texte der Schüler in einem eklatanten Widerspruch zum Anspruch der Aufgaben stehen" (1984, 19), ist zu bestätigen: Sie sind häufig weder wirklich literaturanalytisch sinnerhellend noch wirklich literaturkritisch wertend. Was Helga Zeiher (1979, 28 ff.) das „Mitteilungskonzept" eines Textes nennt und mit Recht für die Voraussetzung von „Textschreiben als produktivem und kommunikativem Handeln" hält, das vermisse ich in jenen textbesprechenden Aufsätzen, aus denen hier ausführlich zitiert wurde – nicht um Deutschlehrer und Schüler lächerlich zu machen, sondern um die Natur des Problems herauszuarbeiten.

Vor diesem Hintergrund wird klar, daß und warum Alternativen zur diskursiven Texterschließung wichtig sind – so wichtig, daß ihnen ein drittes Kapitel gewidmet wird. Es geht darin um Schreiben zu statt Beschreiben von Texten (Lange 1984) nicht nur in Form persönlicher „Stellungnahmen" (Gössmann/Beckenbusch 1979), sondern in Anlehnung an Formen der Literaturkritik (vgl. Leder 1988, Braun 1993). „Produktive Umgangsformen" (Ingendahl 1991) werden der Herausforderung, ästhetische Erfahrung mit literarischen Texten zu beschreiben, eher gerecht. Sie sind nicht etwas Zusätzliches, Weglaßbares, das als Kür zur Pflicht der objektiven Analyse hinzutreten kann oder eben auch nicht. Texterschließendes Schreiben in der Schule wird sich immer *zwischen* philologischer Distanziertheit und essayistisch-assoziativer Nähe bewegen; zwischen der Objektivität literarischen Wissens und der Subjektivität ästhetischer Anmutung; zwischen Sinnerklärung und Sinnsetzung. Wir sollten diese Zwischenstellung textbesprechenden Schreibens nicht als mißlich, sondern als vielversprechend begreifen.

Anmerkungen zu Kapitel II

1. Vgl. Herold/Rintelen/Waldmann 1980 u. Bremerich-Vos 1989; für Schülerhand ferner brauchbar: Wernicke 1982 und Diem 1983.
2. Diese Übersicht wurde entwickelt aus den Ausführungen bei Glinz (1978, 25–37) und ergänzt um literatur- und sprachdidaktische Perspektiven.
3. Aus Wolfgang Menzels Stellungnahme zur Frage „Bedroht die Textanalyse das Leseerlebnis?" In: *Praxis Deutsch* 98 (1989), S. 26.
4. Decker 1982, S. 256; ähnlich Eggerer/Rötzer 1982, S. 40: „Inhalt und Form werden zugleich erfaßt, jedoch meist getrennt dargestellt." Deutlich als Vorstufe zur Interpretation ist die Textbeschreibung schließlich auch bei Bremerich-Vos (1989, S. 20) ausgewiesen.
5. Das hier zitierte Gedicht ist abgedruckt auf S. 126.
6. an alle fernsprechteilnehmer, hier nicht abgedruckt, vgl. Anm. 18.
7. Vgl. Wolfgang Boettcher u.a.: *Sprache*, Braunschweig: Westermann 1983. – Nussbaumer (1991, S. 136 ff.), der Grundsätzliches zum Verstehen von Texten sagt, faßt seinen Verstehensbegriff so weit, daß er beides enthält.
8. II.-G. Soeffner: „Interaktion und Interpretation – Überlegungen zu Prämissen des Interpretierens in Sozial- und Literaturwissenschaft", in: ders. (Hrsg.): *Interpretative Verfahren in den Sozial- und Textwissenschaften*, Stuttgart: Metzler 1979, S. 328–351, hier vgl. S. 350 bzw. 341.
9. Herold/Rintelen/Waldmann 1980, S. 35; Hervorhebung v. mir.
10. Der Ausdruck wird gebraucht und definiert von Jürgen Link in: „Das lyrische Gedicht als Paradigma des überstrukturierten Textes", in. H. Brackert/E. Lämmert (Hrsg.): *Funkkolleg Literatur Bd. 1*, S. 234–255, hier 245.
11. Vgl. den schon erwähnten Lehrplan für bayerische Gymnasien: KMBl 7 (1992), S. 327 f. (9. Jahrgangsstufe).
12. Vgl. in den „Statements" der Herausgeber von *Praxis Deutsch* 93: Kügler, Menzel und Gerth.
13. So das Statement von Spinner (ebd., S. 25).
14. Vgl. dazu meinen Beitrag zu Beisbart u.a. 1993, S. 185–194.
15. Vgl. hierzu Frommer 1981 und Lindenhahn 1981.
16. Vgl. Ingendahl 1992, S. 107 u. 109 (Kritik u. Essay) sowie Gössmann/Beckenbusch 1979 (Stellungnahme), Eggerer/Rötzer 1982, S. 58 und Braun 1993, S. 208 (Rezension).
17. Durchaus vereinbar ist dieser Ansatz mit den in den einheitlichen Prüfungsanforderungen für das Deutsch-Abitur seit 1979 festgeschriebenen drei „Schwerpunkten" der Textuntersuchung: „Beschreibung", „Erläuterung" und „Beurteilung" (zit. nach Bremerich-Vos 1989, S. 3).
18. Vgl. H. M. Enzensberger: *Landessprache*, Frankfurt 1963, S. 26 f.
19. Vgl. ders.: „Die Entstehung eines Gedichts", in: ders./dass.: Frankfurt/M.: Suhrkamp 1963, S. 57–82.
20. Vgl. N. Berger/F. Haugg/K. Migner: *Übungsbuch Deutsch – Vorbereitung für das Abitur*, Landsberg/Lech: W. Dummer [4]1982, S. 105–110.
21. Vgl. etwa König/Muthmann 1980, S. 78 f. u. Decker 1982, S. 256 f.
22. Vgl. Friedrich Leiner/Dieter Zerlin: *Grundkurs Deutsch 2*, München: bsv 1981, S. 85 ff.
23. Vgl. „Die Entstehung eines Gedichts", a. a. O. S. 79.
24. Vgl. *Übungsbuch Deutsch*, a. a. O. S. 105.
25. Vgl. H. M. Enzensberger: „Die Entstehung eines Gedichts", a. a. O. 71, und das Zitat bei Berger/Haugg/Migner, a. a. O. S. 106.
26. „Die Entstehung eines Gedichts", a. a. O. S. 75.
27. Johannes Anderegg: Literaturwissenschaftliche Stiltheorie, Göttingen: Vandenhoeck & Ruprecht 1977, S. 102.

28 Die Angaben in dieser Spalte beziehen sich auf alle – auch die hier nicht aufgeführten – in der Klasse korrigierten Schreibformen und sind zum Vergleich mit Spalte 6 gedacht.
29 Franz Hebel u.a. (Hrsg.): *Lesen Darstellen Begreifen* A 9 (Ausg. f. Gymnasien in Bayern), Frankfurt/M.: Hirschgraben 1986.
30 Ebd., S. 237.
31 Vgl. Ernst Josef Krzywon: „'Wider die Trivialschule des Verstandes.' Eichendorffs literaturdidaktisches Konzept", in: W. Seifert u.a. (Hrsg.): *Literatur und Medien in Wissenschaft und Unterricht. FS für Albrecht Weber*, Köln; Wien: Böhlau 1987, S. 233–240.
32 W. Große/L. Grenzmann: *Klassik – Romantik. Geschichte der deutschen Literatur*, Stuttgart: Klett 1987, Bd. 2, S. 121.
33 Große/Grenzmann (a. a. O. S. 122) formulieren: „Dieses Gedicht enthält einen Großteil des Vokabulars, das wir mit den Begriffen 'Romantik' und 'romantisch' verbinden. [...] In einem Spannungsverhältnis befindet sich die gestirnte Weite zur einsamen Person am Fenster (typisch für Eichendorff und beliebt in der Malerei der Zeit [...]). Eichendorff bietet dem Leser kontrastive Anordnungen dar, als deren Ausgangs- und Bezugspunkt das lyrische Ich fungiert."
34 Vgl. Peter Bichsel: *Eigentlich möchte Frau Blum den Milchmann kennenlernen*, Olten u. Freiburg/Br.: Walter 1964, S. 45.
35 Vgl. Dietrich Bartsch u.a.: *Umgang mit Sprache – Sprachbuch für das 10. Schuljahr*, Frankfurt/M.: Diesterweg 1987, S. 17–21.
36 Vgl. ebd., S. 19 f.
37 Curricularer Lehrplan für den Grundkurs Deutsch der Kollegstufe an bayerischen Gymnasien; KMBl So-Nr. 14/1976, S. 462.
38 Von 17 Bearbeitern hat keine(r) die Note 5 oder 6. Der Notendurchschnitt beträgt 2,71.
39 Martin Havenstein: Die Dichtung in der Schule, Frankfurt/M.: Diesterweg 1925, S. 93: Die Kritik an der analytischen Methode im Literaturunterricht ist nicht neu, aber leider immer noch aktuell.
40 Es liegen von ihr korrigierte Klassensätze vor; sie hat dabei im Ganzen die *höchste Zahl der Texteingriffe pro Aufsatz überhaupt* (23,4); die Klassendurchschnittsnoten liegen alle drei im Bereich des Unauffälligen (sie streuen von 2,83 im vorliegenden Fall bis 3,71 in einer 11. Klasse).
41 Vgl. Große/Grenzmann (wie Anm. 32), S. 123.
42 Ebd., S. 122.
43 Die so entstandenen Arbeiten unterscheiden sich klassen- bzw. kursweise lediglich in der Art, wie korrigiert wurde: Lehrerin 32 markiert überdurchschnittlich oft und viel, Lehrer 34 unterdurchschnittlich selten und dann zurückhaltend. Die Wertmaßstäbe sind sich jedoch recht ähnlich. Der oben (S. 83 f) zitierte Erwartungshorizont lag beiden Klassensätzen bei.
44 „Jede Analyse eines Textes zielt auf die Ermittlung der Textintention" (König/Muthmann 1980, 53): Diese Rede von der Textintention ist zwar literaturwissenschaftlich etwas besser abzusichern als die von der Autorintention, dürfte aber für den Schüler auf dieselbe Anstiftung zur quasi-kriminalistischen „Ermittlungs"-Tätigkeit hinauslaufen.
45 So schreibt Diana in einer von Lehrer 34 als „noch ausreichend" eingestuften Arbeit: „*Im Text sind auch Dialoge enthalten, die die Geschichte dem Leser näher, wirklicher, also realischer [sic] beibringen sollen.* [Es folgen Zeilenangaben.] *Der Leser soll sich schneller und leichter in die Handlung eindenken können.*"
46 Aus dem Gesamturteil sowie der Punktevergabe auf die drei Teilaufgaben geht klar hervor, daß nur wegen der als „schlüssig und überzeugend" bewerteten dritten Teilaufgabe die Verfasserin noch „ausreichend" bekommen hat. Am schärfsten kritisiert wird die zu breite, unpräzise und schildernde Textwiedergabe (Aufgabe 1).

47 Zur Begründung vgl. meinen Beitrag zu *Diskussion Deutsch* 134 (1993): „Verbesserung statt Korrektur".
48 Ich meine damit mehr als *äußere Formen*, wie sie etwa in der formalistischen 'Einleitung-Hauptteil-Schluß-Gliederung' (etwa Eggerer/Rötzer 1982, S. 31) etabliert sind; vgl. des Näheren unten, 3.3. und 3.4.
49 Vgl. hierzu die Einleitung, S. 16 f.
50 Antos 1982, S. IX; Hervorhebung v. mir.
51 Diese Frage ist in der Aufsatzdidaktik allzu lange ausschließlich unter dem Aspekt 'gerechter' Beurteilung und Notenfindung diskutiert worden, etwa in den unscharfen Begriffen von 'die abweichende Meinung des Schülers gelten lassen', 'tolerant' bewerten usw. Aber schon die Rede von der *Abweichung* installiert ja eine Norm, die im Zusammenhang mit der Rezeption literarischer Texte und der allenfalls zu leugnenden, aber nicht zu vermeidenden Subjektivität des Schreibens darüber meines Erachtens fehl am Platz ist.
52 Vgl. Schober 1990, S. 122 über „Die Tochter" sowie allgemein Freudenreich/Sperth 1988, S. 11.
53 Vgl. Wolfgang Boettcher u.a.: *Schulaufsätze – Texte für Leser*, Düsseldorf: Schwann 1973.
54 „Schulinterpretation als Beantwortung von Lehrerfragen – statt als engagierte und/oder kritische, als emotionale und intellektuelle Annäherung an den Text selbst": So hat schon Menzel (1984, S. 19) den unbefriedigenden Stand der Dinge skizziert. Und August (1988, S. 54) stellt fest: „Dadurch, daß zu einem Text Leitfragen gestellt werden, wird der Schüler in die Situation des Antwortenden hineinversetzt; er schafft kein Sprachwerk, sondern gibt so nur Antworten. Außerdem ist alles auf den Inhalt ausgerichtet [...], es bleibt kaum Zeit für die 'sprachliche Gestaltung'."

Kapitel III
Gestalten des Schreibens zu und nach literarischen Texten

1 Identifikation und Kritik: gerichtete und richtende Affekte

„Die Vielfalt der Schreibaufgaben, die Schüler in unseren Schulen unter Anleitung bearbeiten, ist sehr eingeschränkt. Aus einer Liste von 30 verschiedenen, international üblichen Schreibaufgaben wird die Hälfte von der Mehrheit der [deutschen] Lehrer nie gestellt – z.b. das Schreiben von Gedichten oder Paraphrasen; 13 der Aufgaben werden von mehr als 6 % nie oder nicht auf dieser Klassenstufe verwendet – z.b. Berichte in erzählender Form [...]. Akademische Schreibformen, wie Prosatextanalysen und Inhaltsangaben, dominieren den Aufsatzunterricht."

Diese deprimierende Bestandsaufnahme aus der „Hamburger Aufsatzstudie" (Hartmann 1989, 95) liest sich wie ein Resümee der beiden hier vorangegangenen Kapitel und macht damit noch einmal deutlich, warum ich ein weiteres Kapitel für notwendig halte. Nun wäre es trivial, lediglich festhalten zu wollen, daß 'Schule' im allgemeinen und besonders im Fach Deutsch 'lebensweltlich' anzutreffende Fähigkeiten und Fertigkeiten auf einen Grundbestand reduziert, den sie dann intensiv vermittelt und einübt. Das ist desto notwendiger, je komplexer und vielfältiger die außerschulisch vorkommenden Tätigkeitsfelder in unseren relativ hochentwickelten Gesellschaften werden. Bedenklich ist vielmehr, daß im Fall des Schreibunterrichts die Auswahl dieses Grundbestandes an fragwürdigen Kriterien orientiert ist – auch „akademisch" sind ja die von Hartmann gemeinten und von mir untersuchten Schreibformen nur unter Vorbehalt zu nennen – und daß sie einen heimlichen Lehrplan enthalten, der sowohl literatur- als auch schreibdidaktisch problematisch ist:
- Literaturdidaktisch läuft dieser Lehrplan eher auf (Selbst-)Distanzierung von den Stimuli und Problemkernen der Literatur hinaus als auf wirkliche Auseinandersetzung mit ihnen – jedenfalls dann, wenn man unter 'Auseinandersetzung' mehr versteht als rein kognitive Beschäftigung, die im schlechten Fall nur Begriffsetiketten vermittelt. Wer über Bichsels „Die Tochter" feststellt, es finde keine *Kommunikation* statt, der hat damit lediglich eines jener Wörter benutzt, die Uwe Pörksen treffend und anregend als *Plastikwörter* beschrieben hat.[1] Was eigentlich gemeint ist – was Kommunikationslosigkeit *bedeutet* –, das wäre erst zu *konkretisieren;* und diesen Begriff verwende ich hier nicht im alltagssprachlichen, sondern in

seiner von der Deutschdidaktik inzwischen wohlfdefinierten Bedeutung. Um sie wird es zunächst gehen.
- Sprachdidaktisch ist die Gestalt(losigkeit) vieler Schülerarbeiten über literarische Texte geradezu kontraproduktiv. „Stilarbeit" (Bleckwenn 1990) ist an herkömmlichen Textanalyse- und Interpretationsaufsätzen schwer oder gar nicht zu betreiben. Daß uns diese 'Kontraproduktivität' lange nicht aufgefallen ist, halte ich – auch bei mir selber – für eine Folge ausschließlichen Konzentriertseins auf literaturdidaktische Ziele: Wir interessierten uns im Wesentlichen nur dafür, ob der Schüler dem wiedergegebenen, analysierten oder interpretierten Text gerecht geworden war, und wir betrachteten seinen eigenen „nonfiktionalen" Stil als zwar vielleicht dürftig, aber „noch angemessen" und jedenfalls weniger wichtig. Das aber ist eine Haltung, die für andere Schulfächer angehen mag, jedoch nicht für den Deutschunterricht, noch dazu unter dem neuerdings diskutierten Motto der Integration und Ganzheitlichkeit. Während schreibdidaktisch jedes sinnvolle Curriculum auf eine Ausdifferenzierung pragmatischer und poetischer Schreibstile hinzielen müßte, auf ein sicheres Sich-bewegen-Können des älteren Schülers in einer möglichst großen Bandbreite von 'Stilen', finde ich hier eine literaturdidaktisch noch legitimierte Festlegung des schreibenden Schülers *auf eine Stil*art vor, eine stilistische Verarmung also gerade gegen Ende der Schulzeit.

Insgesamt geht es nicht darum, etwa die dominant kognitiven Formen des Schreibens über Texte global zu denunzieren, gar abschaffen zu wollen; es geht vielmehr darum, jene „Vielfalt" (Hartmann 1989 im Zitat oben) herzustellen oder wiederherzustellen, die sowohl möglich als geboten ist, um den Umgang mit Literatur *auch schreibdidaktisch* wieder fruchtbar und nicht zuletzt 'lustvoll' zu machen: „die reinliche Scheidung der Tätigkeiten Lesen und Schreiben in den Fächern Literaturunterricht und Aufsatzunterricht ist [...] widersinnig";[2] die traditionelle Abfolge von „Stilformen" des Schreibens über Literatur ist nicht zu ersetzen, aber dringend *ergänzungs*bedürftig. Ich nenne, und das ist ein Zwischenresümee, hierfür drei Gründe:
(1.) 'Divergente' Schreibarten sind wünschenswert um der verdrängten subjektiven „Lesarten" willen, die der Schüler den von ihm meist geforderten besprechenden „Stilformen" schlechterdings nicht einschreiben kann, ohne den Schaden davon zu haben. (Genau das hat und tut er freilich oft, wie Beispiele gezeigt haben.) Jene „Gegenbewegung", für die (mit Haas 1993, 200) Schreiben nicht das Ziel, *sondern der Weg zum Text* ist, muß gestärkt werden.
(2.) Eine Erweiterung der Bandbreite dessen, was wir dem Schüler anbieten und abverlangen, begegnet auch der erwähnten stilistischen Verarmung des Schreibens in der und für die Schule. Gerade über Leseerfahrungen müßte sich doch noch ganz anders und sehr vielfältig schreiben lassen – was taten und tun denn die Schriftsteller *selber*?[3]

(3.) Während diskursives Schreiben über Texte, wie das erste und zweite Kapitel gezeigt haben, affektarm und kognitionslastig vermittelt wird, können die nun zu bedenkenden Alternativen auch den Affekten des lesenden und schreibenden Schülers eher gerecht werden. Zu unterscheiden sind dabei

gerichtete Affekte
(gerichtet auf eine literarische Figur, einen Erzähler, eine Erzählweise, usw.)

richtende Affekte
(urteilend über eine literarische Figur, einen Erzähler, eine Erzählweise, usw.)

Ich suche also nach *schreibdidaktischen Entsprechungen* zu den interessanten und auch methodisch wegweisenden Überlegungen, die in neueren Ansätzen zur Didaktik des literarischen Lesens vorliegen (vgl. bes. Stephan 1985, Frommer 1988, Härter 1991) und die mit der bequemen Illusion der 'richtigen' und für alle verbindlichen Textinterpretation, die fachwissenschaftlich schon lange als altes Eisen gilt, nun auch fachdidaktisch nachhaltig aufräumen. Denn Schreiben über Literatur basiert ja auf Leseprozessen; wie sie ablaufen, müssen wir uns vergegenwärtigen, wenn wir wirklich Schreibarten finden wollen, die „Leseerfahrungen inszenieren", um nochmals mit Schutte 1985 zu reden.

Anknüpfen kann man dabei an den von Roman Ingarden (1930) stammenden Begriff der „Konkretisation", dessen lesedidaktische Fruchtbarkeit insbesondere Harald Frommer (1988) inzwischen bewiesen hat. Er arbeitet mit der „Doppeldeutigkeit" des Begriffs, der ja den Prozeß des *Veranschaulichens* oder *bildlichen Ausführens* ebenso 'meinen' kann wie das Produkt solcher – wie Frommer (ebd., 25 f.) sagt – „Ausschnittsverdeutlichung". Er unterscheidet (ebd., 73) die nur „besprochene" von der „gestalteten Konkretisation". Ich werde für meine eigene Gliederung (vgl. unten die Abschnitte 2.1 und 2.2) lieber sagen: *besprochen* und *erzählt,* weil ich auch die besprechende Konkretisation für gestaltend halte.

Frommer nennt als Beispiel für eine erzählende („gestaltende") Konkretisation die *Nacherzählung* (vgl. ebd., 27; ein anderes Beispiel aus dem traditionellen Deutschunterricht wüßte ich auch nicht zu nennen). Nicht „Deutung", sondern „Ergänzung" werde hier geleistet (vgl. ebd., 42). Ähnlich spricht Stephan (1985, 25) von „Hinzufügen": „eine Reduzierung oder Beseitigung der Unbestimmtheit des Dargestellten". Mich interessiert daran nicht die rezeptionspragmatisch mittlerweile gut erforschte Tatsache, daß dergleichen in jedem Lesevorgang geschieht, sondern die schreibdidaktisch weniger gut erforschte, daß es sich zur Produktion von Texten nutzen läßt.

Methodisch schon weitgehend ausgebaut ist dieser Weg dagegen im Rahmen der Didaktik des handlungsorientierten Literaturunterrichts, die auf Konkretisation von Textvorlagen etwa durch literarisches Rollenspiel verweist. So sagen Freudenreich/Sperth (1990, 11):

„Wir gehen von den Unbestimmtheiten im Text aus [...] und fordern den Schüler auf, die Projektionen, die an dieser Stelle bei ihm entstanden sind, in einer der möglichen Spielformen des Rollenspiels zum Ausdruck zu bringen."

Das Aufschreiben hat in diesem Zusammenhang eher eine dienende Funktion, ist Übergang zum Spielen. Eine ausgestaltete schriftliche Konkretisation entsteht dagegen dort, wo Schüler – auf eigene Faust oder nach Anregung durch den Deutschlehrer – an bestimmten Stellen in den Text eingreifen und ihn ergänzen oder fortführen. „Gelenkte Konkretisationen" (Frommer 1988, 89 f.) entstehen erst recht dann, wenn der ganze Text unter einem veränderten Blickwinkel neu geschrieben werden soll. Doch das Konkretisieren ist keine Erfindung der Deutschdidaktiker, sondern wird von ihnen lediglich mit gutem Erfolg benutzt. Ich unterscheide daher zwischen

- ungelenkter Konkretisation: Auch sie ist mehr oder weniger ausgestaltet, jedoch transitorisch. Sie findet offenbar schon bei der einfachen Textwiedergabe 'im Kopf' statt, erst recht bei 'Textanalyse' und Interpretationsaufsatz. Und sie ist auch dort wichtig, wo der Text handwerklich-stilistisch bearbeitet werden soll, also beim Précis.
- und gelenkter, durch Sprechen und Schreiben bewußt gemachter Konkretisation: Sie ist, wie Frommer (1988) herausgearbeitet hat, ein Bündel von der Interpretation *unterscheidbarer* Verfahren. Sie zielen nicht auf abstrahierende Repräsentation des Textes in einen 'Meta-Text' ab *(Schreiben über...)*, sondern auf seine sinnliche Vergegenwärtigung durch einen eigenen Text ('Subtext', Zusatztext): Ergänzung um innere Monologe[4] oder Erzählerkommentare, Erweiterung um Elemente der Handlung, Beschreibung, usw., aber auch um 'Fußnoten' oder mitlaufende Leserkommentare. (Die Grenzen gegenüber dem 'eigenen Text' sind hier fließend.)

Stierles (1975) bereits erwähnte Unterscheidung zwischen naiv-inhaltsentnehmender „Erstlektüre" und reflektierend-deutender „Zweitlektüre" unterstellt, erst diese Zweitlektüre sei dem Text (philologisch) angemessen. Das mag so sein; allerdings wissen wir, daß nicht einmal in germanistischen Seminaren die erfolgte und erfolgreiche Zweitlektüre die Regel ist, wenn das Gespräch über den Text anhebt, und daß in der Folge davon häufig einige wenige sprachmächtige Diskussionsteilnehmer ihre Lesart durchsetzen. Im Germanistikstudium sei allzumeist noch immer, beklagt Thomas Anz, die „Kunst oder Technik der Interpretation" isoliert vom Verfassen eigener Texte zu erlernen.[5] Warum eigentlich? Das Verfassen epischer 'Pendants' zu einer Vorlage (Kafka: *Das Urteil*, 1912) als Methode der Auseinandersetzung mit dieser hat Paefgen (1993) in der Sekundarstufe II sowie in einem germanistischen Grundkurs erprobt. Die Autorin weist dieser Schreibaufgabe die Schlußposition innerhalb der hermeneutischen Textarbeit zu. Warum sollte man aber Schüler und Studierende nicht auch dann schon schreiben lassen, wenn eine Textvorlage noch nicht erfolgreich 'gedeutet' ist und man dem erst auf die

Spur kommen will, was der Text (einem) bedeutet? Warum sollte das Schreiben über Literatur, so sinnvoll es gelegentlich als Textzusammenfassung, als Analyse, als Erörterung von „Sinn" ist, nicht auch den Denkbewegungen jedes einzelnen Lesers folgen und seine Lesart aus ihnen heraus entwickeln dürfen, auf assoziative und fabulierende, aber auch auf essayistische, also literaturkritische Weise,[6] mehr als Beschreibung der Annäherung an den Text denn als Textbeschreibung? Hierzu sind Voraussetzungen zu klären.

Wer wissen will, wie textbesprechendes Schreiben zwischen Konkretisation und Kritik aussehen könnte, dem hilft das einfache zweiphasige Modell Stierles nicht mehr weiter. Es tut nämlich so, als seien Erst- und Zweitlektüre klar unterscheidbare Vorgänge mit je eigenen Gesetzmäßigkeiten – während doch tatsächlich, wie Frommer (1988, 47) erkennt, die der Erstlektüre weithin entsprechende Konkretisation ein „auslaufender Prozeß" ist und die der Interpretation sich nähernde Zweitlektüre ein „anlaufender", so daß es eine *Mittelphase* gibt, in der beide sich überlappen:

Tafel 4a: Verhältnis von Konkretisation und Interpretation

Konkretisation   **Interpretation**

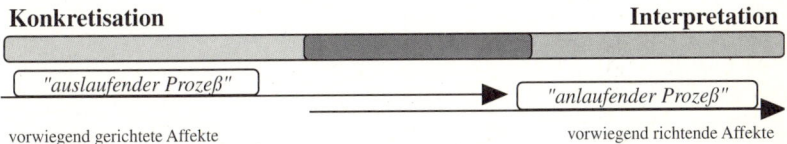

"auslaufender Prozeß"   "anlaufender Prozeß"

vorwiegend gerichtete Affekte   vorwiegend richtende Affekte

Überlegt man nun, in welche der drei so entstehenden Felder die von unseren Lehrplänen bevorzugten kognitiven Formen des Schreibens über Literatur einzuordnen sind, so stellt sich heraus: Zwischen Konkretisation (Nacherzählung des ganzen Textes oder Ausgestaltung ausgewählter „Unbestimmtheitsstellen") im linken und Interpretation (Texterschließung, lit. Erörterung) im rechten Feld scheint es nichts zu geben, was man dem Schüler zumuten oder zutrauen dürfte.

Aber das scheint eben nur so: Zu unterscheiden sind von den explikativen Äußerungen über Texte nicht nur die „fabulierenden" (Bullerdiek 1991, 24), sondern auch die in weiterem Sinn „kontemplativen" (Ingendahl 1991, 104 ff.): Schreiben über Texte und nach Texten in Tagebuch-, in Brief-, in Essayform; auch das assoziative „Tagtraumspiel", das als *Sich-Einschreiben des Lesers in eine Geschichte* auch zu literarischen Formen der Aneignung von Literatur führen kann (vgl. ebd., 115). Damit ist kognitives Besprechen ergänzt oder zeitweise ersetzt[7] durch etwas, was ich schriftliche Bearbeitung gerichteter und richtender Affekte nennen würde und was meiner Überzeugung nach auch in der Literaturkritik eine wesentliche Rolle spielt. Der Einwand, ein solches Arbeiten sei gefährlich subjektiv, geht von der Annahme aus, Affektfreiheit sei überhaupt möglich. Aber „Die Sprache der Kritik", schreibt die Literaturkritikerin Sibylle Cramer (1985), changiert immer „zwischen Gefühl und Argument". Es gibt keine Interpretation ohne persönliche

Wertung (Gefallen/Mißfallen; Zustimmung/Ablehnung, usw.). Es ist auch kein Konkretisieren ohne Identifikation (als Einfühlung in ..., als Parteinahme für/ gegen ...) möglich.

Tafel 4b: Lese- und schreibdidaktische Folgerungen

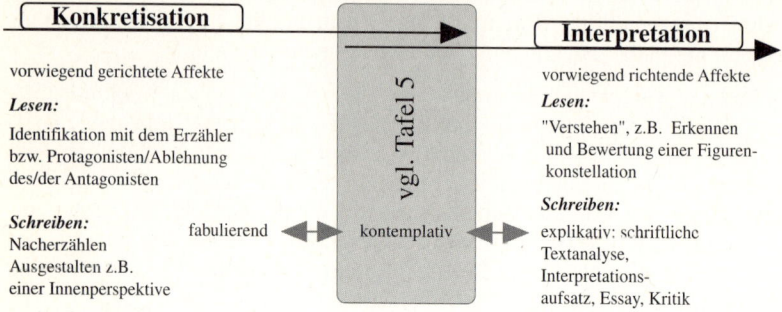

Das Anliegen dieses letzten Kapitels ist also, die Übergangszone zwischen reiner Konkretisation und konvergenter Interpretation auszuleuchten: Welche Schreibaufgaben verlangen vom Schüler, von der Schülerin zugleich *mehr* als bloß identifikatorisches Parteinehmen oder Ausfabulieren und *weniger* als theoretische Explikation? Kann man also erklären, ohne ausdrücklich explikativ sein zu müssen, und kann man konkretisieren, ohne jeden Anspruch auf Reflexion eigenen Tuns preiszugeben? Und gibt es unter solchen Schreibaufgaben welche, die es außerdem erlauben, den dabei entstehenden Text auf stilistisch interessante Weise zu gestalten? Das mag nach Überforderung, gar nach der Quadratur des Kreises klingen; aber ein solches Urteil sollte man aufschieben, bis man die in diesem Kapitel vorgestellten Varianten der nicht-diskursiven 'Schreibart' kennengelernt und möglichst selbst erprobt hat. Oft sind ja Ziele, die auf direktem Weg unerreichbar scheinen, auf Umwegen sehr wohl anzusteuern.

Einige solche Umwege will ich skizzieren. Aus der Bandbreite dessen, was hier möglich wäre, wähle ich dabei diejenigen Schreibarten aus, die
- am deutlichsten auf einen vorliegenden literarischen Text – einen Ausgangstext – bezogen bleiben, und die
- das – in Tafel 4 gekennzeichnete – *Mittelfeld* zwischen Konkretisation und Interpretation idealtypisch besetzen: soviel – aus Raumgründen nicht mehr – zur theoretischen Begründung der Aufgabenauswahl, die jetzt folgt. Ich stelle sie zunächst in einer letzten Tafel (5) in folgender Übersicht dar.

Tafel 5: Schreiben über literarische Texte: Wiedergeben, Besprechen und Gestalten

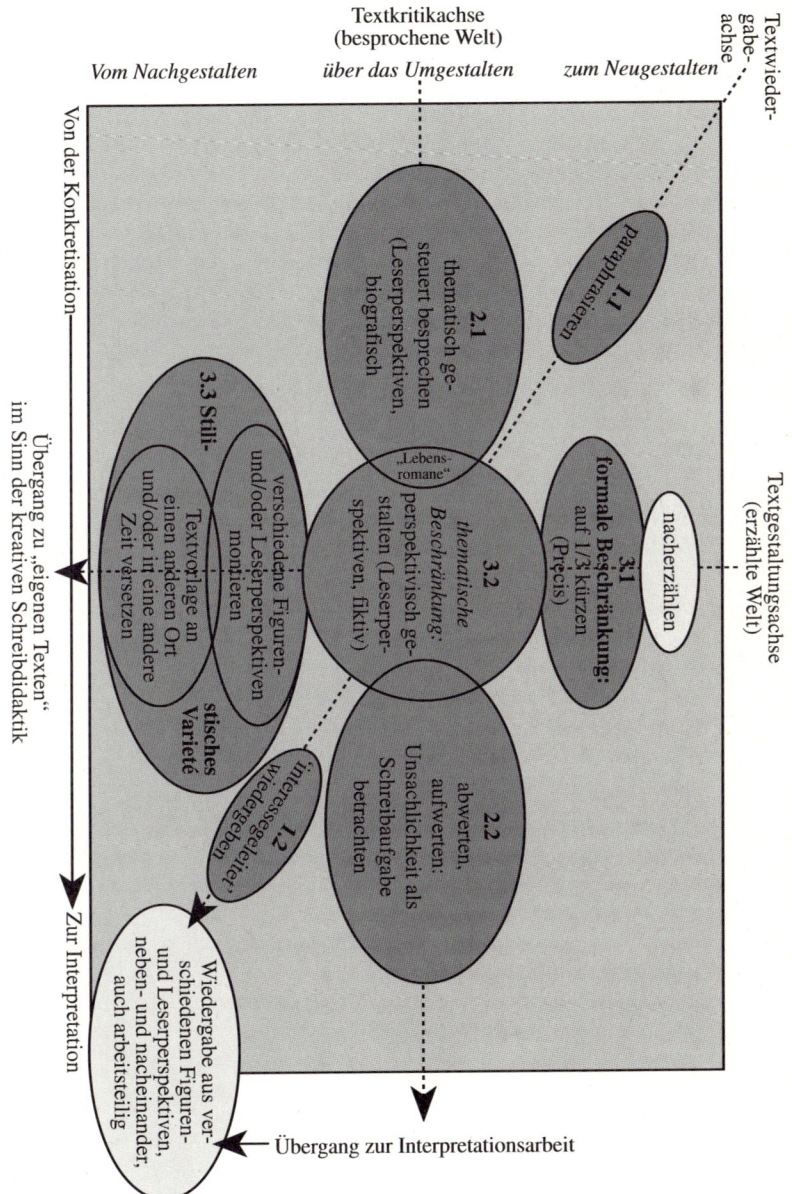

2 Methodische Vorschläge: Etüden

2.1 Umschriebene Textwelt: Etüden der Wiedergabe

Der grundlegenden und in der Einleitung (S. 22) bereits erwähnten Unterscheidung von Weinrich (1964) folgend, habe ich – schon oben in *Tafel 5* – die Arten des Schreibens über literarische Texte eingeteilt in solche, die sich in der *erzählten Welt,* und solche, die sich in der *besprochenen Welt* bewegen. Dieser Gliederung werde ich folgen. Allerdings gibt es Formen der Textwiedergabe (und mit ihnen werde ich beginnen), die zwischen beiden genau die Waage halten – nicht mehr 'ganz poetisch' und noch nicht wirklich 'diskursiv' im Ton sind. Ich meine das Paraphrasieren und die Textwiedergabe durch eine 'parteiische' Figur.

Die Herausforderung dieser 'umschriebenen Textwelt' ist eine Textwiedergabe, die auf die Meta-Ebene des *Redens* darüber noch verzichtet, allerdings gerade nicht 'objektiv' im Sinn der sogenannten Inhaltsangabe ist. Die Herausforderung der 'besprochenen Welt' ist dann diese Meta-Ebene (der kritischen Äußerung zum Text); und die Herausforderung der 'erzählten Textwelt' schließlich ist, eine eigene Um- oder Neugestaltung der Textvorlage zu versuchen.

Den in der Überschrift dieses Kapitel benutzten Begriff der Etüde übernehme ich von Menzel (1990), gebrauche ihn jedoch in einem weiteren als nur syntaktisch-stilistischen Sinn: als Bezeichnung für *alle* Operationen an einem Text, die ihn wiedergeben und besprechen *oder* bewußt und gezielt verändern; und gleichzeitig gebrauche ich ihn als Metapher (Herkunft: Musik) für den weniger ergebnis- als prozeßorientierten Charakter solcher 'Übungen' des Wiedergebens, Besprechens und Gestaltens. Nicht auf 'fertige' Texte kommt es hier an, sondern auf den Vorgang des Sich-Hineinschreibens in die 'Textinhalte' (Abschnitt 2.1), in die Rolle des Besprechenden und Beurteilenden (Abschnitt 2.2) bzw. in eine eigene Erzähler- oder Gestalterrolle (Abschnitt 2.3). Die dabei entstehenden Texte Lernender – in *Tafel 5* durch einander überlappende Ovale versinnbildlicht – sind *Durchgangsstadien,* keine zensierbaren Endprodukte – was nicht heißt, daß Benotung nicht stattfinden dürfte; sie hätte sich jedoch auf den gesamten Arbeitsprozeß zu beziehen, frühere Entwürfe zu berücksichtigen und Weiterentwicklungen zu gestatten.[8]

2.1.1 Paraphrasieren

Die 'Nullstufe' textwiedergebenden Schreibens ist das – zu selten geübte[9] - Paraphrasieren. In eigenen Worten, aber ohne den Zwang zur Reduktion und Abstraktion der schon der einfachen Textzusammenfassung (verkürzenden

'Inhaltsangabe') innewohnt, kann ein Text paraphrasiert werden. Das Ergebnis kann auch länger sein als die Vorlage und ist in jedem Fall eine gute Grundlage für die weitere Verständigung über dessen 'Inhalt' und 'Form' – auch und gerade dort, wo die sogenannte Inhaltsangabe nicht praktiziert wird, weil ihre Regeln kaum greifen: in der Lyrik. An einem Gedicht von Rückert („Wol endet Tod des Lebens Noth") hat Andreas Thalmayr (alias H. M. Enzensberger) demonstriert, wie das aussieht. Allerdings hat er seine Paraphrase mit „Hypothesen" angereichert, die ich zu Demonstrationszwecken entferne und so eine Zwischenstufe (mittlere Spalte) rekonstruiere:

Rückert (1819):	Ulf Abraham:	Thalmayr (1985, 102):
	Mag sein, daß des Lebens	Mag sein, daß des Lebens
Wol endet Tod des	Not eines Tages zu Ende	Not eines Tages zu Ende
Lebens Noth,	geht, wenn du stirbst. Du	geht, wenn du sterben
Doch schauert Leben	neigst dazu, vor dem Tod	solltest. Ich weiß es nicht,
vor dem Tod.	zu erschrecken. Du siehst,	doch ich glaube, du neigst
	solange du lebst, nur die	dazu, vor dem Tod zu
Das Leben sieht die	Hand, die dir dunkel er-	erschrecken. Mir ist, als
dunkle Hand,	scheint, und nicht den	sähest du, solange du
den hellen Kelch nicht,	helleren Kelch, den sie dir	lebst, nur die Hand, die
den sie bot	reichen will.	dir dunkel scheint, und
		kaum je den helleren
[...]		Kelch, den sie dir bieten
		mag. [...].

Das Beispiel, das ich nicht in voller Länge zu übernehmen brauche, zeigt, daß eine Paraphrase nach dem Ermessen des Bearbeiters mit 'persönlichen' Elementen angereichert werden kann. Die „Unbestimmtheitsstellen" (Ingarden 1930) des Originals müssen nicht 'vereindeutigt', ihr Unbestimmtheitscharakter kann auch durch entsprechende Einschübe herausgestellt werden: „Thalmayrs" Paraphrase ist nicht mehr neutral (die neutrale Variante habe ich dazwischengesetzt), sondern bereits auf dem Weg zu einer produktiven Veränderung des Originals; sie nimmt die apodiktische Sicherheit zurück, mit der Rückerts lyrischer Sprecher den Tod erklärt, und führt eine Komponente der Unsicherheit ein.
An Eichendorffs „Sehnsucht" haben Teilnehmer meines Stilistik-Seminars das Paraphrasieren erprobt. Zwei Beispiele zitiere ich zum Vergleich mit dem Original.[10]

J.v. Eichendorff:
Sehnsucht (1834)
Es schienen so golden die Sterne,
Am Fenster ich einsam stand
Und hörte aus weiter Ferne
Ein Posthorn im stillen Land.
5 Das Herz mir im Leib entbrennte;
Da hab ich mir heimlich gedacht:
Ach, wer da mitreisen könnte
In der prächtigen Sommernacht!

Zwei junge Gesellen gingen
10 Vorüber am Bergeshang,
Ich hörte im Wandern sie singen
Die stille Gegend entlang:
Von schwindelnden Felsenschlüften,
Wo die Wälder rauschen so sacht,
15 Von Quellen, die von den Klüften
Sich stürzen in die Waldesnacht.

Sie sangen von Marmorbildern,
Von Gärten, die überm Gestein
In dämmernden Lauben verwildern,
20 Palästen im Mondenschein,
Wo die Mädchen am Fenster lauschen,
Wann der Lauten Klang erwacht
Und die Brunnen verschlafen rauschen
In der prächtigen Sommernacht.

Paraphrase I
(1) Es ist eine sternenklare Sommernacht. (2) Am Fenster stehend (3) vernehme ich (4) den Klang eines Posthorns; (5) in mir entbrennt (6) der Wunsch, (7) mitreisen zu können. (8) (9-12) In meine Gedanken hinein vernehme ich auch den Gesang zweier junger Wanderer; (13-16) sie besingen eine wilde bezaubernde Bergwelt und (17-19) einen darin (?) befindlichen Rokokogarten eines (20-?) Lustschlößchens.

Paraphrase II
(1) Die Sterne leuchteten golden, (2) als ich nachts am Fenster stand. (3) Aus weiter Ferne hörte ich (4) im stillen Land ein Posthorn, (5) und das Herz wurde mir schwer. (6-8) Ich wünschte mir, auch mitfahren zu können durch die schöne Sommernacht und länger, und weiter. (9) Zwei junge wandernde Handwerker gingen (10) am Berghang vorüber, (11-12) und die hörte ich singen, (13) ein Lied von abgrundtiefen Schluchten, (14) in denen leise der Wald rauscht, (15 f.) von Sturzbächen, die über die Felsen hinabdonnern in den nächtlichen Wald hinein, (17-19) von schönen, verwildernden Gärten mit marmornen Statuen in halbdunklen Lauben, (20) von Schlössern im Mondlicht, (21) wo Mädchen an Fenstern (22) auf Lautentöne horchen, (23) und wo Brunnen leise plätschern – (24) das alles in dieser einmalig schönen Sommernacht.

Paraphrase I ist noch sehr der sogenannten Inhaltsangabe verhaftet: Nicht nur wird – besonders ab Vers 20 – stark gerafft, sondern das Tempus der erzählten Welt geändert, was eine Paraphrase nicht unbedingt muß, wohl aber kann: Sie steht ja, wie gesagt, am Übergang zwischen erzählter und besprochener Welt. Deshalb bleiben in diesem Fall auch einige 'poetische' Reste unumschrieben: „entbrennt" (5) und „vernehme" (3), dies sogar zum zweiten Mal an einer Stelle, wo es im Original nicht vorkommt (11). Wo eigene Ausdrücke gefunden werden, dort passen sie sachlich nicht ganz. Wanderer „ist

126

nicht dasselbe wie „(wandernde) Gesellen" (9), und das *Lustschlößchen* am Ende ist eine eigene Konjektur.

Ein eher gelungener Versuch ist Beispiel II: Der Verfasser scheut die für eine 'Prosaisierung' erforderliche Länge nicht, und er führt sie bis hinein in die Wortwahl durch, so daß stilistisch neutrale Wörter wie *hören* oder *horchen* die deutlich markierten („vernehmen", „lauschen") ersetzen. Der Text ist auf dem Weg zu einem besprechenden Ton, der 'das Poetische' der Vorlage zwar noch nicht gänzlich löscht, aber zurücknimmt (das erzählende Tempus bleibt).

„Entbrennt" ist hier vermieden; ob freilich *das Herz wurde mir schwer* (5) als sachlich gleichwertige Paraphrase gelten darf, ist zumindest strittig (und wurde im Seminar auch so diskutiert). In Vers 17–19 wurde der Relativsatz des Originals falsch bezogen – nämlich irrigerweise auf die „Marmorbilder" statt auf die Gärten -, und die Unbestimmtheit der „-bilder" wurde vereindeutigt: *marmorne Statuen*. Und an einer Stelle kann auch diese ansonsten relativ sorgfältige Paraphrase nicht anders, als das Paraphrasieren in eine Deutung münden zu lassen: Zu Vers 7 f. formuliert der Verfasser *und länger, und weiter,* um eine im Original implizierte, aber nicht ausgesprochene längere Ausdehnung der „Mit"-Reise in der Paraphrase unterzubringen.

2.1.2 'Interessegeleitet' wiedergeben

Bereits das Paraphrasieren also ist ohne produktive Mitarbeit nicht möglich. Aber wer parapharasiert, thematisiert seine Lesart noch nicht und legt sich damit nicht unbedingt Rechenschaft ab über sein persönliches Interesse am Text. Das jedoch tut, wer die Vorlage aus der Sicht einer bestimmten Figur inhaltlich wiedergeben soll. Ich wähle ein Beispiel, das nicht zuletzt seiner weiten Verbreitung in Schulbüchern wegen schon im zweiten Kapitel eine Rolle gespielt hat: Bichsels „Die Tochter". Textanalyseaufsätze über diese Kürzestgeschichte waren durch unbefriedigende 'Erledigung' dieser Schreibvorlage aufgefallen, methodische Vorschläge in einem Arbeitsbuch für die 10. Jahrgangsstufe durch einen sehr reduzierten Begriff vom literarischen Kommunikationsprozeß. Auch wer eine herkömmliche 'Inhaltsangabe' verfassen sollte, könnte mit Bichsels Geschichte wohl nicht sehr viel anfangen: zu wenig 'Handlung', zu stark typisierte Figuren. Der weiten Verbreitung des Textes wegen lohnen sich aber (obwohl weiter unten in diesem Kapitel bewußt auch weniger häufig traktierte Texte herangezogen werden) doch einige Überlegungen, was mit ihm noch 'anzufangen' wäre, wenn das literatur- und schreibdidaktische Ziel darin besteht, vom bloßen Auf-den-Begriff-Bringen tatsächlicher oder angeblicher 'Merkmale' wegzukommen.

Wiedergabe – gleich, ob ein Text oder etwas anderes sein Gegenstand ist – erfordert möglichst genaue Wahrnehmung dessen, was wiedergegeben werden soll; und Wahrnehmung setzt – nochmals nach Holzkamp (^{5}1986, 22) – „sinnliche Präsenz des Wahrgenommenen voraus". Gegen Bescheidwissen und Gleichgültigkeit als Folgen *mangelnder Präsenz* habe ich an anderer Stelle (1991) „Textbegegnungen" gefordert. Wie nun und in welchem Sinn überhaupt können Schüler und Schülerinnen *einem Text begegnen, insbesondere einem in metaphorischen Sinn?* Sieht man genauer hin, so können sie natürlich nur dem „begegnen", was sie selbst *konkretisiert* haben, und das sind häufig, so auch im vorliegenden Fall, zunächst die Figuren des Textes und deren engeres Umfeld. Wenn sie „präsent" werden sollen, müssen sie in mehr als kognitivem Sinn Realität gewinnen.

Otto Schober hat in einem Beitrag zur „Emotionalität des Schülers im Deutschunterricht" (1990) vielleicht nicht zufällig Bichsels Geschichte herangezogen, um die „Förderung emotionellen Lernens durch Schreibgruppenerfahrung" (ebd., 121–123) zu illustrieren. Ich gebe einige seiner methodischen Vorschläge hier wieder:
- Gedanken Monikas beim Heimfahren;
- Text in Monikas Tagebuch über ihre Situation im Elternhaus;
- Die Tochter unterhält sich im Zug mit einer Freundin/ einem Freund über ihre Einstellung zu den Eltern;
- Monika kommt nicht heim – Gedanken und Gespräche der Eltern.

Solche Schreibaufgaben, wie sie im Sinn eines „operativen" Literaturunterrichts heute erfreulicherweise schon vielfach üblich sind, werden nicht nur damit begründet, daß sie sonst vernachlässigte Aspekte des Textes und Dimensionen des Verstehens (nämlich die affektive und instrumentelle) besser ins Spiel bringen als die diskursive Interpretation, sondern auch damit, daß sie dem Schüler, der Schülerin zu Ausdrucksmöglichkeiten verhelfen können, die lebensweltlich und alltagssprachlich oft verstellt sind: Es geht um emotionelles Lernen nicht durch „direkte Selbstoffenbarung, sondern [...] in der Maske literarischer Figuren und Formen." (Schober 1990, 122) Das ist zu begrüßen. Allerdings sind solche Aufgabenstellungen keine Etüden der Wiedergabe und des Besprechens, sondern Etüden des Ausgestaltens. Eine Textwiedergabe findet, so darf man annehmen, vor oder neben solchen Aktivitäten oft ebenfalls statt, und zwar in der hergebrachten Weise, daß 'der Inhalt' abgefragt wird.

Wenn jedoch schon aus Gründen der Lehrzielkontrolle oft auf Textwiedergaben im Unterricht nicht verzichtet werden kann (Wurde der Text überhaupt gelesen?), so sind doch bereits auf dieser Ebene Alternativen denkbar: Möglichkeiten der Wiedergabe durch *Masken* hindurch. Das lateinische Wort für die Maske auf der Bühne ist *persona;* warum sollte nicht eine der *personae* der Geschichte selbst eine Zusammenfassung geben? Der Schüler übernimmt die Rolle einer Figur, und aus dieser Rolle heraus kann er eine Textwiedergabe versuchen; aber nicht wie einer, der 'persönlich' mit der Sache nichts zu tun hat, sondern als eine Person(a), die in eigener Sache spricht und gerade nicht objektiv, sondern einseitig, verzerrend, parteiisch wiedergibt, was sich ereignet hat (oder, im vorliegenden Fall, was sich jeden Tag ereignet). Ich nenne das Ergebnis eine *interessegeleitete Textwiedergabe*, die (auch) als Lehrzielkontrolle durchaus taugen dürfte. Deren *schriftliche* Form betrachte ich im übrigen nicht als Selbstzweck – was die sogenannte Inhaltsangabe oft leider ist -, sondern als Vorarbeit zu einer szenischen Realisation, in der sich die betreffende Figur nicht nur verbal, sondern auch körpersprachlich artikuliert:

- Du sprichst als der Vater des Mädchens. Gib wieder, was der Text erzählt.
- Du sprichst jetzt als die Tochter. Gib dasselbe wieder.
- Du – als die Mutter – willst vermitteln. Entwirf eine Version, die zu harmonisieren versucht.

„Gib wieder, was der Text erzählt": Die Spannung zwischen *wiedergeben* und *erzählen* ist beabsichtigt. Das Verfahren steht, ähnlich wie das des Paraphrasierens, genau auf der Grenze zwischen Verbleiben in der erzählten Welt und Heraustreten aus ihr im besprechenden Ton. Gewollt ist keine (Nach-)Erzählung, aber auch keine Inhaltsangabe vom abgehobenen Standpunkt eines unbeteiligten Dritten (Vierten, Fünften) aus, sondern eine um die Sachlichkeit des Besprechens bemühte, aber trotzdem parteiische – 'interessegeleitete' – Textwiedergabe. Identifikation bleibt auch jenseits der ja schon abgeschlossenen „Erstlektüre" *noch* möglich, Erkennen und Bewerten der Figurenkonstellation aber ist *schon* möglich, auch wenn die 'Sprechenden' textinterne 'Personen' sind. Von hier aus führt ein weiterer Schritt zur Wiedergabe und Besprechung durch textexterne *personae;*[11] aber damit ist die Grenze vom Paraphrasieren hin zum Besprechen überschritten:

2.2 Besprochene Textwelt: Etüden der Kritik

2.2.1 Thematisch gesteuert besprechen (Lebensromane I)

Die Schreibregeln der Textanalyse und auch die des auf ihr basierenden Interpretationsaufsatzes laufen auf ein *formal gesteuertes Besprechen* hinaus. Ohne dessen Möglichkeiten pauschal leugnen zu wollen – manche Schüler können sich so und *vielleicht so am besten* im Anschluß an literarische Texte äußern – suche ich doch nach Möglichkeiten, das Besprechen auch anders, nämlich thematisch zu steuern. Methodische Vorschläge schließe ich an die erwähnte konstruktivistische Literaturtheorie Scheffers (1992) an, gerade *weil* sie rezeptionsästhetisch und poetologisch provokant ist und deutliche Positionen bezieht: Wenn der eigene „Lebensroman" jeder literarischen Textrezeption sozusagen dreinredet und nicht ausgeblendet werden kann, so sollten wir solche Störungen einer konvergenten Wiedergabe- und Interpretationstätigkeit nicht als lästig und unerwünscht betrachten; *Störungen sind wichtig, man muß sie thematisieren.*[12] Das aber kann nur heißen: Ich muß die biografischen

Punkte benennen, von denen aus ich die Rezeption eines Textes begonnen habe und zu einem für mich sinnvollen Ende bringen will.

Ich erinnere jetzt an den Abschnitt „Perspektivlosigkeit" im zweiten Kapitel: Es geht um Explikation einer Perspektive auf den Text, nicht um Explikation 'des Textes' (von dem die konstruktivistische Theorie bestreitet, daß es ihn 'als solchen' gibt). Ich nenne das, was dazu nötig ist, „Wiedergabe" (und unten, in Abschnitt 3.1 dann darauf aufbauend: „Gestaltung") *aus der Perspektive eines thematisierten Lesers.*

Ich unterscheide zunächst zwischen *biografischen* und *fiktiven* Lesern, deren „Lebensromane" in eine Textrezeption und anschließende Wiedergabe, Besprechung, Nach-, Um- oder Neugestaltung eingehen können. Hier interessiert der 'biografische Fall' – wie sich anläßlich einiger Schülerarbeiten im zweitem Kapitel gezeigt hat, der für Schüler und Schülerinnen 'naturwüchsige' Fall (aus ihrer Sicht ist es ein *autobiografischer* Fall). Die Schülerin, die sich in der Wiedergabe und Analyse von Bichsels „Die Tochter" sozusagen selbst unterbringt, erfüllt die hier erhobene Forderung, ohne sie zu kennen. Sie schreibt ihren eigenen Lebensroman fort. (Allerdings tut sie dies, wie noch einmal kritisch betont werden soll, *gegen* die erklärten Ziele eines Textanalyseunterrichts, der solch 'divergente' Lesarten tendenziell als irrelevant beiseiteschiebt.)

Thematisierung biografischer 'Lebensromane':
Hier greife ich zurück auf ein Experiment aus der Lehrerfortbildung, denn die „Lebensromane" Erwachsener führen, da sie sozusagen schon mehr Kapitel haben und einen weiter entwickelten *plot,* zu deutlicheren Ergebnissen. Der Einwand, solche seien mit Jugendlichen nicht zu erwarten, wird nur den überzeugen, dem es vorwiegend eben auf diese Ergebnisse ankommt; die *Prozeß*orientierung, die ich zu Beginn dieses Kapitels für alle hier vorgestellten Verfahren in Anspruch genommen habe, enthält eine Zielperspektive, die auch für Schüler mindestens in der Sekundarstufe II – also der eigentlichen Domäne literarischen Interpretierens – relevant ist. Die Teilnehmer einer Fortbildung, knapp dreißig Deutschlehrer aus Thüringen, die erstmals nach der „Wende" versuchten, ihren eigenen Standort und den ihres Faches neu zu bestimmen,[13] waren von mir gebeten worden, sich zu sechs ausgewählten Sätzen aus einer vorher gelesenen Geschichte von Siegfried Lenz *(Die Wellen des Balaton, 1973)*[14] schriftlich zu äußern. Die *Form* dieser Äußerungen hatte ich offen gehalten.

In dieser Geschichte ist der Bruder aus dem Westen mit der Schwester aus dem Osten – beide mit Partnern – in Ungarn verabredet, und sie treffen einander am Balaton, aber sie verfehlen einander dabei so gründlich, daß das ratlose Paar aus dem Westen nicht einmal weiß, wieso die Verwandten unter einem Vorwand über Nacht abgereist sind. Dabei verkörpern die beiden Paare die Werte der jeweiligen Gesellschaftsordnung, aus der sie kommen, nicht plakativ, sondern eher gebrochen; das Klischee des Westdeutschen hat Lenz zwei Nebenfiguren zugewiesen. Wohl jedoch verkörpert Trudi, die lange nicht gesehene Schwester aus Stralsund, einen trotz aller Kritikfähigkeit im einzelnen im ganzen unbeirrbaren Sozialismus, der sich dem westlichen Materialismus moralisch überlegen weiß: Selbstsicher bis an den Rand der Arroganz, verblüfft Trudi ihre wohlhabenden westdeutschen Verwandten damit, daß sie Geschenke und Altkleiderspenden für nebensächlichen und gar nicht recht brauchbaren Kram hält; und daß sie es nicht nötig hat, auf Dutzenden mitgebrachter Fotos immer wieder die materiellen Werte des eigenen Alltags exponieren zu müssen, so wie die Westdeutschen das tun. Deren unausgesprochener Meinung, der DDR-Alltag mit seinen Lebensumständen sei *dürftig,* setzt Trudi die überlegene Ruhe, vielleicht auch den Trotz einer DDR-Bürgerin entgegen, die an ihrem Land jedenfalls nicht *das* schlecht findet, was die von jenseits der Mauer dafür halten.

Insofern ist Trudi – flankiert von ihrem realistisch-ironisch die „Verhältnisse" glossierenden Mann – die Zentralfigur der Geschichte: Sie verkörpert die inneren Widersprüche eines Lebens, auf das – wie ihr Mann sagt – die Dinge, die Ideen, die Verhältnisse abgefärbt haben, aber sie leidet nicht (sichtbar) daran; sie hält diese Widersprüche aus und hebt sie in ihrer Persönlichkeit auf. Sie ist kein unselbständiger, wehleidiger, von der allgegenwärtigen Staatsfürsorge abhängiger DDR-Mensch, so wie ein bekanntes Klischee der Nach-Wende-Zeit es haben wollte. Sie verantwortet die DDR, und sei es nur aus Trotz.

„Ich wollte, es hätte mehr Trudis gegeben", schrieb eine Teilnehmerin: Eben deshalb – weil die Geschichte sowohl Identifikationsfiguren als auch deren Widerparts deutlich herausstellt, war sie ausgesucht worden. Trudi, die es wagt, die herablassend-großzügigen Westdeutschen zu brüskieren, erwies sich als Ausgangspunkt für viele persönliche, aber (oft zugleich) auch textinterpretative schriftliche Äußerungen, die sich nicht auf diskursive Textdeutung festlegen lassen, aber auch nicht auf 'rein persönlichen' Gebrauch der von Lenz bereitgestellten Metaphern. Vielmehr sind diese Metaphern Spielmaterial, das die Rede von der eigenen Misere erleichtert: „Die Wellen am Balaton" schlagen höher, als der Wind es vermuten läßt. Zur Klärung der Stärke des Windes hätte es mindestens eines Gespräches bedurft." (Teilnehmer) Das hilflose Resümee derer aus dem Westen konnte – im April 1991 – ohne Schwierigkeiten aus der Geschichte heraus- und in die Wirklichkeit hineinprojiziert werden: auf das Ende des kollektiven 'Lebensromans DDR'. „Da ist etwas falsch gelaufen, ich weiß nicht, was es sein könnte, aber etwas ist falsch gelaufen."[15]

Nicht jedoch diesen resignativ-feststellenden Satz, sondern andere, die Misere interpretierende Sätze hatte ich als Schreibimpulse ausgewählt:

I   „Wieviel ließe sich unter Farbe verbergen!"[16]
II „Ich hab das Gefühl, verwandte Fremde zu treffen."[17]
III „Da hat sich genug angestaut, das wegerzählt werden muß"[18]
IV „... eine Umgebung, zur der man verurteilt worden ist, in der man sich wird einrichten müssen"?[19]
V   „Heute kann man nirgendwo mehr die pure Freiheit wählen."[20]
VI „Alles färbt auf uns ab, die Dinge, die Ideen, die Verhältnisse."[21]

Jeder dieser Sätze konnte als Ausgangspunkt einer Texterörterung oder -interpretation, einer Problemerörterung, eines „kontemplativen" (persönlichen) Textes, eines thematisch locker an die Lenz-Geschichte anknüpfenden Essays oder eines literarischen Textes gewählt werden.[22] Alle diese Möglichkeiten wurden, in verschiedenem Ausmaß, gewählt. Meinem Darstellungsinteresse folgend, suche ich nun drei derjenigen aus, die weder selbst poetisch sind (es gibt zwei Gedichte und eine Exposition zu einem kleinen Drama) noch sachlich-problemerörternd (also den persönlichen Bezug ganz vermeidend), sondern die den Titelsatz benutzen, um sich von ihm in den eigenen Lebensroman hinein abzustoßen, *von diesem aus jedoch aber das von Lenz literarisch behandelte Problem mehr oder weniger explizit in den Blick nehmen.* Alle drei Beispiele stammen aus der – umfangreichen – Gruppe, die sich Satz VI vorgenommen hatte: Was hat auf wen in der Lenz-Geschichte abgefärbt; was hat auf uns (1991) in Thüringen abgefärbt, was auf die 'Wessis', die hier als Dozenten auftreten? Was heißt überhaupt „Abfärben"?

Text A:

Alles färbt auf uns ab, die Dinge, die Ideen, die Verhältnisse. [...] Abfärben – ist das nicht nur ein bloßes Farbe-Auftragen. Und noch dazu Farbe von etwas, wo es schon einmal Farbe war. Abfärben eben. Abstoßend der Gedanke. Das Gefühl des Sich-Schmutzig-Machens. Sollte ich mich schmutzig gemacht haben? Schmutzig von Dingen, schmutzig von Ideen; und von
5 Verhältnissen. Denke ich nicht schon lange so? Die Dinge. Das sind für mich Konkreta: Das ist das Land, in dem ich lebte, das ist meine Stadt, das ist meine Schule. Das sind die vielen Kleinigkeiten, ohne die es nicht geht. Der Wartburg, der über Nacht sein Image verlor, die Zahnpasta, das Lehrbuch. Kann das alles abfärben? Es kann. Es konnte, weil keine Alternative gab. Jawohl, die Dinge haben auf mich abgefärbt.
10 Wie ist es mit den Ideen? Heute fragen wir uns: Haben deren Ideen auf mich abgefärbt? Ist nicht schon die Frage falsch und heuchlerisch? Waren es nicht unsere Ideen? Haben wir nicht alle geglaubt? Konnte also eigentlich gar nichts abfärben, weil die Farbe schon da war? Neulich hat mich die Formulierung eines ehemaligen SED-Kollegen „auf die Palme" gebracht, der es für richtig hielt, alle DDR-Parteien in einen Topf zu werfen. Hat da nicht schon eine neue
15 Idee Farbe abgegeben?
Ideen wurden zur Ideologie. Das [...] führte zu Verhältnissen. Und zu was für welchen. Darüber im April 91 in Bad Blankenburg nachzudenken, reizt. Es hat schon immer gereizt. Auch semantisch ist das interessant. Was alles kann „reizen[d]" sein!!
Die Verhältnisse und das Abfärben aber will ich nicht aus der Feder verlieren. Als wir im
20 Herbst '89 auf der Straße waren, sagte ein ehemaliger Schüler zu uns entschlossenen Lehrern:

Sie sind doch die Generation, die uns diese Scheiße hauptsächlich eingebrockt haben. Verhältnisse meinte er. Verhältnisse, in denen Ideologie statt Idee gefragt war, Verhältnisse, die die Entmündigung betrieb[en], Verhältnisse, in denen ein Staat nur Verdächtige aber keine Bürger hatte und Verhältnisse auch, in denen verwalteter Mangel zum Tagesgeschäft wurde.
25 Und auch diese Verhältnisse haben abgefärbt. Und ich bekenne: Man wird mich weiter darauf aufmerksam machen müssen, daß noch Farbe an mir klebt. Und dieses Aufmerken kann im Gespräch mit meinen Schülern erfolgen, im Umgang mit empfindsamen Kollegen und auch im April in Thüringen. Es muß eben nur passieren. Und so gesehen ist es eine Reinigung. Aber es gibt wieder Ideen, es gibt wieder Dinge und wir werden wieder Verhältnisse haben.

Der Verfasser benutzt den titelgebenden Satz, um sich von ihm aus in den eigenen Lebensroman hinein („Als wir im Herbst '89 ...") abzustoßen. Er klärt für sich die Bedeutung der Färbemetapher („Gefühl des Sich-Schmutzig-Machens") und folgt dann seinen autobiografischen Assoziationen, die er aber sozusagen am Zitat entlang strukturiert:
die „Dinge" (Absatz 1), die „Ideen" (2), die „Verhältnisse" (3).
Der Textschluß nimmt die Gegenwart des Schreibenden in den Blick, hat sich also von der literarischen Vorlage ganz entfernt; allerdings bringt der Schluß diese Gegenwart (April 1991) durch eine schöne Abwandlung des Zitats auf den Begriff.
Dieser Schlußsatz hat sich inzwischen auf erschreckende Weise bewahrheitet.

Text B:
„Alles färbt auf uns ab, die Dinge, die Ideen, die Verhältnisse."
Färbt nur auf die farblosen, blassen Menschen alles ab? Kommt es immer auf den Untergrund an? [...] Der Mensch ist immer beeinflußbar – verfärbbar. Wer meint, jeder Versuchung widerstehen zu können und dieses auch in die Tat umsetzen zu wollen, der wird einen schwe-
5 ren Weg gehen. Die „Dinge färben„ zur Zeit enorm. Reduziert man den Begriff „Dinge„ auf konkrete Gegenstände, Konsumgegenstände, so sind wir mitten im Färbungsprozeß. Bestimmte Statussymbole (schnelles Auto, Haus) waren schon immer da, meistens jedoch mehr als Wünsche und Sehnsüchte, weniger in der Realität. Färben nun die neuen Verhältnisse unsere alten Träume? Abfärben heißt nicht einfach übernehmen. Es muß eine Art
10 Abdruck sein, der nicht so intensiv ist, zumindest nicht im ersten Moment. Vielleicht bringt der Mensch es erst nach geraumer Zeit dazu, selbst so farbintensiv zu sein, um ein Abfärben von sich möglich zu machen. Man kann auch nur sehr schlecht aus einem Farbtopf heraus, egal mit welcher Überzeugung man darin herumgerührt hat, denn irgendwo klebt bestimmt noch ein Rest Farbe bzw. sind ein paar Spritzer vorhanden. Man orientiert sich halt an den
15 Farbverhältnissen und bewahrt sich seine eigene Farbe und seine Eigenständigkeit, aber man ist und bleibt ob bewußt oder unbewußt mehr oder weniger beeinflußbar.

Während der Verfasser von A einen Rückbezug vom Lebensroman aus auf den Lenz-Text nur äußerlich herstellte, läßt Beispiel B eine Verfahrensweise erkennen, die ich eine Exploration der Lenz-Metapher nennen würde: Ein zentrales Motiv der Geschichte wird konkretisiert und 'operativ' interpretiert; schließlich erfolgt auch eine 'diskursive' Deutung des Bildinhalts. Insgesamt hält der Text eine Balance zwischen verkappt autobiografischem Sprechen

(„Der Mensch ...": Z. 2 u. 11; „Man ...": Z. 12 u. 14) und 'besprechendem' Bezug auf die Textvorlage. „Die Dinge färben zur Zeit enorm" (Z. 5).

Das meine ich mit 'divergent': Abschweifungen ins Persönliche und Assoziative sind keine Irrwege, sondern allenfalls Umwege, allerdings notwendige; denn die persönliche Betroffenheit erlaubt dem Verfasser keine konvergente, vom Persönlichen absehende „Interpretation". (Anderen erlaubte sie überhaupt nur ein „Nachdenken über mich", wie eine Teilnehmerin ihren Versuch überschrieb.) Der Schreiber ist mit seinem Urteil – über sich, über 'die DDR', über die Lenz-Figuren – nicht fertig; sein Schreiben ist eine Suchbewegung nach einem Urteil. Man kann diesem Text sozusagen beim Formuliertwerden zusehen, besonders gut in Z. 14–16: Um das „Verfertigen der Gedanken beim Schreiben" (Antos 1988) geht es, nicht um Präsentation bereits ver*fertig*ter Gedanken.

Text C:
„Alles färbt auf uns ab, die Dinge, die Ideen, die Verhältnisse."
Wenn ich mich frage, welche Aussage dieser Geschichte mich am meisten betroffen gemacht hat, so fällt mir die Bemerkung von Judith ein, „Trudi würde auf keinem Foto lachen ...„ Es ist in der Tat so, daß diese Feststellung nicht gegenstandslos ist, sondern gleichsam wohl
5 einen „wunden Punkt„ seelischer Befindlichkeit von DDR-Bürgern trifft.
Nun ist es keinesfalls so, daß wir in diesem Land DDR nichts zu lachen gehabt hätten, aber ich habe doch auch in meiner Arbeit Dinge mit einiger „Verbissenheit„ getan, die nicht meiner Überzeugung entsprachen.
Ich empfinde es im Nachhinein als äußerst positiv, daß humane Ideen und Denkrichtungen
10 auf mich „abgefärbt„ haben, denen ich heute weder abschwören kann noch will. Mich belastet die Engstirnigkeit, in der ich in den vergangenen 20 Jahren gelebt und gearbeitet habe; die Tatsache, eingeschränkt gewesen zu sein in meinen menschlichen Möglichkeiten. Ich habe meine „DDR-Lebenszeit„ immerhin so bewußt angenommen, daß ich heute nicht sofort zu einer neuen Identität finden kann.
15 Es ist befreiend und erniedrigend zugleich, begreifen zu müssen, daß ich mich in einem bedeutenden Lebensabschnitt mehr oder weniger „ständig„, „Autoritäten„, unterordnen mußte – manchmal auch wollte. Aber DDR war eben auch mehr als nur parteiverordnete Ideologie, fehlende Reisefreiheit oder der Hauch von purer Freiheit überhaupt – da waren und sind auch Freunde, Bekannte, heimische Landschaft, ganz individuelle Bodenständigkeit. Ich kann
20 nichts aus Lenz' Geschichte als in jeder Beziehung typisch für die eine oder andere Seite auslegen. Meine Erfahrung besagt, daß es immer auf die Menschen ankommt, mit denen ich zu tun habe. Berührungsängste auf beiden Seiten sind sicher da, auch wenn diese hier und da geschickt überspielt werden.

Text C schließlich versucht, den Umweg über die persönliche Äußerung („provoziert mich") vom Ende her gesehen als Weg *ins Sinnzentrum der Geschichte* erscheinen zu lassen: Ausgehend von einer weiteren, selbstgesuchten Textstelle („Trudi würde auf keinem Foto lachen") expliziert der Schreiber – oder die Schreiberin, ich kann es nicht sagen – zunächst die eigene Be-

findlichkeit nach dem 'Ende' der DDR – eine Befindlichkeit, die sich dann als der Standpunkt erweist, von dem aus am Ende die Textvorlage noch einmal in den Blick kommt; das macht ihn für den vorliegenden Zusammenhang besonders interessant. Die letzten drei Sätze
- deuten eine Textinterpretation an, die mit der eigenen DDR-Erfahrung sozusagen kompatibel ist;
- zeigen eine an der Vorlage gemachte Beobachtung („Berührungsängste...") als autobiografisch 'authentisch' *und*
- als im Augenblick des Besprechens selber wiederholbar.

Denn der Schlußsatz bezieht sich unverkennbar auch metakommunikativ auf die Seminarsituation der Fortbildung, in der der Text entstand. (Mit schöner Doppeldeutigkeit kann „hier und da" – Z. 22 – sowohl räumlich als zeitlich gemeint sein.)

Die hier demonstrierte Methode, geeignete 'Sätze' aus einer Textvorlage zu isolieren, um sie zu Kristallisationspunkten für nicht-diskursives Schreiben werden zu lassen, ist kompatibel mit den sonst in der Literatur oft genannten Alternativen zur Textanalyse. Bei Ingendahl (1991, 109 ff.) werden als „kontemplative Äußerungen zur Aneignung" – das heißt dort ausdrücklich: als *nicht-explikative* – Tagebucheintrag, Brief oder Essay über den eigenen „persönlichen Verstehensprozeß" genannt. Auf eine didaktische Theorie des *Essay* – sie wäre erst zu entwerfen – kann ich mich in diesem Buch nicht einlassen. Ich glaube aber doch, daß nicht wenige der über *Die Wellen des Balaton* entstandenen Texte auf dem besten Weg dorthin waren.

Zur Illustration auf knappem Raum zitiere ich Passagen aus verschiedenen Arbeiten:
„'Wieviel ließe sich unter Farbe verbergen.' In der ehemaligen DDR hat man in Rot alles ertränkt – Maske vor der grauen, oft erniedrigenden Wirklichkeit. Selbst die herrlich-leuchtende Farbe konnte nicht über das Korrupte hinwegtäuschen. Alle Reden der staatsführenden Clique stellten eine einzige Schönfärberei dar. Die Menschen dieses Teils Deutschlands konnten diesen Zustand nicht mehr länger ertragen und haben die 'schönen Farben' zerstört, und was zum Vorschein kam, ist enttäuschend und deprimierend."

„Bertis Worte 'Ich habe das Gefühl, verwandte Fremde zu treffen' beruhigen und beunruhigen mich gleichermaßen. Sie sind Beruhigung insofern, weil ich meine, wie die Figur versucht, sich in eine "Ostverwandtschaft" hineinzuversetzen, sich an sie heranzutasten [...]. Ich empfinde die Bereitschaft als positiv, diese Verwandtschaft verstehen zu wollen.
Aufgehoben wird der gute Eindruck – und das wirkt beunruhigend auf mich –, durch bestimmte Handlungen, die dem Kennenlernenwollen und dem Vertrautseinwollen entgegenstehen: nämlich das Sezieren von bestimmten Äußerlichkeiten anhand von Fotos bis zu vorurteilsgeprägten charakterlichen Verallgemeinerungen.

Ich glaube, daß diese gegensätzliche Haltung der Figur in der gegensätzlichen Wortwahl genau getroffen wird."

„Die Reaktionen Trudis auf die Geschenke, auf die „großzügigen" Gaben der Verwandten stoßen auf Unverständnis. Der Bruder und die Schwägerin fühlen sich richtig gekränkt, sehen in der Zurückweisung eine Beleidigung. Man will mit ihr „sprechen" – oder sie zur Rechenschaft ziehen? Sollte sie nicht froh und dankbar sein?
Trudis Verhalten ist für mich nur allzu verständlich, eine Form von Stolz, eine Forderung unabhängig sein zu wollen, nicht zu Dank verpflichtet sein zu müssen. Der „arme Verwandte" reagiert nicht selten schroff gegenüber „aufgetragenem" Entgegenkommen, auf betonte Liebenswürdigkeit; er reagiert sensibler, hat ein ausgeprägtes Gespür für Achtung bzw. Nichtachtung. Ich wünschte, es hätte mehr 'Trudis' gegeben."

„'Wegerzählt'? – Diese Wortneuschöpfung ist Provokation, reizt zum Widerspruch. Ist es möglich, 'Angestautes' durch 'Erzählen' zu bereinigen? Sicher nicht! In DDR-deutsch würden wir mindestens 'diskutieren'! Über Probleme muß geredet werden, man muß aufeinanderzugehen, will man sie lösen. Aber ganz 'wegerzählen'?

„Trudi und Raimund verlassen das Hotelzimmer am Balaton und wenden sich den Pferden in der Pußta zu. Dies ist nicht zuerst Ausdruck der stolzen Haltung des DDR-Bürgers, sondern eher eine Resignation vor dem Auftreten der Hamburger Verwandten. Angst vor der Auseinandersetzung schwingt mit, man könnte der Sache nicht gewachsen sein. Durch das Miteinandersprechen, das Aufeinanderzugehen, hätte man Verständnis für die beiderseitige Situation erreichen können. „Die Wellen am Balaton" schlagen höher, als der Wind es vermuten läßt. Zur Klärung der Stärke des Windes hätte es mindestens eines Gespräches bedurft."

2.2.2 Abwerten, aufwerten:
Unsachlichkeit als Schreibaufgabe betrachten

Man weiß seit längerem, „daß die Schule im Literaturunterricht die Verkehrsformen des literarischen Lebens nicht in aller Breite adaptiert hat, sondern nur in einem stark verengten Spektrum: dem Spektrum, das die Literaturwissenschaft anbietet." (Eggert/Rutschky 1979, 286) Die Folgen sind in den Kapiteln I und II demonstriert worden, die Diagnose ist damit klar. Aber wie sieht eine Therapie aus? Welche Möglichkeiten gibt es, das Spektrum in größerer Breite zu nutzen?

Mit „Verkehrsformen des literarischen Lebens" meinen Eggert/Rutschky nicht ausschließlich, aber vorrangig die Literaturkritik: als den öffentlichen Diskurs vornehmlich über neu oder wieder publizierte literarische Werke. „Kritik" in diesem eher alltagssprachlichen Sinn, also gerade nicht als „Textkritik" philologisch verstanden, gibt es zwar gelegentlich in mündlicher Form – ich denke etwa an Diskussionen und Debatten anläßlich der Vergabe des Ingeborg-Bachmann-Preises oder an das „Literarische Quartett", aber auch an den weniger medienwirksamen, für das literarische Leben jedoch vermutlich bedeutsameren Gedankenaustausch über Texte in Schreibwerkstätten und literarischen Zirkeln auf dem sogenannten flachen Lande. Die eigentliche Domäne der Literaturkritik ist allerdings immer noch die 'Schriftlichkeit'. Literaturkritiker in diesem Sinn ist ein Beruf, wenn auch *in praxi* meist eher als Nebenerwerb für Germanisten, Publizisten und Schriftsteller. So vielfältig wie die professionelle Herkunft derer, die ihn gelegenheitsweise ausüben, ist auch das, was dabei zustandekommt: mehr oder weniger gute, informative, wertende und eben auch bewußt unsachliche (polemische) 'Texte über Texte'.

Ein Exkurs sei hier erlaubt, um das philologische Ideal des durchschauenden Schreibens (bewußte und unbewußte Gestaltungsimpulse des Autors, Strukturen, literarische Vorbilder, Bauformen, Bezugsgattungen, usw.) zu ergänzen um das Ideal eines wertend-kritischen Schreibens, das ja in den angelsächsischen Ländern auch in akademischen Bereichen nichts Ehrenrühriges hat. Dem 'Literatur*wissenschaftler*' bei uns entspricht dort der 'literary *critic*'. Das unübersetzbare Wort kann beides bezeichnen – den nach philologischen Grundsätzen arbeitenden Textinterpreten ebenso wie den eigene literarische Urteile in „reviews" (Rezensionen) begründenden Publizisten. Der Wissenschaftsanspruch hermeneutischer Verfahren ist eine deutsche Sonderentwicklung, die schuldidaktisch ihre problematische Seite hat und im übrigen auch handlungstheoretisch anfechtbar ist. Auch eine Theorie der Literaturkritik, wie es sie immerhin in Ansätzen gibt, geht ja von der Unterscheidbarkeit dreier 'Teilhandlungen' des Rezensierens aus: Es gebe, schreibt Irro (1986, 249) in Anlehnung an den polnischen Literaturkritiker J. Slawinksi, *deskriptive, interpretative und wertende Sätze.* Da Irro unter „interpretativ" Handlungen der „Reduktion und Verallgemeinerung" versteht, ist dies nicht sehr weit von S. J. Schmidts erwähnten drei Kategorien entfernt. Eine anglistische Analyse der *Fachsprache der Literaturkritik* (Klauser 1992), zu der es ein germanistisches Pendant leider nicht gibt, hebt die Bedeutung „metakommunikativer Äußerungen" in Rezensionen und literaturkritischen Essays hervor (vgl. ebd., 62–65), was auf eine weitere Parallele zu 'wissenschaftlichem' Schreiben über Texte hindeutet. Die Dissertation ordnet abschließend „die Position literaturkritischer Kommunikation an der Peripherie literaturwissenschaftlicher Kommunikation" ein (ebd., 149). Sie geht also von einem Übergang aus, nicht von einer scharfen Grenze, jenseits derer etwas anderes – nämlich journalistisches Schreiben – erst beginne.

Gäbe es eine ähnliche Untersuchung anhand deutschsprachiger Literaturkritiken und Essays, so könnte sich herausstellen, daß die feuilletonistische 'Schreibart' das eine Ende einer Skala besetzt, deren anderes Ende 'strikt' literatur*wissenschaftliche* Texte sind. Die Mehrheit aller Texte über Literatur jedoch wäre vermutlich zwischen diesen beiden Enden anzusiedeln: Es dürfte fachsprachliche Züge auch in der deutschen Sprache der Literaturkritik geben und andererseits rhetorische Züge auch in germanistischen Interpretationen und Kommentaren. Die in Deutschland „besonders strikte" Trennung von Literaturwissenschaft und Literaturkritik (vgl. Irro 1986, 274) wäre dann dringend noch mehr zu lockern, als dies heute in Ansätzen hie und da erkennbar wird. Davon würde gerade die Didaktik des schreibenden Umgangs mit Literatur profitieren.

Wo aber liegen die Schwierigkeiten einer solchen Didaktik literaturkritischen Schreibens? Sie hat es mit den von Klauser (1992, 56) genannten sprachlichen Handlungen zu tun: „Behaupten, Feststellen, Vermuten, Vergleichen, Beurteilen, Kommentieren, Zitieren, Referieren, Schlußfolgern und Zusammenfassen." Aber Handlungen verfolgen Absichten; und diese wiederum verdanken sich beim literaturkritischen Schreiben zu einem guten Teil den gerichteten und/oder den richtenden Affekten des Schreibenden. Daß Kritiken „zwischen Gefühl und Argument" (Cramer 1985) angesiedelt sind, wurde bereits zitiert. Der problematische Aspekt dieser Ansiedlung aber wird von derselben Literaturkritikerin treffend so beschrieben:

„Es hapert mit der kritischen Sprache des Gefühls. Wo Affekte ins Spiel kommen, verschlägt es der Kritik die Sprache. Oder sie verliert, schlimmer noch, den Kopf und zeichnet lediglich interessante Gefühlskurven auf, deren Zusammenhang mit dem Kunstgegenstand das eigentliche Vermittlungsproblem dieser Art kritischen Schreibens ist. Eine Kritik, die sich preisgibt. Und auf der anderen Seite eine quasi akademische Kritik, deren eingefleischter Rationalismus abweist, was der Verstandestätigkeit fremd ist." (Cramer 1985, 17)

Cramer plädiert ausdrücklich *nicht* „für den freien Umgang mit dem Gefühl in der Kritik" (vgl. ebd., 25) – wohl aber dafür, auch der *Rhetorik* „im Prozeß der Wahrheitsfindung ihren Platz" einzuräumen (ebd.).[23] Affekte sollen und können im Akt literaturkritischen Schreibens thematisiert werden, jedoch nicht als verbale Eruptionen, sondern als sprachliche Bearbeitung der auf den Text gerichteten, ihn gegebenenfalls auch richtenden Affekte. Daß Rezensenten sich mit der Sprache des Gefühls leichter tun, wenn sie einen *Verriß* zu schreiben vorhaben, merkt Cramer (ebd., 18) als Erfahrungstatsache an: Am ehesten gelingt die Vermittlung von Affekt und Argument dort, wo der gefühlsmäßigen Ablehnung dann eine kritische „Verstandestätigkeit" beispringt und Formulierungen zu finden hilft, die den zu besprechenden Text abwerten.

Eine Didaktik literaturkritischen Schreibens insgesamt habe ich hier nicht zu bieten – schon deshalb nicht, weil in diesem Buch Gedichte und kurze epische Texte als literarische Vorlagen auftreten, wogegen Rezensionen, die im Deutschunterricht unbedingt auch ihren Platz haben sollten, über Romane, Erzählungen oder neu erschienene Lyrikbände zu schreiben wären. Was hier interessiert, ist die *sprachliche Seite* der Aufgabe, Affekt und Argument miteinander zu vermitteln, und obenstehende Überlegungen begründen, weshalb ich beim *Abwerten* ansetze und ein Beispiel präsentiere, das manche Schwäche, jedoch auch den Vorzug der Deutlichkeit hat – ein sozusagen aus dem wirklichen Leben und seinen 'Verkehrsformen' gegriffenes Beispiel. Es kann zeigen, inwiefern literaturkritisches Schreiben ein breiteres Spektrum bereitstellt als unser Schreibunterricht bisher vielfach wahrnimmt; und inwiefern das, was solche Texte können und bieten, wiederum jene Übergangszone zwischen Konkretisation und Interpretation besetzt, um die es hier immer wieder geht. Daß das Urteilen auch und gerade in Form eines *Ver*urteilens, das Werten gerade in Form eines *Auf*wertens auch ethische und ästhetische Fragen aufwirft, ist ausdrücklich anzumerken, und hier liegen denn auch die Grenzen des gewählten Beispiels – Grenzen, die ich hier agrumentativ nicht überschreiten kann. Was ich in diesem Abschnitt nur zeigen möchte, ist: daß Ab- und Aufwerten eine Schreibaufgabe sein kann, *und warum sie es sein soll.*

Eine Literaturbeilage der ZEIT (Nr. 46/6.11.1992, S. 8) enthält neben Rezensionen mehrerer neu erschienener Romane auch die Besprechung eines Bandes mit Kurzprosa: Thomas Hürlimann, *Die Satellitenstadt*.[24] Auf das Buch des jungen Schweizer Autors wurde ich aufmerksam durch diese Rezension, in der die stilistische Virtuosität der Texte kritisch gesehen wurde: die Texte seien „zu gut" erzählt. Wie wird ein solches Urteil sprachlich vorgetragen, welchen Platz hat hier die Rhetorik? Da eine solche Besprechung hauptsächlich für Leser verfaßt wird, die das Besprochene nicht schon kennen, zitiere ich zunächst die Kritik in wichtigen Ausschnitten, bevor ich mich einer der fünfundzwanzig Geschichten von Hürlimann zuwende.

Thomas Hürlimanns Geschichtenband „Die Satellitenstadt":
Gesammelte Kleinigkeiten von Andreas Isenschmid

Kann man auch zu gut erzählen? Die Frage hat sich mir nach der Lektüre von Thomas Hürlimanns „Die Satellitenstadt" gestellt, einer Sammlung von 25 Kürzest- und drei längeren Geschichten, in der unverkennbar ein außergewöhnlicher Könner am Werk ist. Seine Sätze sind wohlgeformt und von auffallender Musikalität, die kurzen präzis, ein Axthieb, ein Anschlagen des Triangels, die langen schwingend und schaukelnd, in erstaunlicher Balance. Mit diesen Sätzen arbeitet Hürlimann versatil wie ein Zauberkünstler. Zwei, drei Sätze, und seine Welt steht. Zwei, drei Abschnitte, und aus der Welt löst sich ein Prosa-Einakter. Zwei, drei Seiten, die Pointe blitzt, und das Personal ist von der Bühne.	*Einstieg: rhetorische Frage } Information vorweggenommene Wertung (Aufwertung); Begründung dieser Wertung: metaphorische Stilbeschreibung;*
	metaphorische Einfühlung in die Arbeitsweise des Autors
	konventionelle Theatermetapher (Topos)
In einem Spital setzt eines Nachts afrikanisches Trommeln ein. Ein siebenjähriger Knabe, in Afrika geboren und glück-	*Exemplarisch: einer der 25 Texte in verkürzender Inhalts-*

lich, in Europa fremd, trommelt seine sterbende Mutter für ein letztesmal aus ihren Fieber- und Morphiumträumen in ein Lächeln zurück – und Thomas Hürlimann gibt für drei kurze Leseminuten der so verlogenen Rede vom glücklichen Sterben poetische Wahrheit. [...]	angabe Textzusammenfassung Ansatz zu einer Interpretation, Aufwertung implizierend
Auf seinen Prosakurzstrecken scheint Hürlimann weiter in die Welt und näher zu seinen Figuren zu kommen als manche auf ihren Romanmarathons. [...] Er zeigt uns Klosterbrüder und Kneipenwirte, Schausteller, Serviertöchter und Filialleiter (und Katzen, Löwen, Delphine, Pferde, Tauben und Kühe). Er verbindet sie diskret durch wiederkehrende Schauplätze und Figuren. Um jede seiner Figuren baut er einen kleinen, szenisch konzentrierten erzählerischen Kosmos. Er handelt von Liebe, Trauer und Trennung, von Einsamkeit, Lächerlichkeit und, immer wieder, vom Tod. Wir spüren, vergnügt, seine Liebe zu seinen Lesern, keine Seite, auf der er uns nicht mit Formulierungsglück und mit den Blitzen seiner Intelligenz und seiner Komik bei Laune erhielte, und wir empfinden, gerührt, seine Liebe zu seinen Figuren	metaphorische Definition der Form, verbunden mit einer kontrastiven Aufwertung indirekte Charakterisierung des Autors Aufzählung eines Figurenvariétes (Funktion: Information?) Strukturbeschreibung mit implizierter Aufwertung Aufbau einer affektiven (positiven) Lesehaltung: Identifikationsbereitschaft, Neugier, Erwartung eines Unterhaltungswerts
Aber nicht selten liebt Hürlimann seinen Stil noch mehr als seine Sujets. Und darum sind viele seiner Geschichten *zu gut* erzählt. Hürlimann [...] wechselt dann über in eine 'Jetzt-will-ich-euch-aber-mal-was-erzählen'-Attitüde, läßt seine Stilmuskeln spielen und schleppt uns, in makelloser, aber überorchestrierter Prosa zum Beispiel eine Prachtsleiche an, einen Offizier, der sich zu Tode gestürzt hat und noch im Todeskampf, aufgespießt auf einem Pfahl, in Achtungstellung geht. In solchen Geschichten verkommt das Thema, das Hürlimann seit seinen ersten Geschichten umtreibt, der Tod, zum Amüsement.	Antithese: Umschlag in die Abwertung, Beantwortung der Einstiegsfrage Begründung der Antwort: extrem verkürzende Inhaltsangabe und Abwertung mithilfe derselben Musik-Metapher, die oben die Aufwertung begründete auf den Begriff gebrachte Abwertung
In anderen schlafft die Stimmung, durch die uns Hürlimann immer wieder an die Vergänglichkeit erinnert, die Melancholie, zur bloßen Designermelancholie ab, nur weil Hürlimann, nicht zufrieden damit, daß er vieles kann, gleich alles will. [...]	mangelnde Authentizität: weiterer Grund für die Abwertung, impliziert im Neologismus „Designermelancholie"
Mit anderen Worten: Hürlimann hat sich in manchen Geschichten etwas zu stark und erfolgreich um unser Lesevergnügen gekümmert, zuviel Stil über zuwenig Stoff gezogen, und dafür bezahlt die Erinnerung den Preis. Denn das ist die merkwürdige Erfahrung, die ich mit dieser Sammlung erzählerischer Postkarten aus der Gegenwart gemacht habe: Ich habe sie mit stetem Amüsement und steigendem Respekt gelesen, doch als ich das Buch nach viel Ver-	scheinbar paradoxes Gesamturteil, auf das Begriffspaar 'Stoff-Stil' gebracht Leseprotokoll: Darstellung des eigenen Rezeptionsprozesses als Beleg für die Abwertung („merkwürdige Erfah-

60 gnügen zuklappte, geschah das merkwürdige Malheur: Viele, zu viele von Hürlimanns Welten verblaßten fast ebenso schnell, wie sie aufgebaut waren. Nur: muß denn was bleiben? Das darf man sich mit Fug fragen. Denn, um es endlich zu sagen: Der größte Teil dieser
65 Kürzestprosa ist für den Tag geschrieben. Auftragsarbeiten. Kolumnen für die Zürcher *Weltwoche*. Zeitigungen also, mit einem Wort Burckhardts, nicht Ewigungen. Schon. Nur legt uns der Autor selber nahe, von manchen seiner Kolumnen etwas mehr zu erwarten. Er hat sich für Divertissements ent-
70 schieden, die zugleich *in ihrer Mehrzahl* erbarmungslose Variationen übers Sterben, die Trauer und den Tod sind, und er hat damit riskiert, daß sein Ton für diese mürben Themen da etwas zu poliert und dort etwas zu robust wirkt.
75 Und er hat zweitens seine gesammelten Kleinigkeiten mit einer großen, programmatischen Titelerzählung überwölbt, die andeuten sollen, „daß all diese Splitter dennoch ein Ganzes ergeben können." Das hätte er besser nicht getan. [...]

rung"): „Ich" als letzte Instanz

rhetorische Frage, die das abschließende Urteil einleitet

absichtlich 'nachgeschobene' Information zur Entstehung der Texte

der Autor, an seinem eigenen Maßstab gemessen: für zu leicht befunden: Diskrepanz von 'Inhalten' und 'Stil' („Ton")

Kritik an einer falschen Publikationsentscheidung

Einen solchen Text zu schreiben, setzt ersichtlich eine komplexe Formulierungs- und Gestaltungskompetenz voraus, die ein Schüler nicht hat und nur im Ausnahmefall vollständig erwerben wird.[25] Aber dasselbe gilt von der literaturwissenschaftlichen Interpretation als Ideal eines Schreibens über Texte, ist also kein Argument. Die Frage ist doch: Was kann man auch an solchen Texten lernen, ohne daß man sie in Bausch und Bogen für vorbildlich nehmen müßte?

Weil das die Frage ist, sehe ich mir die in positiver wie negativer Hinsicht durchaus 'typische' Rezension von Isenschmid näher an. Ich habe am Rand mitlaufend versucht, sie zu strukturieren, und finde dabei, daß sie der mehrmalige Wechsel von informativer, aber auch neugierweckender Textzusammenfassung und -beschreibung einerseits und zunächst aufwertender, dann aber abwertender Beurteilung andererseits auszeichnet. Keineswegs schreitet sie linear von einer Inhaltsangabe zur Form- und Stilbeschreibung, von dort zur Deutung und schließlich (erst) zur Wertung fort. Vielmehr stellt sie in beiden Fällen (These und Antithese) zunächst die (Auf-, Ab-)Wertung hin und läßt dann Belege und Beispiele folgen, deren Überzeugungskraft dadurch zu wachsen scheint – kein Wunder: Die Aufmerkamkeit des Lesers ist bereits gerichtet und nicht mehr neutral; er ist affektiv eingestimmt durch positive bzw. negative Signalwörter („Musikalität", „Zauberkünstler", „poetische Wahrheit", „erzählerischer Kosmos"; dann aber: „Stilmuskeln", „Prachtsleiche", „Amüsement", „Designermelancholie"). Solche Wörter – Metaphern zumeist oder Neologismen oder beides – bringen die in ihnen implizierte Wertung gerade nicht auf den Begriff, sondern umspielen sie gleichsam. Sie verlassen sich ganz auf ihre Konnotationen. Was ihre eigentliche Bedeutung (Denotation) jeweils ist, kann man im Einzelfall kaum sagen („Designermelancholie"?). Statt mit einem Satz wohldefinierter Begriffe (termini technici) zu hantieren wie der Verfasser eine Textanalyse, schafft sich der Rezensent sozusagen im Vorbeigehen seine Begrifflichkeit, die vorwiegend aus Bildern besteht und dem Darstellungs- und Wertungsbedürfnis schnell angepaßt wird: Dient die Musikmetaphorik am Anfang der Aufwertung, so wird sie durch die Signalwörter „überorchestrierte Prosa" am Ende der Abwertung dienstbar gemacht.

Das Beispiel bestätigt die zitierte Diagnose von Isenschmids Kollegin Cramer: Die streckenweise überbordende Eloquenz der Rezension verdankt sich der 'Schreibaufgabe Abwertung'; intendiert ist ein Verriß. Der am Ende vorwiegend negative Affekt des Rezensenten richtet sich gegen den Eindruck eines mit leichter, wenn auch stilistisch sicherer Hand Erzählten, das oft im Impressionistischen verbleibt und Einfall an Einfall reiht, ohne wirklich etwas daraus zu machen. Ob dieses Urteil gerechtfertigt ist, kann hier nicht untersucht werden. Die erst gegen Ende der Rezension 'nachgeschobene' Information, daß der Autor viele der Texte ursprünglich als „Auftragsarbeiten" für Zeitungen geschrieben hat, spricht jedenfalls dafür, Hürlimanns Prosa auf der Grenze zwischen glossenhafter Gebrauchsprosa und poetisch 'dichter' Prosa anzusiedeln. Damit aber habe ich auf den Begriff gebracht, was die Literaturkritik oft 'begriffslos' und metaphorisch vermittelt. Ob die Metaphern einer tiefergehenden „Verstandestätigkeit" (Cramer) standhalten würden, wäre eine andere, hier nicht zu beantwortende Frage. Philologisch denkend, hätte man die eben benutzte Information über den 'Schaffenskontext' zu Anfang vorgebracht – und damit die Wahrnehmung der Leser auf das Glossenhafte beschränkt und richtende Affekte hervorgerufen, wo es dem Rezensenten doch zunächst um gerichtete Affekte (solche der Einfühlung) zu tun war.
Im übrigen können pauschale Urteile über 25 verschiedene Texte nie ganz 'stimmen', und einige 'trifft' die Abwertung viel weniger als die aus rhetorischen Gründen ihr vorangehende Aufwertung.

Für mein Stilistikseminar mit Deutschlehrerstudenten verschiedener Lehrämter habe ich nun einen derjenigen Texte Hürlimanns ausgesucht, den die Abwertung des Rezensenten meines Erachtens eher zu Unrecht trifft (*mitgegangen, mitgehangen,* sozusagen).

Thomas Hürlimann: Der Filialleiter (1992)

Als der Filialleiter des Supermarktes auf dem Fernsehschirm seine Frau erblickte, erschrak er zu Tode. Nein, er täuschte sich nicht – das erste Programm zeigte Maria-Lisa, seine eigene Frau. Im schicken Blauen saß sie in einer größeren Runde, und gerade jetzt, da der Filialleiter seinen Schock überwunden glaubte, wurde Maria-Lisa von der Moderatorin gefragt, was
5 sie für ihren Ehemann empfinde.
„Nichts", sagte Maria-Lisa.
„Maria-Lisa!" entfuhr es dem Filialleiter, und mit zittriger Hand suchte er den Unterarm seiner Frau. Wie jeden Abend saßen sie nebeneinander vor dem Fernseher, und beide hatten ihre Füße in rote Plastikeimerchen gestellt, in ein lauwarmes Kamillenbad – das stundenlange Ste-
10 hen im Supermarkt machte ihnen zu schaffen.
Die Bildschirm-Maria-Lisa lächelte. Dann erklärte sie, über den Haß, ehrlich gesagt, sei sie schon hinaus.
Der Filialleiter hielt immer noch Maria-Lisas Arm. Er schnaufte, krallte seine Finger in ihr Fleisch und stierte in den Kasten. Hier, fand er, war sie flacher als im Leben. Sie hatte ihr
15 Was-darfs-denn-sein-Gesicht aufgesetzt und bemerkte leise, aber dezidiert: „Mein Willy ekelt mich an."
Und das in Großaufnahme!
Nun sprach eine blonde Schönheit über die Gefahren der Affektverkümmerung, und der Filialleiter, dem es endlich gelang, die Augen vom Apparat zu lösen, versuchte seine Umgebung
20 unauffällig zu überprüfen. Jedes Ding war an seinem Platz. In der Ecke stand der Gummibaum, an der Wand tickte die Kukucksuhr, und neben ihm saß die Frau, mit der er verheiratet war. Kein Spuk – Wirklichkeit! Maria-Lisa war auf dem Bildschirm, und gleichzeitig griff sie zur Thermosflasche, um in die beiden Plastikeimer heißes Wasser nachzugießen.
Sein Fußbad erfüllte Willy auch an diesem Abend mit Behagen. Dann rief er sich in Erinne-
25 rung, was ablief. Ungeheuerlich! Auf dem Schirm wurde das emotionale Defizit eines Ehemanns behandelt, und dieser Ehemann war er selbst, der Filialleiter Willy P.! Er griff zum Glas und hatte Mühe, das Bier zu schlucken. Hinter seinem Rücken war Maria-Lisa zu den Fernsehleuten gegangen. Warum? Willy hatte keine Ahnung. Willy wußte nur das eine: Vor seinen Augen wurde sein Supermarkt zerstört.
30 Maria-Lisa reichte ihm das Frotteetuch, aber der Filialleiter stieg noch nicht aus dem Eimer. Er hielt das Tuch in der Hand, und so stand er nun, nur mit Unterhemd und Unterhose bekleidet, minutenlang im Kamillenbad – ein totes Paar Füße, im Supermarkt plattgelatscht.
„Das Wasser wird kalt", sagte Maria-Lisa.
Der Filialleiter rieb sich die Füße trocken, dann gab er Maria-Lisa das Tuch.
35 Als die Spätausgabe der Tagesschau begann, saßen sie wieder auf dem Kanapee, Maria-Lisa und der Filialleiter, Seite an Seite, er trank sein Bier und sie knabberte Salzstangen.

Der satirische Text entfaltet auf knappem Raum zwei Ideen: die Wirklichkeit' mit der 'wirklicheren Wirklichkeit' der audiovisuellen Medien zu konfrontieren (was im Fernsehen gesagt wird, ist hier de facto wirklicher; in der 'Realität' gibt es nur den falschen Schein einer harmonischen Ehe) und die Lebenslüge eines gehobenen Spießers (Supermarktleiter in der dem Band titelgebenden „Satellitenstadt") durch eine absurde Momentaufnahme bloßzulegen. Dazu bedient sich der Text einer Innensicht des Helden, *ohne* damit Verständnis für dessen Probleme zu intendieren.

Manches von dem, was der Rezensent angemerkt und angedeutet hat, möchte man freilich auch für diesen Text geltend machen; aber nicht Textkritik war das Seminarthema, auch nicht literaturkritische Urteilsbildung an sich – der Leser möge sich sein Urteil selbst bilden –, sondern rezensionsnahes, subjektiv-metaphorisches Schreiben über Texte und die darin steckenden Möglichkeiten der Auf- und Abwertung. „Der Filialleiter" wurde mit der Aufgabenstellung präsentiert:
• Schreiben Sie einen eigenen Text, der diese Geschichte bewertet. Entscheiden Sie sich vorher für *Aufwertung oder Abwertung*, und schreiben Sie polemisch.

Die so entstandenen Entwürfe wurden dann von einem anderen Teilnehmer gegengelesen und mit Korrekturvorschlägen versehen (Ziel: mehr 'Deutlichkeit' im Sinn der intendierten Polemik). Ich gebe jeweils einige Beispiele, die meines Erachtens zeigen, daß die konstatierte Komplexität der Kompetenz 'Rezensieren' durchaus in kleinere Teilkompetenzen zerlegt werden kann und damit auch für Schüler der Sekundarstufen übbar wird; die Schwierigkeit der Aufgabe ist zu steuern über die Auswahl der Schreibvorlage sowie – natürlich – über den Umfang, in dem diese vorab Gegenstand des Unterrichtsgesprächs gewesen ist. (Im vorliegenden Fall genügte ein sehr kurzer Meinungsaustausch).

Beispiele für Aufwertung

Der Autor Thomas Hürlimann beschreibt in seiner Kurzgeschichte kunstvoll eine gleichzeitig alptraumhafte und reale Begegnung eines Supermarktleiters mit seiner Ehefrau auf dem Bildschirm und gleichzeitig in der Realität. Durch die anschauliche Beschreibung dieses Ereignisses wird das fiktive Geschehen für den Leser auf beängstigende Art nachvollziehbar.

In dem gesamten Text schwingt eine beabsichtigte Ironie mit. Hürlimann versteht es sehr gut, mit der Ironie als Stilmittel umzugehen. Er schafft eine für den Leser unterhaltsame, amüsante und doch kritische Geschichte.

(Astrid Meißner)

Beispiele für Abwertung

„Der Filialleiter" ist ein typisches Produkt postmoderner Literaturmode: anything goes. Kein Klischee zu banal, keine Idee zu simpel, keine Formulierung zu grell. Hürlimann baut eine banale Kleinbürgerfeierabendwelt auf und zerstört sie dann vor unseren Augen. Er nimmt die Figuren mit ihren „plattgelatschten" Füßen nicht ernst, sondern macht sich auf ihre Kosten mit dem Leser ein paar schöne Minuten. Der Held Willy P., der aus der Fernsehtalkshow erfährt, daß seine dabei auch noch neben ihm sitzende Frau ihn verachtet, müßte eine tragische Figur sein – und was ist er? Aus Pappe. So macht man keine Literatur. So macht man höchstens etwas Eindruck. Und genau das will Hürlimann ja auch.

(Ulf Abraham)

Das Grauen des Alltags, hinterrücks, subtil, aus der Leere des Gewöhnlichen kommend, springt es einen bei Hürlimann an. Dramaturgisch gut in Szene gesetzt, dem Medium über das er spricht angeglichen, wird der Filialleiter vorgeführt. Kriminalistische Spannung, durchsetzt mit komisch-ironischen Elementen, die dem Elend zum Lachen verhelfen; reality-TV als Essay. Gewohntes Ambiente, ein Rufmord, Rache und die Welt dreht sich weiter. Dies in einer banalen Umgebung, die der Geschichte Glaubwürdigkeit gibt, Identifikationsmöglichkeiten schafft und die Groteske nachvollziehbar macht.

(Silvia Kuhn)

Ein Mann mit Unterhemd und Unterhose wirkt immer komisch – und dann noch mit plattgelatschten Füßen in einem Kamillebad! Das ist kaum zu überbieten. Subtil wie diese Szene ist der gesamte Text – wohlfeiles Parodieren. Das Verständnis ist garantiert und damit das „Behagen" des Lesers, der wieder einmal die Entlarvung von Fernsehgesellschaft, Beziehungsproblemen, Spießbürgerlichkeit erlebt. Woody Allen ist mir lieber.

(Rüdiger Singer)

Eine Textbeschreibung war ausdrücklich nicht verlangt – lediglich mein eigener Text (erster Text rechts; ich schreibe immer auch selbst mit, wenn im Seminar geschrieben wird) versucht sozusagen pflichtschuldigst, auch die Handlung sehr gerafft wiederzugeben: Textwiedergebende Teilaufgaben – auch sie gehören, wie sich gezeigt hat, zur 'Gesamtkompetenz' eines Rezensenten – wären eigens zu bearbeiten. Hier ging es um die – wie sich schnell herausstellte – für alle Beteiligten reizvolle Aufgabe, ein positives oder negatives Urteil möglichst wirkungsvoll zu formulieren und dabei *Polemik nicht zu scheuen*. Die Verdrängung der Affekte aus dem Sprechen und Schreiben (nicht nur, aber eben auch über Literatur) halte ich für einen Fehler und versuche ihn auf diese Weise gutzumachen. Erziehung zur Sachlichkeit einer Beurteilung oder Auseinandersetzung ist wichtig; aber *'Unsachlichkeit' sprachlich beherrschen zu lernen,* halte ich, nach dem Ableben der Rhetorik, auch und wieder für eine Aufgabe. Polemische Texte sind oft tatsächlich sprachlich besser 'durchgearbeitet' und riskieren sozusagen mehr. (Man beachte den starken Einstieg des Textes rechts unten mit einem apodiktischen Satz.) Gleichzeitig gibt ein klar definiertes Sprachhandlungsziel – das gilt auch für die Aufwertung – sowohl dem Schreiber und dem Beurteiler die Möglichkeit, sich über eine Textverbesserung wirklich zu verständigen.

Aufgaben wie die hier vorgestellte bewegen sich zwar noch in der *besprochenen Textwelt,* doch die Ergebnisse zeigen immer wieder Spuren einer rhetorischen, wenn nicht gar „poetischen Arbeit am Text" (Ingendahl 1991). Um das noch zu verstärken, rate ich im übrigen – was den zweiten Teil obiger Aufgabenstellung noch verschärft und die Aufgabe in Richtung *gestaltenden* Schreibens treibt – dazu, möglichst *gegen* das eigene Urteil zu schreiben (so wie ich in meinem eigenen Versuch): also aufwertend, wenn man einen Text für schlecht, und abwertend, wenn man ihn für gut hält.

2.3 Erzählte Textwelt. Etüden des Gestaltens

Die Überschrift dieses Abschnitts bedarf einer Erläuterung. Wenn ich hier von „Gestalten" spreche, so liegt dem ein vorwissenschaftlich-alltagssprachlicher Gestaltbegriff zugrunde. Weder auf seine Herkunft noch seine Geschichte in der Aufsatzdidaktik („sprachgestaltender Aufsatz" seit den 20er Jahren unseres Jahrhunderts) kann ich mich hier einlassen. Gemeint ist immer ein Nach-, Um- oder Neugestalten; denn *gestaltet* ist der zugrundeliegende literarische Text ja immer schon. Indem ich Gestaltbarkeit auch für das *Schreiben über* ihn in Anspruch nehme, klage ich die oft vernachlässigte schreibdidaktische Dimension dessen ein, was lange Zeit als (nur) eine Methode des Literaturunterrichts betrachtet wurde.

Nochmals ist jedoch an die Herkunft der Etüdenmetapher aus der Musik und an die Prozeßorientierung der durch sie bezeichneten Übungen zu erinnern: Auch bei „Etüden des Gestaltens" ist didaktisch weniger das – oft freilich sehr ansprechende – Produkt wesentlich als die Lernprozesse auf dem Weg zu ihm. Weniger an eine Literaturwerkstatt ist hier gedacht – auch wenn diverse literarische Techniken Verwendung finden können (z. B. erlebte Rede, *stream-of-consciousness,* innerer Monolog[26]), sondern an einen Übungs- und Spielraum, in dem alles erlaubt ist, was einen Aspekt des Ausgangstextes erhellt (literaturdidaktische Perspektive) und gleichzeitig eine Gestaltungstechnik erprobbar macht (schreibdidaktische Perspektive). Dabei gilt nicht nur: „Gestalten ist produktives Verstehen" (Waldmann/ Bothe 1992, 5 ff.), sondern auch: Verstehen ist allemal Nach-, Um- oder Neugestalten. Das ist es auch, wenn es im Kopf des/der Verstehenden bleibt; bearbeitbar wird es aber erst auf dem Papier.

Daß gerade in der erzählten Textwelt, in der Schüler und Schülerinnen sich hier schreibend bewegen sollen, die Affekte wichtig sind, muß nicht eigens betont werden; allerdings ist, um im weitesten Sinn literarische Texte zu schaffen, *Ergriffensein nur eine Voraussetzung* und nicht etwa schon hinreichend, wie Tucholsky einmal bemerkte:[27] Es geht gerade um die Bearbeitung dessen, was den Bearbeiter an der Textvorlage ursprünglich „ergriffen" hat. In *diesem* Sinn – nicht nur in einem handwerklich-technischen – ist im Folgenden von „Gestaltung" die Rede.

2.3.1 „Stilangaben" statt Inhaltsangaben verfassen: der Précis

Der Précis ist eine im deutschsprachigen Raum fast unbekannte und unterschätzte Arbeitsform. In den angelsächsischen Ländern, wo der Précis seinem französischen Namen zum Trotz herkommt (vgl. Siedler 1967), gehört er zur schreibdidaktischen Routine. Bei uns hingegen gibt es kaum Hinweise in der Literatur (neben Siedler: Ricken 1984 und Busse ^{6}1985, 19 ff.) und keine einschlägige Tradition im Deutschunterricht. Die Bedeutung solcher Traditionen – etwa der des antithetischen Erörterns – ist kaum zu überschätzen: Viele Deutschlehrer greifen immer wieder zu dem, was sie selber in der Schule häufig geübt haben. Eine solche Tradition wäre erst zu begründen – in dem doppelten Wortsinn, daß sie einzuführen und daß sie zu legitimieren wäre.

Zu beidem möchte ich hier beitragen, weil ich glaube, daß der Précis Antworten bereithält auf viele der kritischen Fragen, die in Kapitel I an die sogenannte Inhaltsangabe gestellt wurden, und daß er die Verdrängung der Nacherzählung zumindest aus dem *Schreib*unterricht der Sekundarstufen kompensieren könnte. – Damit sind nun diejenigen 'Schreibarten' genannt, gegen die der Précis abzugrenzen ist:

- Von der Nacherzählung unterscheidet er sich durch die Pflicht zur rigorosen Kürzung der Vorlage (auf 1/3 ihrer Länge; daraus resultiert, daß er im Gegensatz zu ihr nur im Medium der Schriftlichkeit zu leisten ist).
- Von der 'Inhaltsangabe' hebt er sich ab, weil deren stilistische Umsetzung aus der erzählten in die besprochene Welt vom Schreiber gerade nicht verlangt wird. Vielmehr wird ihm die Pflicht auferlegt, den „Ton der Vorlage" (Siedler 1967, 20) möglichst genau beizubehalten.

Ich gebe zunächst eine Übersicht über die Schreibregeln des Précis und begnüge mich dann, dem eher methodisch-praktischen Charakter dieses Kapitels entsprechend, mit kurzen Hinweisen zu ihrer didaktischen Begründung. Der durch diese Kürze gewonnene Raum bleibt einigen Textbeispielen vorbehalten.

Die Übersicht[28] zeigt, daß von vier wesentlichen Regeln drei – bis hin zur wörtlichen Übereinstimmung – als unstrittig gelten, während eine (Nr. 3) strittig ist:

Siedler 1967, 7 f.:	Busse ⁵1986, 19 f.:	Ricken 1984, 69:
(1) „Der P. muß alle wesentlichen Gedanken bzw. stofflichen Einzelheiten der Vorlage referieren"	(1) „Der P. referiert alle wesentlichen Gedanken der Vorlage, ohne deren Bedeutung zu verändern oder zu interpretieren."	(1) „Wiedergabe des Textinhalts in der Reihenfolge der Vorlage;"
(2) „Die Raffung muß einen selbständigen, zusammenhängenden und lesbaren Text ergeben."	(2) „Die Raffung muß einen selbständigen, zusammenhängenden und lesbaren Text ergeben."	(2) „Herstellung eines zusammenhängenden Textes;"
(3a) „Der Schüler muß das Original mit eigenen Worten umformen [...]. Die direkte Rede muß in die indirekte umgeformt werden." (3b) „Der Stil der verschiedenen Prosaarten muß beibehalten werden."	(3a) „rhetorische Figuren sind sprachlich umzuformen, [...] die direkte Rede ist in indirekter Form wiederzugeben." (3b) „Der Stil der verschiedenen Prosaarten muß beibehalten werden."	(3) „Beibehaltung der wesentlichen Stilmerkmale des Originals;"
(4) „Der Bearbeiter muß die Vorlage auf 1/3 kürzen."	(4) „Der Bearbeiter kürzt die Vorlage auf 1/3. Diese Regel ist bindend."	(4) „Kürzung des Ausgangstextes auf 1/3 der Wörter."

Eine fünfte Regel, die man gelegentlich (Eggerer/Rötzer 1982, 51) findet und die besagt, es sei eine neue Überschrift zu finden, unterschlage ich, weil sie mir als allgemeine Regel nicht sinnvoll erscheint.

Die Regeln 1 und 2 werden immer Ermessenssache bleiben; es gibt ausdrücklich *kein* Verbot, irgendetwas wörtlich zu übernehmen. Wer aber ganze Sätze unverändert läßt, kommt schnell in Konflikt mit Regel 4. Diese wird mit Recht relativ strikt gehandhabt; eine Überschreitung von 10 % wird toleriert. Wer solche Versuche benoten will, wird mit Punktabzug wegen Überschreitung des Limits arbeiten. Was den strittigen Punkt Nr. 3 betrifft, so halte ich es ebenso wie Menzel (1984, 21 f.) nach eigenen praktischen Versuchen mit Ricken, der am konsequentesten den Charakter einer „Stilübung" (nicht: einer stilistischen Umsetzung!) oder „Textspielform" betont (ebd., 71) und von Umformung etwa rhetorischer Figuren oder direkter Rede *nicht* spricht. Der bei Siedler latente Widerspruch, daß zwar der Stil des Originals beizubehalten sei, direkte Rede jedoch nicht vorkommen dürfe, wird nämlich bei Busse manifest (vgl. 3a vs. 3b); der Textauszug von Karl May, den Busse zur praktischen Demonstration verwendet, enthält 'zufällig' keine direkte Rede; aber jeder Karl-May-Leser weiß, daß viele andere Textpassagen von den Dialogen leben und der „Ton der Vorlage" (Siedler) kaum zu treffen wäre, wollte man sie alle in indirekte Rede umwandeln. Daß das für nichtfiktionale Texte sinnvoll sein mag, sei eingeräumt; aber im vorliegenden Zusammenhang geht es um literarische Textvorlagen.

Im Hinblick auf die Begründung der Regeln dieses 'Sprachspiels' (Ricken 1984, 69) fällt auf, daß sich der Tenor seit den 60er Jahren von der schreibdidaktischen Seite auf die litcraturdidaktische verschoben hat: Betone Siedler (1967, 11), der Précis wirke „in weiterem Umfange stilbildend" und sein Wert liege erst gegen Ende eines „Préciskurses" in der „reproduzierenden Beschäftigung" mit dichterischen Texten (ebd., 15), so sagt Ricken (1984, 70), der Précis „verdeutlicht den Stil eines Autors wesentlich besser, als es jede theoretische Bespechung leisten kann." Er empfiehlt anspruchsvolle epische Kurztexte – von Kafka, Musil, Brecht und anderen.

Der Précis ist geradezu das Gegenteil der Inhaltsangabe; er ist eigentlich eine 'Stilangabe'. Inhaltliche 'Substanz' darf und muß ja wegfallen; der 'Stil' soll sich darüber aber möglichst wenig ändern.[29] Schreibstile Lernender sind bildbar durch Précisschreiben; die Stile der Dichters können dabei zu Gegenständen der „Einfühlung" (Ricken, 69) werden; und beides schließt sich ersichtlich nicht aus. Der Vorzug dieser Arbeitsform liegt vielmehr darin, daß sie

- ähnlich wie die sogenannte Inhaltsangabe sowohl auf pragmatische als poetische Texte anwendbar ist, aber deren Abstraktionsniveau nicht voraussetzt;
- einen gleitenden Übergang von 'einfachen' zu recht anspruchsvollen Textvorlagen gestattet – bis hin zu einer Komplexität, die gemeinhin für die Inhaltsangabe ausscheidet, weil sie nicht mehr bewältigbar ist (außer vielleicht in der Sekundarstufe II);
- jene Phase der Einfühlung in einen Text zu bearbeiten erlaubt, die – wie die zitierten Schülerarbeiten in Kapitel I gezeigt haben – bei der sogenannnten Inhaltsangabe häufig übersprungen wird zugunsten einer sofortigen Entfernung aus der poetischen Fiktion;
- dennoch den Schüler, die Schülerin dazu veranlaßt, den Wildwuchs eigener Konkretisationen – wie man sie in einer ausgestaltenden Nacherzählung ausformulieren könnte – selbst zurückzustutzen.

Wer einen Précis scheibt, verbleibt in der erzählten Welt, schafft aber trotzdem „eine eigene sprachliche Leistung" (Siedler, 20): einen selbst erarbeiteten selbständigen Text, „dem der Leser, der den Ausgangstext nicht kennt, die Kurzfassung womöglich nicht anmerkt." (Ricken, 70) Daß nicht dieses Produkt, „sondern der Schreib*prozeß* im Vordergrund stehen" soll (ebd.), muß hierzu nicht im Widerspruch stehen. Der in sich geschlossene, wiederum durchgestaltete literarische Text – idealerweise Ergebnis einer *gleichmäßigen* Kürzung, nicht Produkt schematischen Abstreichens ganzer Sätze oder

Absätze – ist das im Einzelfall oft noch nicht erreichte, gleichwohl gültige Ziel. Der Weg dorthin aber – auch von denen beschreitbar, die das Ziel noch oder gar endgültig nicht erreichen werden – erlaubt die Erfahrung mit dem Abwägen jeder einzelnen Formulierung, dem Verdichten von Sätzen und Absätzen, die sonst im Deutschunterticht der weiterführenden Schulen kaum vorkommt: In der Unterstufe nicht, weil dort noch andere Kriterien für erzählendes und schilderndes Schreiben wichtig sind als das der poetischen Prägnanz; in Mittel- und Oberstufe nicht, *weil dort kaum noch fiktional geschrieben wird.*

Die Pseudo-Objektivität der einfachen Textwiedergabe und des textanalytischen (Be-)Schreibens bis hin zum Interpretationsaufsatz hat im Précis ihr Gegengewicht: die *gerichteten Affekte* (vgl. in diesem Kapitel Abschnitt 1) kommen viel mehr zu ihrem Recht, weil der Schreiber sich in die erzählten Welt einschreibt, statt sich per Inhaltsangabe herauszuschreiben: „Der Schreiber schlüpft in die Rolle des Verfassers der Textvorlage" (Busse [6]1985, 20). Eine Ich-Erzählung *bleibt* eine Ich-Erzählung; ein Dialog *bleibt* ein Dialog (vgl. oben). Die lesedidaktisch bedeutsame Identifikation (vgl. Tafel 4b) kann im Nachgestalten abgearbeitet, sie muß nicht übersprungen werden. Und was die *richtenden Affekte* betrifft, so kommen auch sie zu ihrem Recht – erst recht dann, wenn man Rickens Hinweis ernstnimmt, daß „eine schriftliche Begründung des Précis" (1984, 70) die durch ihn *de facto* vorgenommene Interpretation kommunizierbar mache, nämlich in ein Unterrichtsgespräch überführen könne.

Soviel zur Begründung der relativ strengen Sprach-Spielregeln des Précis. Eigene Versuche mit Studierenden der Germanistik (Textvorlage: Borcherts *Nachts schlafen die Ratten doch)* haben gezeigt, daß

- Teilnehmer, die zunächst die Aufgabe ihres scheinbar allzu einfachen Charakters wegen („bloß kürzen, sonst nichts?") wohl auf Schulniveau, aber nicht auf akademischem Niveau für sinnvoll hielten, eines Besseren belehrt wurden und feststellten, daß hier anspruchsvolles Problemlösen gefordert ist;[30]
- andere Teilnehmer, die vor der ungewohnten Aufgabe zurückschreckten und die vier Grundregeln für Schüler sowie für sich selbst als unvereinbar betrachteten, durch eigenes Handeln erfuhren, daß man sehr wohl zu einem Ergebnis kommen kann;
- die „hochgradige Künstlichkeit", die manche Teilnehmer – sie könnten sich auf Menzel (1984, 21) berufen – dem Précis attestieren wollten, nur Spezialfall einer viel allgemeineren 'Künstlichkeit' ist, die letztlich jede „poetische Tätigkeit am Text" (Ingendahl 1991, 38 ff.) kennzeichnet.

Die folgenden Textbeispiele verdanke ich Sabine Geiger, die sie im Rahmen einer Abschlußarbeit ihres Lehramtsstudiums in einer 10. Gymnasialklasse erhoben hat.[31] Für die Schüler und Schülerinnen war es der erste Versuch, einen Précis zu schreiben. Die Textvorlage – der schon oben herangezogene

„Filialleiter" von Thomas Hürlimann – empfahl sich der bereits diskutierten stilistischen Raffinesse des Autors wegen: Stilistisch anspruchsvolle Texte dürfen nach allem, was oben über den Précis gesagt wurde, als dafür geeignet gelten.

Im vorliegenden Fall wurde nicht der ganze Text, sondern seine zweite Hälfte (ab Wort 172) als Aufgabe gegeben – ein Verfahren, das durch den Begriff „Etüden" abgedeckt ist und die Prozeßorientierung des Précisschreibens ernstnimmt. Ich setze den gewählten Ausschnitt zunächst nochmals hierher:

[...]

171	Nun sprach eine blonde Schönheit über die Gefahren der Affektverkümmerung, und der Fili-
183	alleiter, dem es endlich gelang, die Augen vom Apparat zu lösen, versuchte seine Umgebung
197	unauffällig zu überprüfen. Jedes Ding war an seinem Platz. In der Ecke stand der Gummi-
211	baum, an der Wand tickte die Kukucksuhr, und neben ihm saß die Frau, mit der er verheira-
227	tet war. Kein Spuk – Wirklichkeit! Maria-Lisa war auf dem Bildschirm, und gleichzeitig
239	griff sie zur Thermosflasche, um in die beiden Plastikeimer heißes Wasser nachzugießen.
251	Sein Fußbad erfüllte Willy auch an diesem Abend mit Behagen. Dann rief er sich in Erin-
266	nerung, was ablief. Ungeheuerlich! Auf dem Schirm wurde das emotionale Defizit eines
278	Ehemanns behandelt, und dieser Ehemann war er selbst, der Filialleiter Willy P.! Er griff
291	zum Glas und hatte Mühe, das Bier zu schlucken. Hinter seinem Rücken war Maria-Lisa zu
306	den Fernsehleuten gegangen. warum? Willy hatte keine Ahnung. Willy wußte nur das eine:
319	Vor seinen Augen wurde sein Supermarkt zerstört.
326	Maria-Lisa reichte ihm das Frotteetuch, aber der Filialleiter stieg noch nicht aus dem Eimer.
340	Er hielt das Tuch in der Hand, und so stand er nun, nur mit Unterhemd und Unterhose beklei-
358	det, minutenlang im Kamillenbad – ein totes Paar Füße, im Supermarkt plattgelatscht.
369	„Das Wasser wird kalt", sagte Maria-Lisa.
378	Der Filialleiter rieb sich die Füße trocken, dann gab er Maria-Lisa das Tuch.
389	Als die Spätausgabe der Tagesschau begann, saßen sie wieder auf dem Kanapee, Maria-Lisa
402	und der Filialleiter, Seite an Seite, er trank sein Bier und sie knabberte Salzstangen.

Methodisch empfiehlt es sich – so, wie das hier geschehen ist – vor jede Zeile die laufende Anzahl der Wörter schreiben zu lassen. Mögen sich manche Schüler zunächst gegen die 'Wörterzählerei' wehren, so wird doch bald deutlich werden, daß dieses 'Mitzählen' für eine gleichmäßige Kürzungsarbeit sehr hilfreich ist.

Ich gebe zuerst ein Beispiel für einen mißlungenen Kürzungsversuch: Die Schülerin hatte zunächst einen erheblich über dem Limit liegenden Text und strich dann 'einfach' ihren vorletzten Absatz – im Abdruck einklammert – ganz heraus, um die Idealzahl von 82 Wörtern zu erhalten. (246 hat der Originalausschnitt.)

3 Text D

15	Als eine andere Frau das Wort ergriff, mußte sich der Filialleiter wieder in der Wirklichkeit
27	zurechtfinden. Maria-Lisa erneuerte sein Fußbad. Entspannt lehnte er sich zurück. Das gibt
40	es doch nicht! In dieser Sendung wurde seine Gefühlsarmut diskutiert. Ohne sein Wissen
53	war Maria-Lisa vor die Fernsehkamera getreten; er hatte nicht die leiseste Ahnung warum.
64	Aber er wußte sicher, daß dieser Fernsehauftritt seinem Supermarkt schaden würde.
78	[Nachdenklich verharrte er im Eimer stehend. Erst als ihn seine Frau daran erinnerte, daß
90	sein Wasser kalt werde, riß er sich zusammen und trocknete sich ab.]
103	Der weitere Fernsehabend verlief wie gewohnt: Er trank sein Bier und sie knabberte Salz-
104	stangen.

Etwas konsequenter, aber noch immer erst 'befriedigend' ist die Aufgabe in *Text E* gelöst: Die Kürzung ist gleichmäßig und führt zu einer lesbaren Fassung; aber das Limit ist auch hier deutlich überschritten. Die ironische Schärfe des Originals wird verfehlt. Insbesondere stört das 'Ausrutschen' in ein Tempus der besprochenen Welt.

Text E

12	Der Filialleiter versuchte seine Augen vom Apparat wegzureißen um seine Umwelt zu über-
28	prüfen, doch es hatte sich nichts verändert. Wieder sah er auf den Fernseher und sah seine
38	Frau, während die völlig ruhig Wasser in ihr Fußbad goß.
53	Wieder machte sich der Filialleiter Willy P. klar, daß seine Frau ihre Gefühle für ihn, die
68	bisher nicht einmal er kannte, verraten hat, in aller Öffentlichkeit, und damit sein Geschäft
70	ruiniert hat.
85	Fassungslos rührte er sich nicht von der Stelle und stieg erst nach Aufforderung aus seinem
87	Kamillebad heraus.
99	Später saß er wieder mit seiner Frau wie gewöhnlich vor dem Bildschirm.

Ein drittes Textbeispiel schließlich zeigt, daß die Kürzungsaufgabe nicht nur korrekt, sondern geradezu elegant gelöst werden kann; jenen Ton schadenfroher Ironie treffend, mit dem der Erzähler der Vorlage seinen Helden traktiert, kann die Bearbeiterin sich vom Detail bemerkenswert unabhängig machen und eigene Formulierungen finden.

Text F

13 Er riß seine Blicke vom Bildschirm los und kontrollierte sein Umfeld, ohne jedoch ir-
24 gendeine Unregelmäßigkeit zu bemerken. Alles schien völlig intakt. Realität im Fernsehen,
35 während die Alltagsfrau wie immer funktionierte. Unzumutbar, an die Ehre eines Filial-
47 leiters zu rühren! Keinen Gedanken an sein eigenes Verhalten verschwendend, beklagte er
51 den Tod seines Imperiums.
62 Ein fast entblößter, gebrochener Mann stand schutzlos im lauwarmen Kamillewasser neben
69 seiner Frau, die nur noch mechanisch handelte.
81 Die Zeit fügte das gegenseitige Desinteresse wieder zu einer wortlos-gefühllosen Einheit
82 zusammen.

Der Schluß mag an der Grenze dessen liegen, was das „Sprachspiel" noch zuläßt; die eingeführten Abstrakta drohen sozusagen die erzählte Welt in Richtung auf die besprochene aufzubrechen. Ich halte den Text dennoch für gut, gerade weil er seine Möglichkeiten gegenüber der Vorlage nutzt und dies auch muß: Kürzen ist ohne Abstrahieren unmöglich.

Hürlimanns Text hatten wir nicht nur ausgewählt, um den häufig traktierten immergleichen 'Lesebuchstücke' *(Nachts schlafen die Ratten doch)* etwas Neues entgegenzusetzen, sondern auch deshalb, weil er es unmöglich macht, die gerichteten Affekte sozusagen einfach an einen positiven Helden anzuhängen – sondern zwingt, sie *gegen ihn zu richten,* während ja die Identifikationsinstanz ein anonymer Erzähler ist. Die Schülerin (F) attestiert dem Text, scheinbar ohne ihn zu 'analysieren', ironische Schärfe und Richtigkeit der Diagnose, indem sie ihm mit einigen neu eingeführten Begriffen zur Prägnanz verhilft: „Imperium" liegt genau auf der Ebene von Hürlimanns indirekter Charakterisierung eines Spießbürgers, und in der Formlierung „wortlosgefühllose Einheit" scheint das Wort „Einheit" auf faszinierende Weise böse zu schillern. Die Affekte der Schülerin sind eindeutig gerichtet – so, wie der Autor es haben will. Gleichzeitig kommen aber, obwohl die erzählte Welt ja nicht verlassen wird (also kein Reden *über den Text* möglich ist) auch richtende Affekte ins Spiel: der zu kürzende Text muß beurteilt werden im Hinblick auf das, was er enthält und was nicht; was er bewirken will und kann und was nicht; was er sprachlich leistet und was nicht.

Das ist in *Text F* geschehen; man sieht es am Ergebnis: Précis-Schreiben ist eine Form der Analyse – genauer: der operativen Analyse. Es ist ebenso wie das Schreiben zu Texten (Lange 1984) „kreative Texterschließung" (ebd., 64). Gegenüber der sogenannten Inhaltsangabe hat es den Vorzug, daß es die Analyse nicht in versteckter Form voraussetzt, sondern operationalisierbar macht:

von Wort zu Wort, von Satz zu Satz: Sabine Geiger hat in ihrer schon erwähnten Abschlußarbeit gezeigt, daß der Précis textrezeptiv die Fähigkeit zur Auswahl der wichtigsten inhaltlichen und stilistischen Elemente der Vorlage verlangt und *textproduktiv* die Beherrschung verschiedener Techniken verknappter Formulierung, vor allem
(1) syntaktische Verbindung und Unterordnung selbständiger Sätze mit- bzw. untereinander;
(2) Einsatz von Partizipialkonstruktionen anstelle von Gliedsätzen;
(3) Ersetzen von Nomina durch Pronomina bei Erhalt eindeutiger Beziehungsstrukturen.

Soweit gilt das zwar auch für die sogenannte Inhaltsangabe und andere in Kapitel I erwähnte Formen der einfachen Textwiedergabe; aber hinzu treten zwei weitere, die spezifisch sind für diesen Aufgabentyp:
(4) bei notwendigen Neuformulierungen: Anlehnung an grammatisch-stilistische Eigenarten des Originals (in diesem Fall z. B. Aussagesätze mit Ausrufezeichen; Satzverbindungen durch Doppelpunkt);
(5) trotz aller Raffung Erhalt der epischen *Konkretion,* ggf. durch Einsetzen eigener poetischer Bilder.

2.3.2 Thematisch gesteuert gestalten (Lebensromane II)

Ist der Précis eine formal gesteuerte Gestaltung des Ausgangstextes – an der 'Formativität' der vier Grundregeln stören sich anfangs manche Schüler und Schülerinnen – so ist in Fortführung der oben angestellter Überlegungen jetzt zu fragen, wie eine nicht-formal gesteuerte Gestaltung aussehen könnte.
Im Unterschied zur Paraphrase ist hier keine 'Prosaisierung' oder ansatzweise Diskursivierung einer poetischen Textvorlage gemeint; und im Unterschied zur Nacherzählung, die die epische Gestaltung überhaupt nicht weiter steuert, sondern sie der Fabulierlust der Bearbeiter überläßt, sucht hier eine *thematische Steuerung* solche Vorgaben zu machen, die die Gestaltungsaufgabe nicht formal, sondern inhaltlich eingrenzen und konkretisieren:
(1) Textinterne Perspektive: Eine bestimmte Figur kann eine (Neu-)Erzählung thematisch steuern und durch Reflexion anreichern.
(2) Textexterne Perspektive: Oben (S. 130) habe ich unterschieden zwischen biografischen und fiktiven Lebensromanen; *fiktive Leser* sind nun von den Gesprächspartnern eines 'divergenten' Literatur- und Schreibunterrichts erfundene Rezipienten. Deren „Lebensromane" – nun tatsächlich *Romane* im landläufigen Sinn – skizzieren wir (Stichpunkte genügen): Jeder 'reale' Leser erfindet und präsentiert den anderen 'seinen Leser'.

- (1) Gestaltung aus der Perspektive einer thematisierten Figur

Textvorlage	**Figur** [32]	**Vorschläge**
Eichendorff: „Sehnsucht"	„Ich" die Gesellen	• Schreib[en Sie] das Gedicht so um, daß „ich" als *er* erscheint und die beiden Gesellen als *wir;* die dritte Strophe muß dann neu geschrieben werden, weil die „Sehnsucht" nicht mehr auf die Wandernden, sondern *den am Fenster Stehenden* projiziert wird.
Borchert: „Nachts schlafen die Ratten doch"	Junge alter Mann	• Erzähl[en Sie] die Geschichte aus der Sicht des Jungen, der den alten Mann zunächst nicht einschätzen kann und sich bedroht fühlt. Der Junge kommentiert dann den Schluß. • Erzähl[en Sie] die Geschichte aus der Sicht des alten Mannes und füge[n Sie] ein, was er während des Dialogs jeweils *denkt,* bevor er spricht. Der Mann kommentiert dann den Schluß.
Bichsel: „Die Tochter"	Tochter Vater Mutter Freund der Tochter	• Schreib[en Sie] den Text neu aus der Sicht der im Abendzug heimfahrenden Tochter. Was denkt sie über ihre Eltern? • Gestalte[n Sie] Bichsels Text so um, daß der Vater zum Ich-Erzähler wird und die Mutter unhörbare (innere) Monologe 'dreinredet'. • Gestalte[n Sie] den Text so um, daß die Mutter zur Ich-Erzählerin wird und der Vater unhörbare (innere) Monologe 'dreinredet'. • Erzählen Sie aus der Sicht des Freundes – von dem die Eltern nichts wissen – daß die Tochter jeden Abend mit einem bestimmten Zug nach Hause fahren muß oder behauptet, das zu müssen.
Hürlimann: „Der Filialleiter"	Willy Maria-Lisa Stammkunden im Supermarkt	• Mach[en Sie] Willy zum Ich-Erzähler. • Mach[en Sie] Maria-Lisa zur Ich-Erzählerin. • Kombiniere[n Sie] beide Texte zu einem Schein-Dialog • Erzähl[en Sie] von Maria-Lisas Fernsehauftritt aus der Sicht eines die Talkshow sehenden Stammkunden. • Erzähl[en Sie] aus der Sicht eines anderen Kunden, der die Talkshow nicht gesehen, aber davon erzählt bekommen hat und der die Geschichte nicht recht glauben kann.

- (2) Gestaltung aus der Perspektive eines thematisierten fiktiven Lesers: Jeder Leser, jede Leserin in der Lerngruppe erfindet und *präsentiert den anderen* 'einen Leser'. Dieser kann in bezug auf die Textvorlage ein idealer Leser sein, dessen fiktiver Lebensroman also alle Voraussetzungen für ein Verstehen mitbringt. Er kann aber im Gegenteil auch ein inkompetenter Leser sein, dessen Weigerung oder Unfähigkeit, den Text 'richtig' zu verstehen, zu nicht minder interessanten Ergebnissen führt.

Während manch andere der hier vorgestellten Anregungen in der kreativen Schreibdidaktik bzw. im produktionsorientierten Literaturunterricht bereits eine gewisse Tradition hat, gilt dies nicht für die Gestaltung eines Schreibens über Texte aus *fiktiven* Perspektiven; auch und gerade der 'alternative' Schreibunterricht, der die traditionellen 'Aufsatzarten' erweitern oder ersetzen wollte, ist ja lange auf das sogenannte Authentische fixiert gewesen. (Zur Kritik daran vgl. Paefgen 1993) Dagegen hat der operative Literaturunterricht, soweit das *Schreiben* über Texte sein Thema war, den Nutzen 'maskierter' Äußerungen längst erkannt (vgl. oben, S. 84 f. u. 128: Schober über den Bichsel-Text). Warum also nicht auch schreibdidaktisch bedenken und begründen, was literaturdidaktisch inzwischen von unbestrittenem Nutzen ist?[33] Die Schwierigkeit (ins Positive gewendet: die Herausforderung) besteht lediglich darin, eine – meines Wissens – noch nicht wirklich praktizierte Methode im Deutschunterricht heimisch zu machen. Ich kann einstweilen nur auf meine wenigen eigenen Versuche zurückgreifen und zitiere zwei Entwürfe zur fiktiv-perspektivischen Wiedergabe und Besprechung der Geschichte von Bichsel. Die Beispiele stammen aus einer Stilistik-Übung mit Studierenden der Deutschdidaktik für verschiedene Lehrämter; wir waren übereingekommen, uns „Die Tochter" zur Erfindung und Ausgestaltung fiktionaler Perspektiven vorzunehmen.

Text G

Das Mädchen in Bichsels Geschichte raucht, sie arbeitet in der Stadt und verbringt ihre Mittagspause in einem „tearoom". Die Eltern zuhause fragen sie immer, was sie den Tag über gemacht hat, aber sie muß ihnen nicht mehr antworten. Sie hat auch ein eigenes Zimmer mit Schminksachen und einem eigenen Spiegel. Außerdem hat sie einen Plattenspieler und kann
5 sich ihre Platten selbst aussuchen und kaufen.
Das Mädchen liest Modezeitschriften und unterhält sich mit Männern. Wahrscheinlich hat sie bald einen festen Freund und eine eigene Wohnung in der Stadt, sie wird die Eltern dann bloß noch am Wochenende besuchen und ihnen hübsche Sachen aus der Stadt mitbringen, weil sie ein liebes Mädchen ist.

(Silvia Kuhn)

Auf den ersten Blick scheint hier eine recht einfache, sprachlich gar unbeholfene Textwiedergabe vorzuliegen – als solche würde *Text G* aber gar nicht hierher („Etüden des Gestaltens") gehören: Er wäre bestenfalls eine Etüde der Wiedergabe gewesen.

Er ist es nicht. Näherem Hinsehen erschließt sich die Absichtlichkeit dieser naiven Rede von Bichsels Tochter. Hier schreibt eine fiktive Leserin, indem sie über die Heldin des Textes spricht, eigentlich von sich. Bichsels „Tochter" ist Projektionsfläche für ihre konkreten Wünsche: mehr Taschengeld zum Plattenkaufen, Sich-schminken-dürfen, ein eigenes Zimmer haben, bald gar eine eigene Wohnung, einen festen Freund, der kommen und gehen, auch dort wohnen darf: Hier schreibt eine sehr junge Leserin, und sie verrät indirekt die Doppelbindung, in der sie selber steckt: Ausbrechen wollen aus der Zwangsharmonie der Familie (vgl. Z. 2 f.!) und dabei doch „ein liebes Mädchen" bleiben.

Der Text ist kein wiedergebender, obwohl er sich eines besprechenden Tempus bedient. Er gestaltet einen fragmentarischen Lebensroman und gibt an, von welchem Punkt dieser fiktiven Biografie aus Bichsels Geschichte (welches) Interesse gewinnt. Das wird gesteuert von der Aufgabe
• Erfinde[n Sie] einen Leser/eine Leserin, der/die darüber schreibt.

Das ermuntert dazu, dasjenige offen zu tun, was – wie sich gezeigt hat – in Textanalyse- und Interpretationsaufsätzen oft verdeckt geschieht: das 'Hineinprojizieren' eigener Affekte (Wünsche, Ängste, Hoffnungen, usw.) in den angeblich nur analysierten Text. Die Nähe zum oder Entfernung vom eigenen biografischen Ich bleibt dabei absichtlich offen; die Gestaltungsaufgabe kann sich also nahe am eigenen Lebensroman bewegen (so wie Romanautoren oft Figuren erdenken, die partiell mit ihnen identisch sind, aber nicht ganz), sie kann aber auch Verhältnisse thematisieren, die der Schreiber oder die Schreiberin bei andern beobachtet hat; sie könnte schließlich ganz ins Fiktionale gehen und ein 'Wunsch- Ich' präsentieren. In diesem Fall liegt vielleicht die Gestaltung einer lange überwundenen eigenen Entwicklungsphase vor, vielleicht auch nicht. Das ist unentscheidbar und auch nicht wichtig. Worauf es ankommt, das ist die schreibende Erarbeitung eines *Stand-Punktes,* von dem aus der Text (subjektiv, wie sonst?) beurteilt werden kann. (Nicht alle Gestaltungsmöglichkeiten sind übrigens ausgeschöpft: Statt „liest Modezeitschriften" stünden besser konkrete Titel – diejenigen, auf die sich die Wünsche der Leserin richten; und die Berufsperspektive ist zugunsten des 'Privatlebens' bzw. Freizeitverhaltens völlig ausgeklammert, obwohl sie bei Bichsel eine wesentliche Rolle spielt: „Sag mal was auf französisch!")

Ein zweites Textbeispiel mag nun zeigen, daß und wie die Ausgestaltung eines fiktiven Lebensromans durch Schreiben über eine Textvorlage noch weiter getrieben werden kann; die Grenze zum eigenen fiktionalen Schreiben ist im folgenden *Text H* überschritten.

Text H[34]
Meine liebe Laura!
Heute habe ich eine Kurzgeschichte gelesen, die es mir wert scheint, dir mitzuteilen bzw. was ich dabei dachte. Es geht um eine Familie, in der die erwachsene Tochter regelmäßig zu spät zum Abendessen kommt und somit nicht gerade mithilft, die festgesetzten zeitlichen Ord-
5 nungen einzuhalten.
Frappierend war für mich der Schluß. „Ich habe den Zug gehört", sagte die Mutter, auf die Tochter wartend. Das hat mich wirklich getroffen. [...] Du weißt sicherlich, wie ich meine erste Tochter verloren habe? Nicht? Nun, sie wurde mit 16 Jahren, in der beginnenden Blüte ihres Lebens, von einem Schnellzug zerrissen, weil sie immer über das Gleis lief, um nach
10 dem Aussteigen Zeit zu sparen. Das ist nun schon 20 Jahre her, doch kannst Du dir gewiß vorstellen, wie plötzlich mir dies alles durch den Kopf geschossen ist, habe ich doch immer versucht, es zu vergessen und meine Erinnerung zu reinigen.

PS.: Für die Schmiererei bitte ich um Entschuldigung, ich konnte meine Tränen nicht unterdrücken.

(Dieter Oberste-Berghaus)

Hier ist in Briefform – einer Form, die die 'divergente Schreibart' begünstigt und das „kontemplative" Moment betont – ein tragischer Lebensroman skizziert. Gleichzeitig charakterisiert hier ein älterer Mensch sich selbst, der noch weniger als die fiktive Leserin aus *Text G* Bichsels Geschichte tatsächlich begriffen hat: Nahm dort ein sehr junges Mädchen immerhin noch diejenigen Elemente zur Kenntnis, die ihren Wunschvorstellungen von einem autonomen Leben entsprachen (freilich nur aus der Perspektive der Tochter), so nimmt hier ein Mensch außer dem Erinnerungen auslösenden Satz „Ich habe den Zug gehört" fast nichts wahr. Zu sehr ist er oder sie mit sich selbst beschäftigt: Das Mädchen in der Geschichte mir der toten Tochter identifizierend, wird deren abendliches Heimkommen als 'Zu-spät-Kommen' interpretiert und damit als Verstoß gegen familiäre „Ordnungen" (Z 4) – auch das eine Erinnerung? Nicht nur Bichsels Text hat der hier gut erfundene ältere Mensch nicht verstanden; auch den eigenen Lebensroman nicht. Sonst würde ein Zusammenhang hergestellt zwischen dem Laufen-übers-Gleis und dem neurotischen Ordnungsgebot. Wovon muß er/sie sich denn „reinigen" (Z. 12)?

Wer Schreiben über Texte vorrangig an der Elle textadäquater Wiedergabe und Analyse mißt, wird derartige 'Spielereien' irrelevant, gar schädlich finden; aber die Auseinandersetzung mit – gegebenen oder eben nicht gegebenen – Verstehensbedingungen für literarische Texte gehört für mich zum Literaturunterricht (Leser, die *nur* sich selber wahrnehmen, gibt es eben auch!), und die Gestaltung von Texten, die solcher Auseinandersetzung dienen, gehört für mich zum Schreibunterricht.
Betont werden muß freilich, damit solche Versuche nicht mißverstanden werden, nochmals der dominante *Prozeßcharakter* solchen Schreibens: Der Begriff „Gestalten" in meiner Kapitelüberschrift sollte nicht dazu verleiten,

hier etwas 'Endgültiges' zu erwarten – etwas 'fertig Gestaltetes'. Vielmehr geht es darum, analog zur perspektivischen Textwiedergabe und -besprechung auch in der erzählten Welt von möglichst vielen verschiedenen Seiten aus Zugänge zu einem Text zu erproben und sich von ihm zum Erfinden eigener Figuren anregen zu lassen. Daß damit die Grenze zwischen textbezogenem Schreiben und 'literarischem' Arbeiten überschritten wird, will ich gerne zugeben, kann jedoch keinen ernsthaften Einwand darin sehen. Dem weithin akzeptierten 'philologischen' Ideal textbesprechenden Schreibens in der Schule ist – mit Einschränkung auch in der Hochschule, jedenfalls in der Lehrerbildung – ein essayistisches Ideal zur Seite zu stellen. Dies wäre ein nicht minder anspruchsvolles, aber deutschdidaktischer Lehrnzielreflexion gegenwärtig entgegenkommendes Ideal: Der Essay ist stilistisch vielfältiger als der philologische Fachaufsatz und darf Anspielungen auf persönliche Lebensromane ebenso enthalten wie fiktionale Elemente; warum nicht auch fiktive Leser?

2.3.3 Texte versetzen und montieren: stilistische Varietés erstellen

Liegt der Essay, wie in *Tafel 5* angedeutet, bereits jenseits des in diesem Kapitel abgesteckten Arbeits- und Lernbereichs – er setzt ja die Interpretation, zu dem Schreibversuche wie die hier vorgestellten erst beitragen, meist voraus –, so kann dieser 'Zwischenbereich' endender Konkretisation und beginnender Interpretation zum Abschluß durch Vorschläge bereichert werden, die ich zusammenfassend „stilistisches Variéte" nenne. Diese Bezeichnung lehnt sich an den Titel des schönen Buches von Judith Macheiner an *(Grammatisches Variéte,* 1991). Ich lege dasselbe Prinzip zugrunde, weite es allerdings aus: Geht es Macheiner um eine Stilistik syntaktischer Möglichkeiten des Deutschen, die sie durch Variieren authentischer Sätze und Absätze aus literarischen Texten vorantreibt, so möchte ich schreibende Annäherungen an solche Texte durch Variieren der Perspektive vorantreiben, aus denen jeweils 'Handlungen', 'Schauplätze', Figuren' usw. gesehen werden. Einzelne Figurenperspektiven wurden in 1.2 erläutert; einzelne Leserperspektiven in 2.1 u. 3.2. Nun denke man sie sich montiert zu einer Art von 'Klassentext', der den wiedergegebenen und besprochenen Text durch verschiedene 'Subjektivitäten' (reale und fiktive) so einkreist, daß das Schreiben über ihn näherungsweise 'objektiv' wird.

Auch hier müssen wenige Bemerkungen zur didaktischen Begründbarkeit genügen. Ich unterscheide wiederum zwischen Produkt- und Prozeßcharakter solcher Etüden:
- Prozeßcharakter haben sie, indem sie „literarische Geselligkeit" (um mit dem Titel eines bekannten Buches von Gundel Mattenklott zu reden) in die schriftliche Textwiedergabe und Textbesprechung einführen. Statt für sich allein mit einer Textvorlage zu 'kämpfen', liefert jeder Schüler, jede Schülerin durch die Lebensromane, die der Wiedergabe und Besprechung

zugrundegelegt werden, einen Mosaikstein zu einem Super-Text, der durch Montage entsteht. Schreiben über Literatur ist damit nicht nur kognitiv und auch nicht nur affektiv, sondern pragmatisch und instrumentell begründet; es ist, wie Krüger (1979) sagen würde, „synergetisch".

- Der Produktcharakter entsteht durch handelnden Umgang mit diesen Einzelleistungen: Wie montieren wir – in welcher Abfolge, in wievielen Einzelfragmenten – aus unseren Entwürfen einen großen Text zusammen, der zum einen von der Vorlage 'redet', zum andern aber *von uns* und unserer Annäherung an sie.

Montieren

Alle bisher skizzierten Aufgabentypen – Paraphrase, interessegeleitete Textwiedergabe, Einbettung in „Lebensromane", kritische Ab- oder Aufwertung, Précis und Ausgestaltung von Figurenperspektiven – können hier Verwendung finden – vorausgesetzt, sie beziehen sich auf dieselbe Textvorlage, z.B.:

- Kombiniere[n Sie] alle zu „Die Tochter" ausgeführten Figurenperspektiven mit den subjektiven Deutungen einiger möglichst unterschiedlicher Leser („Lebensromane"), darunter auch *Text H.* Stell[en Sie] dieser Montage aus subjektiven Einreden ein Précis voran.
- Verfasse[n Sie] zu „Der Filialleiter" eine als Zeitungsmeldung angelegte Kurzwiedergabe und stell[en Sie] sie zwei interessegeleiteten Wiedergabeversuchen (Willy P. bzw. Maria-Lisa) gegenüber sowie den Aussagen mehrerer Stammkunden des Supermarktes, von denen einer zufällig Willy P. bei einem Selbstmordversuch überrascht und ihn gerettet hat. Achte[n Sie] in allen Fällen auf den schrift- bzw. sprechsprachlichen Ausdruck, so daß die Textmontage zwischen 'objektiver' Berichtsprache und stark emotionaler Zeugenaussage variiert.
- Kombiniere[n Sie] eine ab- und eine aufwertende Besprechung desselben Textes mit einer 'neutralen' Paraphrase, und verfasse[n Sie] zu dieser Montage einen Kommentar des Autors, d.h. schreib[en Sie] als „Hürlimann" unter Bezugnahme auch auf die oben abgedruckte Rezension.

Versetzen

„Stilistische Varietés" sind für mich auch Neugestaltungen einer Textvorlage, die mit Epochen-, Zeit- oder Gattungs-/Genrestilen arbeiten. (Raymond Queneaus Klassiker *Stilübungen* von 1947 basiert auf diesem Prinzip und ist aus der kreativen Schreibdidaktik inzwischen nicht mehr wegzudenken.) Ich nenne solches Arbeiten am Text *Versetzen* und schlage es insbesondere für ältere Textvorlagen vor, weil hier die zeitliche Distanz zwischen Textentstehung und Textrezeption das Schreiben aus „textinternen Perspektiven" stark erschwert. Auch das Erfinden von „Lebensromanen" ist dann in Gefahr, subjektive Sinnhorizonte völlig am Text vorbeizukonkretisieren. Hier kann das

„Versetzen" helfen, einen produktiven Austausch über den Sinnhorizont der Textvorlage zuwegezubringen.
- Versetze[n Sie] Eichendorffs „Sehnsucht" in die Gegenwart. Ziel: ein Gedicht über Fernweh und Zuhausebleiben im späten 20. Jahrhundert. (Gleichzeitig Versetzung in eine Stadtlandschaft möglich und sinnvoll.)
- Versetze[n Sie] den Text aus der Romantik in eine andere literarhistorische Epoche – mit allen sprachlichen und inhaltlichen Konsequenzen einer solchen Versetzung.

Text I diene als – gelungenes – Beispiel;[35] es transponiert „Sehnsucht" so geschickt in den Expressionismus, daß man zweimal hinsehen muß, um die Grundstruktur noch zu erkennen: das einsame „Ich" in der Nacht (4 f.), Geräusche draußen (6), Beobachtung eines „Wandernden" (Penners), und dann der Widerruf jener Utopie der weiten Welt, die schon bei Eichendorff nur um den Preis des Zuhausebleibens erhalten werden konnte: Nichts anderes gibt es, worauf zu warten wäre, als der Morgen, der „graut".

Text I
Schlaflose Nacht

Sterne stürzen vom Himmel, lautlos,
der Lärm der Nachtschicht kotzt sie aus
und der Wahn-
Sinn meiner Existenz greift nach mir, schwül
5 packt er mich und reißt mich hoch.

Lärmende Kneipen rülpsen, brüllen Gestalten blau in die Nacht
Hochhäuser raunen einsam einem alten
Penner hinterher, da bricht
der Himmel zusammen: er gießt
10 seine Sinfonie über die Stadt und foltert mein
Gehirn.

Der Mond schrillt zum Fenster herein
seine Blicke, unverschämt, ergreifen Besitz
von meinem bleichen Wesen, ziehen meine
15 nackten Gedanken aus. Mein Körper zuckt
nach dem Morgen. Es graut.

(Karin Trunk)

Am Ende schließlich soll – kommentarlos – ein Text eines anderen Seminarteilnehmers stehen, der mit Erfolg versucht hat, Eichendorffs Gedicht in unsere Zeit zu transponieren. Stilvorbild war Enzensberger, genauer: sein Gedicht „an alle fernsprechteilnehmer". Das Ergebnis ist parodistisch; aber die Parodie/Travestie ist *eine* – mit Blick auf kreative Schreibdidaktik und produktiven Literaturunterricht gesagt – wohl die am ehesten geläufige Form der Versetzung.

Außerdem haben Parodien haben den Vorzug der Deutlichkeit; das macht sie – jenseits ihres Vergnügen bereitenden Produktcharakters – auch für den Prozeß des hier vorgeschlagenen Schreibens zu Texten so nützlich, daß dieses Buch nicht enden soll, ohne eine Parodie zu präsentieren. Es ist sozusagen eine Parodie auf Gegenseitigkeit – und stammt von einem Studierenden der Germanistik. Das macht Mut.

fernsprechsucht
etwas, das eine ferne hat, etwas
das wie gärten riecht, etwas goldenes
tönt aus den posthörnern,
weckt das rauschen der brunnen
und der saiten klang, etwas prächtiges
stürzt von den felsenklüften, rauscht
etwas verschlafenes, davon die banken verwildern,
übers gestein
und läßt das herz mir entbrennen.

Zwei junge mädchen sangen, gesellen
lauschen am fenster
die marmorbilder wissen es schon.

(Rüdiger Singer)

3 Besprechendes und erzählendes Ich im Spiel des Textes. Ein Resümee

> *„Eines Tages, als ich 18 war, begann ich beim Lesen eines Buches zu weinen. Ich war erstaunt: Ich hatte keine Ahnung gehabt, daß Literatur mich in dieser Weise affizieren könnte. Wenn ich in der Schule über einem Gedicht geweint hätte, wäre der Lehrer entsetzt gewesen. Ich merkte, daß die Schule mir beigebracht hatte, **nicht** zu reagieren."*[36]

Unser Textunterricht als Schreibunterricht läuft, wenn ich sowohl der Alltagsbeobachtung als auch meiner systematischeren Nachprüfung trauen darf, auf die Empfehlung eines neutral-objektivierenden, besprechenden und bescheidwissenden Tons hinaus, in dem man Texte zusammenfassen, auseinandernehmen, kommentieren und deuten können soll. Man kann das auch. Aber selbst Literaturwissenschaftler, die ja ausgebildeten Germanisten dieses Ideal der Objektivität mit auf den Weg in den Beruf des Deutschlehrers gegeben haben, tun häufig mehr und anderes als dies. In *ihrem* impliziten System der Stilformen gibt es neben der Textbeschreibung nämlich auch die Textschilderung und neben der sachlichen Erörterung auch die polemische Auseinandersetzung mit bekämpften Lesarten: Auch sie haben, ebenso wie die Literaturkritiker des Feuilletons, eine Menge mehr Schreibarten entwickelt, als in der Schule gemeinhin vorzukommen pflegen. Deren sehr reduzierter Lehrgang jedoch wird durch die sachlich-neutrale Inhaltsangabe eröffnet und (im Abitur) mit dem Ideal der ausgewogenen, differenziert-diskursiv argumentierenden, belegenden und beweisenden Interpretation abgeschlossen. Was dazwischen liegt – Aufsätze zur literarischen Texterschließung, literarischen Erörterung, Textinterpretation und wie die Bezeichnungen sonst lauten mögen – führt bestenfalls zu inhaltlich soliden, aber sprachlich oft ausgesprochen langweiligen Schülerarbeiten.

Die in unserem Deutschunterricht immer noch – vor allem als Prüfungsaufsätze – häufigsten „Stilformen" des Schreibens über Literatur sind weder *Textsorten* (wie etwa die Stilformen pragmatische Schreibens: Bericht, Vorgangsbeschreibung) noch *Genres* (wie die poetischen Schreibens: etwa Erzählung und Schilderung), weder das eine noch das andere: Weder haben sie einen erkennbaren Adressatenbezug, durch den sie funktionalstilistisch faßbar wären, noch gibt es stilistische Vorbilder, literarische Techniken, Bauformen oder Strukturmuster, an die eine Methodik des diskursiven Schreibens über

Texte sich halten könnte. Wohl aber kann sie *ergänzt* werden um Formen und Gestalten.

„Kultureller Umgang mit Texten" in der Schule (Rupp 1987) muß vielfältiger und kreativer werden, muß aufhören, die Textvorlage als nur wiederzugebendes, zu beschreibendes und distanziert-sachlich zu beurteilendes *Objekt* zu fixieren; muß nicht nur solche Schreibarten zulassen, die als Vorformen philologischen Textumgangs ausgewiesen sind, sondern bewußt auch Schreibarten, die allen – auch den allerpersönlichsten – Lesarten nachzugehen in der Lage sind; die dokumentieren, daß und wie ein Schüler in eine 'Handlung', eine bestimmte Figur, eine Perspektive, einen Schauplatz, eine Stimmung usw. *schreibend hineingekommen* ist.

Für die stilistische Gestaltung solcher Schreibarten wiederum sind dann die von der kreativen Schreibdidaktik schon erarbeiteten Verfahren zu nutzen (Perspektivwechsel, Versetzungen in andere Epochen, Gattungen, Genres), aber auch – als Austragungsorte für „Stilübungen" – Textsorten aus dem Bereich der journalistischen Stilformen (vgl. etwa das Unterrichtsmodell bei Spinner 1990).

Andreas Härter (1991, 59) hat darauf hingewiesen, daß „interpretierendes Lesen", wenn es den Namen verdient, die Bereitschaft zum Risiko voraussetzt („Der Leser ist bereit, nicht schon zu wissen, wohin er gerät, wenn er sich ans Lesen macht"). Ein den Text *beherrschendes Lesen,* in dem der Leser seinen eigenen „Subjektstatus" nicht verändern wolle, sei, sagt Härter weiter, eine Verkürzung, eine Reduktion des Interpretierens auf reine „Technizität" (ebd., 60). Diese Technizität ist genau das, was durch viele der von mir gesichteten Schülerarbeiten durchschimmert.

Der Umgang mit literarischen Texten, vielfach zur Routine herabgekommen, muß wieder zu dem werden, was man im Sinne Härters ein jedesmaliges Abenteuer nennen könnte; und was sich von der schriftlichen Textanalyse etwa so unterscheidet wie eine selbst geplante Reise von einem vorab gebuchten Pauschalurlaub: Nicht ein vorher von jemand anderem festgelegter Weg wird abgegangen zu einem bekannten Ziel hin, sondern eigene Wege werden schreibend gesucht – vielleicht nicht die kürzesten oder besten, jedenfalls die riskanteren, was ein Abkommen vom Weg, ein Sich-Verlieren in der eigenen Fantasie betrifft. Es sind aber doch Wege, die *ich gegangen ist,* um die deutsche Grammatik kurz außer Kraft zu setzen: Wege eines besprechenden und erzählenden Ich, das sich selber ins Spiel des Textes gebracht hat. Ich hoffe, das durch die hier wiedergegeben Aufgaben und Lösungsbeispiele deutlich gemacht zu haben. Sie sollen Mut machen zu jenem „Risiko", das unvermeidlich ist, wenn man ausgetretene Wege verläßt: Mut zur 'Expedition' in eine Zwischenzone zwischen bloßem *Konkretisieren* und technisch routiniertem *Interpretieren,* die ein Spielfeld ist, dem weder nur fabulierendes und hinzufügendes Schreiben wirklich angemessen ist noch nur-diskursiv besprechendes und erklärendes Schreiben. Hier, wenn irgendwo, ist für mich der Entfaltungsraum von „Authentizität", falls man das Wort nicht lieber meiden möchte (vgl. kritisch Beisbart 1990). Denn hier muß sich der Leser weder am Nasenring seiner eigenen unwillkürlichen Assoziationen zum Text führen lassen, noch muß er sich schon einlassen auf das ergebnisfixierte Absuchen des Textes nach dem Ein-Treffen und Zu-Treffen irgendwelcher Kategorien, die er gelernt hat; hier, sozusagen genau in der Mitte zwischen Konkretisation und Interpretation, wo alles im Fluß ist und frei flottierende Ansätze der Bildfindung ebenso noch verfügbar sind wie Ansätze der Begriffsbildung *schon,* bringt das Schreiben über Literatur Schreibarten hervor, die einerseits Subjektivität und Persönlichkeit des Textzugangs nicht ausblenden, andererseits aber die Möglichkeit eröffnen, den eigenen Textentwurf stilistisch zu bearbeiten, und zwar *in eine von zwei Richtungen:* Entweder 'funktionalstilistisch' auf eine wirkliche Textsorte hin, die informieren, kritisieren, werten soll (besprochene Welt); oder 'ästhetisch' auf ein literarisches Genre hin, das aktualisieren, parodieren, travestieren, montieren kann (erzählte Welt).

Die Bandbreite möglicher Textvorlagen – hier durch wenige Beispiele, die bewußt immer wieder benutzt worden sind, nur angedeutet – schließt traditionelle Dichtung ebenso ein wie moderne Literatur. (H. M. Enzensberger alias Andreas Thalmayr hat uns das vorgemacht; das „Wasserzeichen der Poesie" scheint immer durch.) In beiden Richtungen – nenne man das nun „Schreiben über Texte", „Schreiben nach Texten" (Menzel 1984) oder produktive „Umgangsformen" (Ingendahl 1991) – entstehen Schreibarten, die keinen anderen Anspruch erheben als den, *eine Lesart zu erproben mit ungewissem Ausgang.* Sie sind „Einmischungen" (Bullerdiek 1987) und als solche so riskant wie Einmischungen immer zu sein pflegen. Aber wer nichts wagt, kann bekanntlich auch nichts gewinnen. Wohl aber kann er verlieren: Die Leser und Schreiber von morgen an die Schule von gestern.

Anmerkungen zu Kapitel III

1. Uwe Pörksen: *Plastikwörter. Die Sprache einer internationalen Diktatur*, Stuttgart: Klett-Cotta 1989, S. 38 f.
2. Haas 1993, S. 199. Vgl. im selben Sinn auch Paefgen 1993, S. 56.
3. Vgl. hierzu Robert Stockhammer: *Leseerzählungen. Alternativen zum hermeneutischen Verfahren.* Stuttgart: M&P Verlag für Wissenschaft und Forschung 1989.
4. Vgl. etwa Bullerdiek 1991, S. 24.
5. Thomas Anz: „Schreibbewegung, Neue Subjektivität und Literatur der Gegenwart", in: W. Jens (Hrsg.): *Schreibschule,* Frankfurt/M.: S. Fischer 1991, S. 238–244, hier 239.
6. Vgl. etwa die methodischen Vorschläge von Leder 1988, Braun 1993 und Haas 1993.
7. Bullerdiek (1991, 24 f.) stellt nach einem Gedicht von Ralf Thenior („Hey Joe") eine „fabulierende Auseinandersetzung" (innerer Monolog Joes) einer „analytischen" einander gegenüber bzw. dem Benutzer seines für Klassenstufe 9 aufwärts gedachten Buches zur Diskussion.
8. Und sie könnte sich ebenso wie bei anderen 'Schreibarten', die in der Schule gepflegt werden, an Kriterien orientieren, wie sie im Zürcher Textanalyseraster entwickelt und erprobt worden sind: A. Sprachsystematische/orthografische Richtigkeit, B. I funktionale Angemessenheit/Kohärenz, B. II Ästhetische Angemessenheit, B. III inhaltliche Relevanz (vgl. Nussbaumer 1991, S. 303 ff.).
9. Z. B. mit: *Thema Sprache. Neue Ausgabe,* hrsg. v. B. Wunderlich/R. Steffens, Frankfurt/M.: Cornelsen/Hirschgraben 1989, Bd. 10, anhand von J. van Hoddis: „Weltende".
10. Hier zitiert nach: J. v. Eichendorff: *Gedichte und Versepen,* = Werke in 6 Bänden, Bd. 1, hrsg. v. Hartwig Schulz, Frankfurt/M.: Klassikerverlag 1987, S. 315.
11. Von „textinterner" und „textexterner" Perspektive bei der Erzähltextanalyse spricht Diem (1983, S. 62): Ich wende das hier und im folgenden Abschnitt ins Operative.
12. Das ist eine Maxime der themenzentrierten Interaktion in der Tradition Ruth Cohns; vgl. die handliche Zusammenfassung und deutschdidaktische Anwendung bei Karl Schuster: „Ausgewählte Aspekte der humanistischen Psychologie und deren Bedeutung für die Deutschdidaktik", in: LUSD (Bamberger Schriftenreihe zur Deutschdidaktik), H. 4 :Verspielter Deutschunterricht? (1992, S. 7–29)
13. April 1991 in der inzwischen 'abgewickelten' Fortbildungsinstitution Bad Blankenburg/Thüringen. Ich danke den Teilnehmern für die Überlassung ihrer Texte und bekunde durch auszugsweises Zitieren hier nochmals meinen großen Respekt für ihre Offenheit, Lernbereitschaft und Kollegialität in einer schwierigen Situation. Es ist angesichts der hier gerade thematischen 'biografischen Relevanz' dieser Texte wohl verständlich, daß ohne Angabe der – mir z. T. auch gar nicht vorliegenden – Verfassernamen zitiert wird.
14. Siegfried Lenz: „Die Wellen des Balaton", im Folgenden zit. nach dem leicht zugänglichen Abdruck in: M. Durzak (Hrsg.): *Erzählte Zeit. 50 deutsche Kurzgeschichten der Gegenwart,* Stuttgart: Reclam 1980, S. 483–503.
15. Die Wellen des Balaton, a. a. O. S. 503.
16. Ebd., S. 486
17. Ebd., S. 487
18. Ebd., S. 488
19. Ebd., S. 491
20. Ebd., S. 499
21. Ebd., S. 501

22 Meine Vorgabe hatte gelautet: Der an einen dieser sechs Sätze anknüpfende Text könnte sein: a. beschreibend b. berichtend/erzählend c. dramatisierend d. reflektierend e. assoziierend f. kommentierend-interpretierend-wertend.
23 Zum Ort der Rhetorik in der Literaturkritik vgl. auch den klugen Essay von Heinz-Gerd Schmitz, „Zensor, Kunstrichter und inventive Kritik", in: ders. u. a.: *Hat Literatur Kritik nötig? Antworten auf die Preisfrage der deutschen Akademie für Sprache und Dichtung vom Jahr 1987,* Darmstadt: Luchterhand 1989, S. 13–60, bes. 51 ff.
24 Thomas Hürlimann: *Die Satellitenstadt. Geschichten,* Zürich: Ammann 1992, S. 123–125
25 Auf die rhetorische 'Durcharbeitung' von Isenschmids Text weise ich nur am Rande hin: rhetorische Fragen (Zeilen 1, 63); Anapher (10 ff.); Ellipse (10); Neologismen (21, 49); Paradoxon (37 f.). Eine Bestandsaufnahme „stilistischer Spezifika", wie sie Klauser (1992, 85 ff.) für die von ihr untersuchten englischen und amerikanischen Literaturkritiken bietet, gibt es im deutschsprachigen Bereich nicht.
26 Zur praktischen Umsetzung vgl. Lange 1984 oder Spinner 1989b.
27 Vgl. M.-G. Gerold-Tucholsky/F.J. Raddatz (Hrsg.): *Kurt Tucholsky – Schnipsel,* Reinbek: Rowohlt 1973, S. 46.
28 In diese Übersicht nicht aufgenommen sind die nur referierenden Angaben bei Eggerer/ Rötzer (1982, S. 51) und Menzel (1984, S. 21 f.).
29 Daß es möglich wäre, ihn gar nicht zu ändern, ist eine Idealisierung; denn die Verknappung selbst ist eine stilistisch relevante Handlung am Text. 'Prägnanz' ist ja ein in der Stilistik seit langem bekanntes Ideal 'guten' Schreibens.
30 Von „Problemlösen" spreche ich hier bewußt in Anlehnung an Arbeiten von Gerd Antos (vgl. bes. Antos 1988): Ist Formulieren ein Problemlöseprozeß, so gilt das erst recht fürs Umformulieren: Die vom Autor der Vorlage gefundene Lösung für ein spezifisches Ausdrucks- oder Darstellungsproblem ist ja nicht einfach zu übernehmen, sondern durch eine vergleichbare, aber kürzere Lösung zu ersetzen.
31 Sabine Geiger: Der Précis. Zulassungsarbeit zum 1. Staatsexamen für das Lehramt, Universität Bamberg (unveröff.)
32 Hinzuerfundene Figuren, die weitere Perspektiven thematisierbar machen, sind kursiv gesetzt.
33 Vgl. etwa das sehr praxisorientierte Bändchen von Freudenreich/Sperth zum literarischen Rollenspiel.
34 Die nicht kursiv gesetzten Teile sind dem Erstentwurf in einer Überarbeitungsphase hinzugefügt worden – nicht vom Verfasser, jedoch mit seiner Zustimmung in der Seminardiskussion.
35 Der Text stammt zwar aus dem bereits erwähnten Stilistikseminar für Deutschlehrerstudenten, aber auch weniger gekonnte Realisierungen erfüllen ihren Zweck (Prozeßorientierung!), und Schüler etwa von der 9. Jahrgangsstufe an 'können' erfahrungsgemäß mehr Derartiges, als man zunächst glaubt.
36 Keith Johnstone: *IMPRO. Improvisation and the Theatre,* London: Methuen 1981, S. 17 (Übersetzung Ulf Abraham).

Literaturverzeichnis

Aufgeführt sind hier nur solche Bücher und Aufsätze, die mit dem Schreiben über Literatur direkt oder indirekt zu tun haben und mehr als einmal genannt werden; sie wurden im Text abgekürzt – unter Angabe von Autor und Erscheinungsjahr – zitiert. Gelegentlich herangezogene andere Literatur ist im Text vollständig angegeben.

Abraham, Ulf (1991): Bescheidwissen und Gleichgültigkeit im heimlichen Lehrplan des Literaturunterrichts. In: E. Neuland/H. Bleckwenn (Hrsg.): Stil – Stilistik – Stilisierung. Linguistische, literaturwissenschaftliche und didaktische Beiträge zur Stilforschung. Frankfurt/M; Bern; N. Y.; Paris: P. Lang, S. 179–193.
- ders. (1993): Mit diesem Stil bekommen Sie auch keine Arbeit. 'Stil' als vorbewußte Wahrnehmungskategorie im Korrekturhandeln von Deutschlehrern. In: P. Eisenberg/ P. Klotz (Hrsg.): Sprache gebrauchen, Sprachwissen erwerben. Stuttgart: Klett, S. 159–178.
Aebli, Hans (1980): Denken: das Ordnen des Tuns. 2 Bde. Stuttgart: Klett-Cotta.
Antos, Gerd (1982): Grundlagen einer Theorie des Formulierens. Textherstellung in geschriebener und gesprochener Sprache. Tübingen: Niemeyer
- ders. (1988): Eigene Texte herstellen! Schriftliches Formulieren in der Schule. Argumente aus der Sicht der Schreibforschung. In: Der Deutschunterricht 40, H. 3, S. 37–47.
Augst, Gerhard/Evelyn Jolles (1986): Überlegungen zu einem Schreibcurriculum in der Sekundarstufe II. In: Der Deutschunterricht 38, H. 6, S. 3–11.
Augst, Gerhard (1988): „Schreiben als Überarbeiten – 'Writing ist rewriting'. In: Der Deutschunterricht 40, H. 3, S. 51–62.
Bark, Karin (1979): Die Inhaltsangabe. Analyse und Kritik normativer Unterrichtspraxis. In: Diskussion Deutsch 46, S. 135–144.
Baurmann, Jürgen (1990): „Aufsatzunterricht als schreibunterricht. Für eine neue grundlegung des schreibens in der schule. In: Praxis Deutsch 104, S. 7–12.
Beisbart, Ortwin (1989): Schreiben als Lernprozeß. Anmerkungen zu einem wenig beachteten sprachdidaktischen Problem. In: Der Deutschunterricht 41 (1989), H. 3, S. 5-16.
- ders. (1990): Überlegungen zu einer Didaktik des Schreibens. In: Germanistische Linguistik 104/105, S. 19–28.
- ders. u. a. (Hrsg.) (1993): Leseförderung und Leseerziehung. Theorie und Praxis des Umgangs mit Büchern für junge Leser. Donauwörth: Auer.
Bleckwenn, Helga (1990): Stilarbeit. In: Praxis Deutsch 101, S. 15–20 (Basisartikel).
Braun, Georg (1993): "Buchdiskussion im Klassenzimmer? Ansätze zu einem diskussionsorientierten Literaturunterricht. In: Beisbart u.a., S. 203–210.
Bremerich-Vos, Albert (1989): Textanalyse. Arbeitsbuch für den Deutschunterricht in der Sekundarstufe II. Frankfurt/M.: Diesterweg.
Bublatzky, Helmut (1986): Literatur lesen lernen. Zur Konzeption eines schüler- und gegenstandsadäquaten Literaturunterrichts als begreifender Erkenntnis von Literatur. Stuttgart: Akademischer Verlag H.-D. Heinz.
Bullerdiek, Bolko (1987): Einmischungen. Anregungen zu einem produktiven Umgang mit Lyrik und kurzer Prosa. Stuttgart: Klett.
Busse, Günther (61985): Stundenblätter Aufsatz 7./8. Schuljahr. Stuttgart: Klett.
Cramer, Sibylle (1985): Die Sprache der Kritik zwischen Gefühl und Argument. In: F.J. Görtz/G. Ueding (Hrsg.): Literaturkritik heute. Frankfurt/M.: Suhrkamp.

Dahms, Günter (1967): Von der Nacherzählung zur Inhaltsangabe. In: Die Pädagogische Provinz, S. 513–528.
Daniels, Karlheinz/ Ingeborg Mehn (1985): Konzepte emotionellen Lernens in der Deutsch-Didaktik. Bonn: Dürrsche Buchhandlung.
Decker, Franz (1982): Wirklichkeiten. Lese- und Arbeitsbuch. Paderborn: Schöningh.
Delius, Anne (1986): Was schreiben Schüler, wie schreiben sie? In: Der Deutschunterricht 38, H. 6, S. 12–21.
Diem, Albrecht (Hrsg.) (1983): Schreibweisen. Ein Arbeitsbuch für den Deutschunterricht der Sekundarstufe II. Stuttgart: Klett (vgl. S. 60 ff. "Erzähltexte wiedergeben")/ders., dass.: Lehrerband (vgl. S. 46 ff.).
Eckhardt, Juliane/Hermann Helmers (1980): Reform des Aufsatzunterrichts. Rezeption und Produktion pragmatischer Texte als Lernziel. Stuttgart: Metzler.
Eggerer, Wilhelm/Hans Gerd Rötzer (1982): Die Inhaltsangabe (= Manz-Aufsatz-Bibliothek Bd. 6). München: Manz.
Eggert, Hartmut/Hans Christoph Berg/Michael Rutschky (1975): Die im Text versteckten Schüler. Probleme einer Rezeptionsforschung in praktischer Absicht. In: G. Grimm (Hrsg.): Literatur und Leser. Theorien und Modelle zur Rezeption literarischer Werke.Stuttgart: Reclam, S. 272–294.
Eggert, Hartmut/Michael Rutschky (1979): Interpretation und literarische Erfahrung. Überlegungen aus einem Forschungsprojekt zur literarischen Sozialisation. In: H.-G. Soeffner (Hrsg.), S. 274–287.
Eisenbeiß, Ulrich (1990): Überlegungen zum Problem der 'Aufsatz'-Beurteilung. In: Wirkendes Wort 40, H. 2, S. 247–268.
Freudenreich, Dorothea/ Klaus Sperth (1983): Stundenblätter: Rollenspiele Literaturunterricht (Sekundarstufe I). Stuttgart: Klett (2. Aufl. 1990).
Frommer, Harald (1981): Verzögertes Lesen. In: Der Deutschunterricht 33, H. 2, S. 10–27.
- ders. (1984): Die Fesseln des Odysseus. Anmerkungen zu den Stilnormen für die Inhaltsangabe. In: Der Deutschunterricht 36, H. 2, S. 37–47.
- ders. (1988): Lesen im Unterricht. Von der Konkretisation zur Interpretation. Hannover: Schroedel.
Gerth, Klaus (1989): J. W. Goethe: 'Auf dem See'. Zum Verhältnis von Kommunikation, Textanalyse und Interpretation. In: Praxis Deutsch 98, S. 58–63.
Glinz, Hans (1973/1978): Textanalyse und Verstehenstheorie, Bd. I.: Methodenbegründung – soziale Dimensionen – Wahrheitsfrage. Wiesbaden: Athenaion 1973; Bd. II: Mit Texten erstrebte Erträge. Ebd. 1978.
Gössmann, W./G. Beckenbusch (1979): Stellungnahme zu ästhetischen Texten. In: W. Gössmann: Schülermanuskripte. Schriftliches Arbeiten auf der Sekundarstufe I. Düsseldorf: Schwann, S. 142–147.
Graf, Günter (1983): Zur Addition heuristischer und kommunikativer Lernziele im Schreibcurriculum - dargestellt am Beispiel der Textsorte 'Inhaltsangabe'. In: Wirkendes Wort, H. 3, S. 191–210.
Haas, Gerhard (1993): Lesen und Schreiben. Vorschläge für einen produktionsorientierten Literaturunterricht nebst einigen ketzerischen Gedanken über Hoffnungen und Täuschungen der Literaturdidaktik. In: Beisbart u.a., S. 195-202.
Härter, Andreas (1991): Textpassagen. Lesen – Leseunterricht – Lesebuch. Frankfurt/M.: Diesterweg.
Hartmann, Wilfried (1989): Die 'Hamburger Aufsatzstudie'. In: Der Deutschunterricht 41, H. 3, S. 92–98.
Herold, Theo/Viktor Rintelen/Wolfgang Waldmann (1980): Das Schreiben über Literatur (Sekundarstufe II). Limburg: Frankonius.
- dies. 1981: Schreiben über Literatur. Plädoyer für ein ziel- u. methodenreflektierendes Verfahren in Schülerarbeiten, in: Der Deutschunterricht 33, H. 5, S. 99–109.

Hoffmann, Helmut 1986: Die Inhaltsangabe, auch eine Schreibübung – Ein paar methodische Hinweise. In: Der Deutschunterricht 38, H. 6, S. 29–39.
Holzkamp, Klaus (51986): Sinnliche Erkenntnis. Frankfurt/M.: Athenäum.
Hölsken, Hans-Georg (1993): Leseverstehen als kognitive Textverarbeitung. In: Beisbart u. a., S. 47–54.
Hussong, Martin (1973): Zur Theorie und Praxis kritischen Lesens. Über die Möglichkeit der Veränderung der Lesehaltung. Düsseldorf: Schwann.
Ingarden, Roman (1930): Das literarische Kunstwerk. Halle. 4., unveränd. Aufl. Tübingen: Niemeyer 1972.
Ingendahl, Werner (1991): Umgangsformen. Produktive Methoden zum Erschließen poetischer Texte. Frankfurt/M.: Diesterweg.
Irro, Werner (1986): Kritik und Literatur. Zur Praxis gegenwärtiger Literaturkritik. Würzburg: Königshausen + Neumann.
Iser, Wolfgang (1984): Der Akt des Lesens. Theorie ästhetischer Wirkung. München: Fink (2., durchges. u. verb. Auflage).
Jechle, Thomas (1992): Kommunikatives Schreiben. Prozeß und Entwicklung aus der Sicht kognitiver Schreibforschung. Tübingen: Narr.
Kelle, Antje (1984): Texte erschließen. Textanalyse in der Sekundarstufe II. München: Mentor.
Klauser, Rita (1992): Die Fachsprache der Literaturkritik. Dargestellt an den Textsorten Essay und Rezension (= Diss. Univ. Leipzig 1987). Frankfurt/M.; Bern; N. Y.; Paris: P. Lang.
Klute, Wilfried (1985): Ausdrucksfehler – Formulierungsschwäche. In: Diskussion Deutsch 81, S. 106–122.
König, Heinz/Gustav Muthmann (Hrsg.) (1980): Wort und Sinn. Arbeitsbücher für die Sekundarstufe II: Texte verstehen und verfassen. Paderborn: Schöningh.
Krüger, Herbert (1979): Synergetischer Textunterricht (= H. Zeiher u. a. [Hrsg.]: Textschreiben als produktives und kommunikatives Handeln, Bd. III). Stuttgart: Klett-Cotta.
Lange, Heiderose (1984): Texterschließung durch Schreiben zu Texten. In: Praxis Deutsch 65, S. 65–68.
Leder, Georg (1988): "Literaturkritik durch Schüler - schöpferische Form des Umgangs mit dem Buch. In: Der Bibliothekar 42, H. 3, S. 108–113.
Lerchner, Gotthard (1984): Sprachform von Dichtung. Linguistische Untersuchungen zu Funktion und Wirkung literarischer Texte. Berlin und Weimar: Aufbau-Verlag.
Lindenhahn, Reinhard (1981): Leseverzögerung als Methode des Deutschunterrichts. In: Der Deutschunterricht 33, H. 2, S. 28–36.
Macheiner, Judith (1991): Das grammatische Varieté oder Die Kunst und das Vergnügen, deutsche Sätze zu bilden, Frankfurt/M.: Eichborn.
Malsch, Gabriele (1987):Schwierigkeiten bei der Vermittlung von Lyrik (Sekundarstufe II). In: Der Deutschunterricht 39, H. 3, S. 23–32.
Menzel, Wolfgang (1984): Schreiben über Texte. Ein Kapitel zum Aufsatzunterricht. In: Praxis Deutsch 65, S. 13–22 (Basisartikel).
- ders. (1989): Was eine Geschichte spannend macht. Textanalyse und Schreiben. In: Praxis Deutsch 98, S. 38–41.
- ders. (1990): Stilanalyse und Stilarbeit. In: Praxis Deutsch 101, S. 24–28.
Merkelbach, Valentin (1979): Darstellungsformen – Zur Kritik und Neukonstruktion des Schreibcurriculums. In: Diskussion Deutsch 10, S. 113–135.
Nussbaumer, Markus (1991): Was Texte sind und wie sie sein sollen. Ansätze zu einer sprachwissenschaftlichen Begründung eines Kriterienrasters zur Beurteilung von schriftlichen Schülertexten. Tübingen: Niemeyer.
Paefgen, Elisabeth Katharina (1993): Ästhetische Arbeit im Literaturunterricht. Plädoyer für eine sachliche Didaktik des Lesens und Schreibens. In. Der Deutschunterricht 45, H. 4, S. 48–60.

Ricken, Thomas (1984): Der Précis. In: Praxis Deutsch 65, S. 69–71.
Rumpf, Horst (1981): Die übergangene Sinnlichkeit. Drei Kapitel über die Schule. München: Juventa.
Rupp, Gerhard (1987): Kulturelles Handeln mit Texten. Paderborn: Schöningh.
Rutschky, Michael (1977): "Die Krise der Interpretation. Probleme der ästhetischen Erfahrung in der Schule. In: Der Deutschunterricht 29, H. 2, S. 63–82.
Sandig, Barbara (1986): Stilistik der deutschen Sprache. Berlin; N.Y.: de Gruyter.
Scheffer, Bernd (1992): Interpretation und Lebensroman. Zu einer konstruktivistischen Literaturtheorie, Frankfurt/M.: Suhrkamp.
Schildberg-Schroth, G./H. H. Viebrock (1981): „Zur Wissenschaftlichkeit des Deutschunterrichts. Überlegungen am Beispiel der Inhaltsangabe. In: Der Deutschunterricht 33, H. 5, S. 4–24.
Schmidt, Siegfried J. (1979): 'Bekämpfen Sie das häßliche Laster der Interpretation! Bekämpfen Sie das noch häßlichere Laster der richtigen Interpretation!' (Hans Magnus Enzensberger). In: Amsterdamer Beiträge zur neueren Germanistik 8, S. 279–309.
- ders. 1988: Diskurs und Literatursystem. Konstruktivistische Alternativen zu diskurstheoretischen Alternativen. In: J. Fohrmann/H. Müller (Hrsg.): Diskurstheorien und Literaturwissenschaft. Frankfurt/M.: Suhrkamp, S. 134–158.
Schober, Otto (1990): Die Emotionalität des Schülers im Deutschunterichst. In: H.-K. Beckmann/ W.L. Fischer (Hrsg.): Herausforderung der Didaktik. Zur Polarität von Schüler- und Sachorientierung im Unterricht, Bad Heilbrunn: Klinkhardt, S. 113–128.
Schuster, Karl (1982): Arbeitstechniken Deutsch für die Sekundarstufe 2 und das Studium. Bamberg: Buchner.
Schutte, Jürgen (1985): Einführung in die Literaturinterpretation. Stuttgart: Metzler.
Siedler, Heinz (1967): Eine neue Aufsatzart: der Précis. In: Der Deutschunterricht 19, H. 3, S. 5–21.
Soeffner, Hans-Georg (1979): Interaktion und Interpretation – Überlegungen zu Prämissen des Interpretierens in Sozial- u. Literaturwissenschaft, in: ders. (Hrsg.): Interpretative Verfahren in den Sozial- und Textwissenschaften, Stuttgart: Metzler, S. 328–351.
Spinner, Kaspar H. (1989a): Textanalyse im Unterricht. In: Praxis Deutsch 98, S. 19–23 (Basisartikel).
- ders. (1989b): Gedankenwiedergabe in Erzähltexten. In: Praxis Deutsch 98, S. 47–50.
- ders. (1990): Stilübungen. In: Praxis Deutsch 101, 36–39.
- ders. (1993): Entwicklung des literarischen Verstehens. In: Beisbart u. a., S. 55–64.
Stephan, Joachim (1985): Lesen und Verstehen: Eine Anleitung zum besseren Umgang mit fiktionaler Literatur. Darmstadt: Wiss. Buchgesellschaft .
Stierle, Karlheinz (1975): Was heißt Rezeption bei fiktionalen Texten? In: Poetica 7, S. 345–387.
Storz, Gerhard (1947/48): Unterricht im Schreiben. In: Der Deutschunterricht 1, S. 41–47.
Thalmayr, Andreas (1985): Das Wasserzeichen der Poesie, oder Die Kunst und das Vergnügen, Gedichte zu lesen. Nördlingen: Greno.
Ulshöfer, Robert (1952): Von der mündlichen zur schriftlichen Inhaltswiedergabe in Kl. 4. Ein Beitrag zur Lesebucharbeit und zur Spracherziehung. In: Der Deutschunterricht 4, H. 3, S. 35–42.
Waldmann, Günter/Bothe, Katrin (1992): Erzählen. Eine Einführung in kreatives Schreiben und produktives Verstehen von traditionellen und modernen Erzählformen. Stuttgart: Klett .
Weinrich, Harald (1964): Tempus. Besprochene und erzählte Welt. Stuttgart: Kohlhammer.

Wermke, Jutta (1989): 'Hab a Talent, sei a Genie!' Kreativität als paradoxe Aufgabe. 2 Bde. Weinheim: Deutscher Studienverlag.
Wernicke, Uta (1983): Sprachgestalten. Bd. 2: Lese- und Schreibweisen: Umgang mit literarischen Texten. Hamburg: Verlag Handwerk & Technik.
Wintgens, Hans W. (1984): Inhaltswiedergabe. Das Verfassen eines Kurztextes für ein literarisches Schullexikon. In: Praxis Deutsch 65, S. 59–63.
Zeiher, Helga (1979): Beurteilung von Schülertexten (= Textschreiben als produktives und kommunikatives Handeln, Bd. I). Stuttgart: Klett-Cotta.

DEUTSCH IM GESPRÄCH

Kreativ und produktiv

ERZÄHLEN
von Günter Waldmann und
Katrin Bothe
Klettbuch 311200, 27,30 DM
Preis Stand 1994

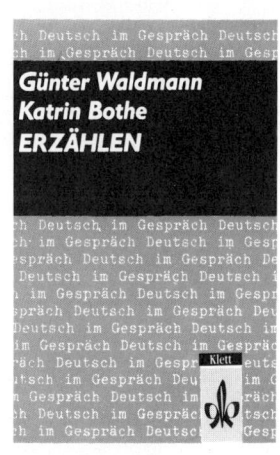

Mit ERZÄHLEN zeigen die Autoren Wege zum kreativen Schreiben auf und bieten gleichzeitig eine Alternative zum herkömmlichen „Interpretieren" von traditionellen und modernen Erzählformen: Die Erzähllehre für den produktiven Literaturunterricht. Das Buch läßt sich in der Sekundarstufe I und II zur systematischen Erarbeitung von Aspekten des Erzählens sowie als Hinführung zum eigenen freien Schreiben von Erzähltexten einsetzen.

...-Geschichte
...ne mit dem Kaffeetrink...
Wie verstanden, so erzählt
Erleben – und nicht verstehen ....
Der Leserbezug des Erzählens: Figuren,
Was erwarte ich von dieser Figur?
Figuren umdrehen I ....
Figuren umdrehen II ....
...ne Geschichte zu einer Figur finden I
...e Geschichte zu einer Figur finden II (Grup...
...gewöhnliche Charaktere
...wohnt hier? (Gruppenarbeit)
...rt, erlebt von verschiedenen Figuren (Grupp...
...ird hier passieren? ....
...eignet sich wo? ....
...äume-Baukasten
...tungsschwerem Ort
...ngeschichte, bestimmt nicht gelogen! ....
...mde
... mir ...!
... ich schreibe Dir jetzt ....
...wechsel (Partnerarbeit)
... des Erzählens
...fende Z...

Ernst Klett Schulbuchverlag
Postfach 10 60 16, 70049 Stuttgart

DEUTSCH IM GESPRÄCH

311200 27,30 DM

311240 29,30 DM

311270 32,-- DM

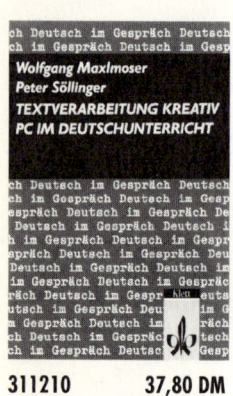

311210 37,80 DM

311250 31,-- DM

311280 27,30 DM

311230 24,-- DM

311260 32,-- DM

Ernst Klett Schulbuchverlag, Postfach 10 60 16, 70049 Stuttgart